W0415044

Bier

BIER

Geschichte

Herstellung

Sorten & Marken

Josh Leventhal

KÖNEMANN

Originalausgabe:
Copyright © 1999
Black Dog & Leventhal Publishers, Inc.
151 West 19th Street
New York, NY 10011

Bier-Bewertungen (Krug-Symbol):
© Michael Jackson
Fotos: Georg Wieser

Originaltitel: Beer Lover's Companion

Alle Rechte vorbehalten. Dieses Buch, einschließlich seiner Teile, ist urheberrechtlich geschützt. Vervielfältigungen, Übersetzungen, Mikroverfilmungen sowie die Einspeicherung und Verarbeitung in elektronischen Systemen bedürfen der schriftlichen Zustimmung des Verlags.

© 1999 für die deutsche überarbeitete Ausgabe:
Könemann Verlagsgesellschaft mbH
Bonner Str. 126, D-50968 Köln

Übersetzung aus dem Englischen:
Eurospruch, Louise Junke, für BOOKS & MORE.
Die Abschnitte England, Schottland, Wales, Irland, Frankreich, Belgien, Luxemburg, Niederlande, Deutschland, Skandinavien, Südeuropa, USA, Kanada aus dem Kapitel DIE BIERE DER WELT wurden von Wolfgang Beuchelt, Köln, übersetzt.

Redaktion und Satz der deutschen Ausgabe:
BOOKS & MORE, Monika Zilliken, Wiesbaden
Redaktionelle Ergänzungen und Bearbeitung des Kapitels DIE BIERE DER WELT: R. H. Fischer
Schlußredaktion und -satz: R. H. Fischer/Birgit Beyer, Köln

Projektleitung: Dr. Marten Brandt
Lithographie: Typografik Köln
Herstellung: Ursula Schümer
Druck und Bindung: Kossuth Printing House Co., Budapest
Printed in Hungary

ISBN 3-8290-3496-2

10 9 8 7 6 5 4 3 2 1

Inhalt

Vorwort und Dank

Noch vor etwa einem Jahrzehnt war das Bestellen eines Bieres an der Bar oder seine Wahl aus einem Regal im Getränkeladen oder Supermarkt eine einfache Sache: In der Regel konnte man nur zwischen einigen hellen Lagerbieren und ein paar Leichtversionen wählen. Ziel der Hersteller war, wenige Sorten in großen Mengen zu verkaufen. Qualitative Feinheiten zählten nicht. Dies betraf in erster Linie die Vereinigten Staaten, wo Budweiser, Miller und Coors sowie eine Handvoll regionaler Brauereien den Markt fest im Griff hatten. Aber selbst in solch traditionellen Bierländern wie England, Belgien oder Deutschland hatte das geschmacksarme amerikatypische Bier die klassischen Ale- und Lagersorten in den Hintergrund geschoben. Obwohl heute die leichten Lager Pilsener Art immer noch die führenden Biere der Welt sind und die „Großen Drei“ der amerikanischen Bierproduzenten immer noch 90 % des dortigen Marktes beherrschen, erleben wir momentan eine wahre Bierrevolution. Eine ständig wachsende Zahl kleiner Brauereien und Gaststätten bietet sowohl traditionelle wie innovative Biersorten an. „Handwerksbrauer“ werden sie genannt, und ihre Betriebe legen bei ihren Bieren mehr Wert auf Qualität als auf Kosteneinsparungen. In den Vereinigten Staaten wird diese Renaissance von vielen neuen Unternehmen getragen – Brauereien aus den 1980er Jahren gelten bereits als etabliert –, in Europa dagegen finden die alten Brauereien neue Märkte für ihre traditionellen Biere, im Inland ebenso wie im Ausland.

Dieses Buch preist jene neue bzw. neuentdeckte Begeisterung, geschmacksorientiert zu brauen. Wir beginnen mit einem Überblick über die Geschichte und die wichtige Rolle des Bieres in fast allen Kulturen, gefolgt von einer Darstellung der Rohstoffe und der Prozesse, die zur Bierherstellung nötig sind; die meisten Biertrinker wissen nur, daß ihr Lieblingsgetränk gemälztes Getreide und Hopfen enthält. Um mit der gewaltigen Flut der Biere, die heute aus den Zapfhähnen fließen bzw. die Regale füllen, besser umgehen zu können, ist es hilfreich, die verschiedenen Biersorten zu kennen: Was ist der Unterschied zwischen einem hellen und einem braunen Ale? Wie unterscheidet sich ein

Stout von einem Porter oder ein Bock von einem dunklen Lager? Ein besseres Verständnis der Fachausdrücke, mit denen ein Bier bestimmt und beschrieben wird, erleichtert die richtige Wahl und hilft zu entscheiden, welche Eigenschaften Ihnen das größere Biervergnügen bereiten. Und schließlich zur Frage: „Welches Bier zu welchen Speisen?“ Viel Aufmerksamkeit wird darauf verwendet, zu einem Essen auch den richtigen Wein zu wählen, aber auch Bier kann gewichtige Akzente setzen. Viele köstliche Gerichte nutzen Bier als unverzichtbare Zutat, einige davon werden hier näher vorgestellt. Der größte Teil dieses Buches beschäftigt sich allerdings mit der kaum überschaubaren Vielfalt der Biere, die heute in der ganzen Welt gebraut werden. Wir erforschen heimische Brautraditionen, die sich über Jahrhunderte entwickelt haben, aber auch solche, die gerade erst begründet wurden. Von Europa nach Amerika, von Afrika nach Asien – den Bierfreunden steht eine immense Auswahl an Bieren zur Verfügung, und wir laden ein, bei Gelegenheit dieses oder jenes zu probieren, das hier vorgestellt wird.

Meine eigene Begeisterung für Bier lebte auf, als ich 1990 nach Portland, Oregon, zog, die „Hauptstadt der Kleinbrauereien“. Die dortigen geschmackvollen Biere, wie das Hammerhead Ale von McMenamins Brothers' und das Black Butte Porter von Deschutes Brewery, waren ein willkommener Hochgenuß, besonders nach vier Jahren im Mittleren Westen, wo damals unter anderem Schaeffer als ein Bier erster Wahl galt.

Stellvertretend für alle qualitätsorientierten Brauereien der Welt möchte ich darum besonders den Klein- und Gasthausbrauereien im Nordwesten der USA für ihre großartigen Biere danken. Auch will ich den Brauereien und Brauereiverbänden für ihre hilfreichen Informationen danken, es sind zu viele, um sie einzeln zu nennen. Die Oregon Brewers' Guild in Portland und die Association of Brewers in Boulder, Colorado, steuerten erstklassiges Material bei. Spezieller Dank auch an die JV Northwest of Canby, Oregon. Sie stellte Bildmaterial und wertvolle Informationen über den Brauprozeß und seine Gerätschaften zur Verfügung.

Dank an PAM und an alle von BD & L für ihre Hilfe während der gesamten Projektdauer und speziell an J.P. und Ellen, ohne die nichts, was dieses Buch betrifft, gegangen wäre. Ich schulde Tess und Zora tiefste Anerkennung für die jahrelange freundliche Unterstützung. Und schliesslich danke ich Jenny, und zwar nicht nur für den Artikel über Bier und Speisen, auch für das Ausprobieren der Rezepte einschliesslich jener, die aus Platzgründen hier nicht erscheinen konnten. Jenny sei auch für die Durchsicht des Manuskriptes, seine Verbesserung sowie besonders für die Geduld und die Unterstützung während der gesamten Arbeit gedankt.

Die Bearbeiter der deutschen Ausgabe danken Birkner & Co., Hamburg für den hilfreichen Zugang zur Beverage World.

Für einige Historiker steht der Wandel des Menschen vom umherziehenden Jäger und Sammler zum seßhaften Siedler in direktem Zusammenhang mit seinem Wunsch, Gerste anzubauen, vielleicht um Bier herzustellen. Es könnte also sein, daß das Bier eine zentrale Rolle in der Entwicklungsgeschichte der menschlichen Gesellschaft gespielt hat.

Die Geschichte des Biers

Genau weiß man nicht, wann und wie das erste Bier entstand. Wahrscheinlich ist es zufällig „entdeckt" worden. Vielleicht war einem Bauern die geerntete Gerste vom Regen durchnäßt worden, und er hatte sie ein paar Tage zum Trocknen in der Sonne gelassen. Resultat: Die Gerste wurde zu Malz. Die jetzt süße gemälzte Gerste wurde unter erneutem Wasserzusatz zu Brot weiterverarbeitet. Während sich Zucker und Stärke im Brotteig lösten, gelangten „wilde" Hefepilze aus der Luft in diese Mischung, und der Gärprozeß begann. Der Bauer, der schon glaubte, seine Ernte verloren zu haben, erkannte bald die Vorzüge des schmackhaften und gesunden Malzgetränkes. Das erste Bier war geboren.

Auch wenn der erste Brauakt kein Zufallstreffer war, sicher ist, daß Bier zu den ältesten alkoholischen Getränken zählt. Alte Schriftzeichen, Bildsymbole und andere Dokumente bezeugen, daß Herstellung und Genuß von Bier seit 6000 bis 9000 Jahren bekannt sind. Gerste und andere für die Bierherstellung bedeutsame Getreidearten waren in den frühen Kulturen des Mittelmeerraumes – wie auch anderswo – wichtige Grundnahrungsmittel. Fast alle Völker der Frühzeit entwickelten ein Getränk, das unserem heutigen Bier ähnlich war – ob auf der Basis von Gerste oder Weizen im Nahen Osten, Mais in Amerika, Reis in Asien oder Hirse in Afrika.

Antike Figur: „Ägypter beim Gerstekneten"

Sumerer und Ägypter zählten zu den fähigsten der antiken Braumeister. Eine sumerische Tontafel, datiert auf 6000 v. Chr., zeigt das erste schriftlich niedergelegte Bierrezept. Andere Zeugnisse lassen vermuten, daß die Sumerer bereits mehr als ein Dutzend verschiedene Biersorten entwickelt hatten. Sie wurden auf der Grundlage eines noch halb rohen, mit Wasser vermischten Brotteiges hergestellt. Diese frühen Biere waren mit Kümmel, Ingwer, Muskat, Honig, Wacholder, Früchten oder sogar Blumen gewürzt. Die Ägypter verwendeten als erste aus Dattelfrüchten gewonnenen Zucker für ihre Brauzwecke. Zucker besitzt unter anderem konservierende Wirkung und erhöht damit die Haltbarkeit des Bieres. Als Folge dieser Entdeckung entstanden erste kommerzielle Brauereien, da es nun möglich wurde, vorab größere Mengen für den Verkauf zu produzieren.

Ninkasi, Göttin des Bieres, war eine der wichtigsten sumerischen Gottheiten. Man glaubste, daß sie den Frauen die Gerste gab und zugleich das Wissen von der Braukunst. So waren denn auch die damaligen Brauer und Tavernenbesitzer weiblichen Geschlechts.

Bier übenahm in vielen alten Kulturen auch im religiösen Bereich eine wichtige Rolle. Priester und Priesterinnen versahen das Brauhandwerk, und Bier wurde in Altägypten den Toten auf ihrem Weg ins Totenreich mitgegeben. Alle Klassen der Gesellschaft tranken Bier, je nach sozialer Schichtzugehörigkeit jedoch Biere unterschiedlicher Qualität. Der Konsum von Bier gehörte so sehr zum Alltag, daß selbst Dienstleistungen mit Bier entlohnt wurden. Die erste Biersteuer führten die Sumerer ein.

In der späteren Antike verlor das Bier an Bedeutung, Wein rückte an seine Stelle. Der Grund dafür war, daß im Mittelmeerklima Wein besser gedeiht als Gerste und Wein sich einfacher als Bier herstellen läßt. Trotz allem entwickelte sich das Bierbrauen weiter, es verlagerte sich allerdings in den Norden Europas.

Gambrinus, Herzog von Brabant, wird in zahlreichen Ländern Europas als König des Bieres verehrt. Ihm wird zugeschrieben, daß er sowohl der erste königliche Schutzherr für das Brauen war als auch der Gründer der ersten Brauerzunft, der „Ritter der Maisch-Gabel".

Im Mittelalter war das Brauhandwerk die Domäne der Klöster. Mönche führten als erste die Lagerung des Bieres in kühlen Räumen ein, zum Beispiel in Berghöhlen. Da-

Braumeister aus dem 19. Jahrhundert (oben); Arbeiter in einer Brauerei um 1850 (Mitte); Kühl-/Gärgefäß von Louis Pasteur (unten)

mit wurde neben einer längeren Haltbarkeit auch eine Qualitätsverbesserung der Biere erzielt, die nun länger reifen konnten. Bier war für die oft kärglich verpflegten Mönche ein wichtiges und gesundes Nahrungsmittel – es war auch während der Fastenzeiten zulässig und meist gesundheitlich unbedenklicher als das häufig verschmutzte Wasser. Verdünntes „Tafelbier“ wurde jeden Tag konsumiert, selbst in größeren Gesellschaften. Später verbreitete sich das Brauen auch außerhalb der Klostermauern und wurde zu einer Aufgabe der Hausfrauen bei ihrer täglichen Küchenarbeit.

Hopfen wurde für das Brauen wahrscheinlich erstmals im 8. oder 9. Jahrhundert eingesetzt – die erste überlieferte Erwähnung stammt jedoch aus dem 12. Jahrhundert, verfaßt von der Benediktiner-Nonne Hildegard von Bingen. Trotz anfänglicher Akzeptanzprobleme ersetzte Hopfen bald die verschiedenen Gewürze, Kräuter, Honig, Melasse, Blumen, Früchte, Beeren, Wurzeln und Gemüsesorten.

Ein anderes wichtiges Datum der Braugeschichte wurde die Festschreibung des bayerischen „Reinheitsgebotes“ von 1516; es ließ als Bierrohstoffe nur Wasser, gemälzte Gerste

Deutsche Gemütlichkeit anno dazumal

oder gemälzten Weizen, Hopfen und Hefe zu – letztere fand allerdings erst später Aufnahme. Obwohl das Gesetz in Deutschland kürzlich außer Kraft gesetzt wurde, befolgen viele Brauer in Deutschland und anderen Ländern freiwillig das alte Reinheitsgebot nach wie vor.

Die Art und Weise, Bier herzustellen, veränderte sich dann bis weit ins späte 18. bzw. frühe 19. Jahrhundert nur wenig. Doch mit der Erfindung der Dampfmaschine, durch verbesserte Transportsysteme, Kühlanlagen und andere Errungenschaften der industriellen Revolution verschoben sich die bis dahin mehr häuslichen Brauaktivitäten hin zur industriellen Herstellung durch große Wirtschaftsunternehmen. Die Arbeit Louis

Während der Zeit des Alkoholverbote[s] schütten Beamte be[schlagnahmtes] Bier weg (Mitte). Männe[r] bewachen eine illeg[a]le Brauerei (links)

Pasteurs vertiefte die Kenntnisse der Rolle der Hefe beim Brauprozeß, und die Brauer hatten bald spezielle Hefezüchtungen isoliert. Der stabilere und kalt gereifte Lagerbiertyp (untergäriges Bier) gewann in Deutschland und Mitteleuropa an Popularität. Die Markteinführung des klaren goldfarbenen Untergärigen aus der böhmischen Stadt Pilsen in den Jahren um 1840 revolutionierte das Biertrinken. Verbesserungen in der Technologie der Glasherstellung ermöglichten es außerdem, Keramikkrüge durch solche aus Glas bzw. durch Flaschen zu ersetzen, was diese klaren, hellen Biere noch besser zur Geltung brachte und ihrer Verbreitung zugute kam.

Bierproduktion und -konsum wuchsen bis zum Ende des 19. Jahrhunderts ernorm. Dann aber machten die Anfänge der „Temperenzbewegung" und der Erste Weltkrieg der Brauindustrie erheblich zu schaffen. Selbst nachdem Alkoholbeschränkungen wieder außer Kraft gesetzt waren, gelang es vielen Brauereien durch die Weltwirtschaftskrise und den nachfolgenden Zweiten Weltkrieg nicht, wieder Fuß zu fassen.

In der Nachkriegszeit erlebte die Bierindustrie eine Phase der Konsolidierung. Viele der kleineren Brauereien wurden von größeren übernommen oder waren gezwungen, zu schließen – mit dem Resultat, daß Ende 1960 eine Handvoll internationaler Großunternehmen die Bierproduktion weltweit kontrollierte. Angeführt von amerikanischen Großkonzernen, konzentrierte sich die Brauindustrie auf die Produktion von kostengünstigen, leichten und hellen untergärigen Lagerbieren, mit einem Geschmack, der den Marktbedürfnissen im weitesten Sinne entsprach. Viele Klassiker verschwanden. Eine Rückbesinnung begann erst in den frühen 1970er Jahren und wurde von der englischen Kampagne für echtes Ale (CAMRA) eingeleitet. Seither konnte man zahlreiche Neugründungen kleiner Brauereien erleben, die zum Brauen der geschmackvolleren Traditionsbiere zurückkehrten. Obwohl die Großkonzerne immer noch dominieren, entstehen unvermindert neue Klein- und Gasthausbrauereien, und Hobbybrauen ist fast wieder eine volkstümliche Beschäftigung geworden. Wir erleben heute eine Bierrevolution, die uns eine breite Palette handwerklich hergestellter Spitzenbiere beschert.

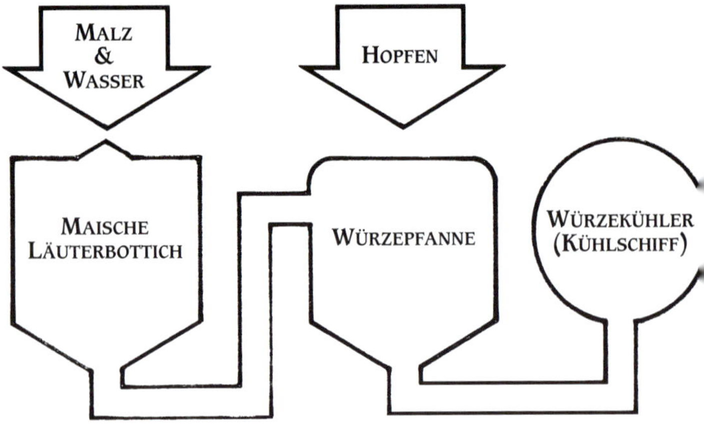

Der Brauprozeß

Was ist Bier?

Von den Rohstoffen bis zum Fertigprodukt

Gemälztes Getreide, Wasser und Hefe wurden schon im alten Mesopotamien benutzt, um gebraute Getränke herzustellen; es führt also eine direkte Linie von dort zu den Bieren von heute. Obgleich über die Jahrhunderte die unterschiedlichsten Gewürze, Kräuter und Früchte zugesetzt wurden, um das Bier zu aromatisieren, gilt Hopfen seit einigen hundert Jahren als der Standardveredler schlechthin. Zwar bestimmt nicht länger das deutsche Reinheitsgebot aus dem 16. Jahrhundert, was dem Brauer erlaubt ist, ins Bier zu geben – trotzdem sind die meisten Brauer, und das weltweit, den Grundrohstoffen Gerste, Hopfen, Wasser und Hefe treu geblieben, wenn sie ihre erfolgreichen Sude kreieren. Auf der Basis dieser wenigen Komponenten kann eine außerordentliche Vielzahl von Biersorten gebraut werden, und jede Sorte selbst umfaßt wieder eine Reihe ausgeprägter Geschmacksrichtungen.

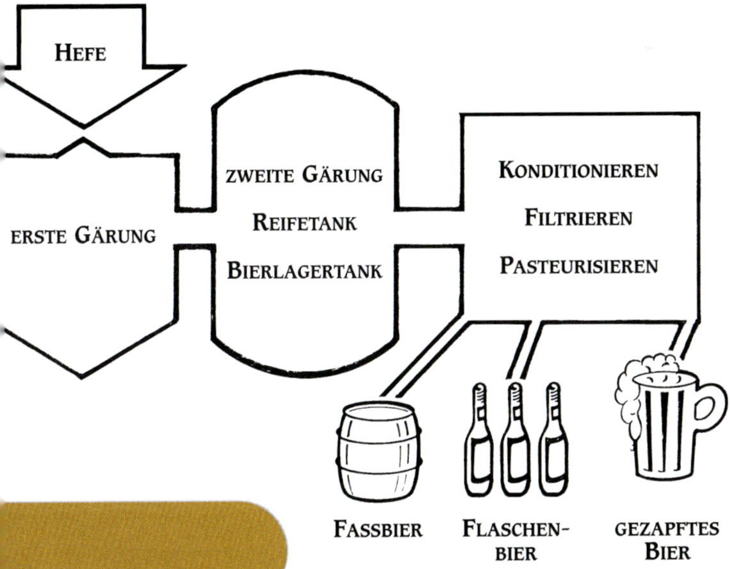

ZUTATEN

MALZ

Etwa 75 % der weltweiten Malzproduktion kommen aus USA, Deutschland, England, Frankreich, China, Kanada, Belgien und Österreich.

Die Hauptkomponente für Bier ist das Malz. Malz besteht aus Gerste oder anderem Getreide, das zunächst, in Wasser eingeweicht, einige Tage keimen durfte und danach auf einer Darre getrocknet wird. Während des Mälzungsprozesses wird die in dem Getreide enthaltene Stärke in Zucker umgesetzt (Maltose), der dem Korn Süße und eine knackige Struktur verleiht. Das gemälzte Getreide stellt neben dem Zucker jene Eiweißstoffe und Aminosäuren zur Verfügung, die die Hefe später für die Gärung benötigt.

Das meiste Malz wird aus Gerste hergestellt, ein hohes braungelbes Gras, das im Halm dem Weizen ähnelt. Gerste ist leicht süßlich und besitzt einen hohen Stärke-, aber einen niedrigen Eiweißgehalt. Diese Eigenschaften machen sie zur Bierherstellung bestens geeignet.

Trotzdem ist Gerste nicht die einzige Getreideart, die zum Brauen verwendet wird. Weizen, Grundlage der stetig beliebter werdenden Weizenbiere, sorgt für einen leichteren, aber säuerlicheren Trunk; Hafer, der in kleinen Mengen im Haferschrot-Stout eingesetzt wird, bringt einen runden und süßlichen Geschmack, während Roggen, eher selten benutzt, eine leicht würzige Note hinzufügt. Reis und Mais werden ausgesprochen häufig als Zusätze verwendet, speziell in US-amerikanischen Brauereien. Die meisten Brauer kombinieren diese oder auch andere Getreidearten mit Gerstenmalz, um typvolle und charakteristische Biere zu erzeugen.

Es gibt viele verschiedene Malzsorten, unterschiedlich in Farbe und Zuckergehalt, was in erster Linie von der Art und Weise ihrer Herstellung abhängt. Nachdem sie geerntet und gereinigt wurde, wird die Gerste zur Aktivierung der Stärke für zwei bis drei Tage in Wasser eingeweicht. Die meisten kommerziellen Mälzer benutzen hierzu große Metalltanks. Danach läßt man das Wasser abtropfen und die Gerste in einem feuchten, kontrollierten Klima mehrere Tage keimen – die Stärke wird durch die eigenen Enzyme in Zucker umgewandelt. Traditionell wurde das nasse Getreide auf großen Steinböden ausgebreitet. Einige Brauer verfahren noch heute nach dieser Methode, obwohl die Tennenmälzerei langsam durch neuere Verfahren, z.B. große Metalltrommeln bzw. große Kästen und künstliche Luftversorgung, abgelöst wird. Nach dem Keimprozeß wird das sogenannte Grünmalz in einer Darre etwa zwei Tage lang bei hohen Temperaturen getrocknet.

Die zahlreichen Teilschritte beim Mälzungsprozeß können den Typ des Malzes beeinflussen. Allerdings sind sowohl das genaue Einhalten der Temperaturen als auch die Dauer des Darrens die eigentlich bestimmenden Faktoren, d.h., je höher die Darrtemperatur, desto dunkler das Malz und desto voller der Geschmack. Hier nun einige der üblichen Malzsorten – allein oder kombiniert verwendet:

- **Lager- oder Pilsner Malz** wird bei tiefen Darrtemperaturen hergestellt und hat einen leichten Getreidegeschmack. Es ist das am schwächsten gefärbte Malz mit breiter Anwendung für die Herstellung von Lager- und Pilsner Bieren sowie leicht gefärbter Ales.

- **Malz für helles Ale** wird in vielen Bieren englischer Art verwendet. Es wird bei wenig höheren Temperaturen als

Pilsner Malz hergestellt, was zu leicht dunklerer Farbe und etwas stärkerem Röstgeschmack führt.

- **Mildes-Ale- oder Wiener Malz,** bei noch höheren Temperaturen gedarrt, gibt dem Bier einen Karamelgeschmack.
- **Weizenmalz,** für Biere auf Weizengrundlage, ist hell und verleiht dem Bier eine feste Schaumkrone sowie Vollmundigkeit. Ungefiltertes Weizenbier ist leicht trüb.
- **Cara- oder Kristallmalz** wird bei rasch steigenden Temperaturen gedarrt, besitzt eine rötliche Farbe und einen intensiven süßen Geschmack. Es wird gewöhnlich für Spezialbiere wie etwa Bockbiere benutzt.
- **Braunmalz** wird zur Herstellung von „Winterbieren" und braunen Ales eingesetzt. Es gibt dem Bier eine rauchige Note sowie die tiefe braune Färbung. Braunes Malz wird traditionell direkt über Holzfeuer gedarrt.
- **Schokoladenmalz** verleiht vielen Brown Ales, Porters und Stouts die dunkle schokoladenbraune Farbe und einen kaffeeartigen, bitteren Geschmack. Es wird bei hohen Temperaturen geröstet.
- **Schwarzmalz** ist dunkel, fast schwarz geröstet, gibt vielen Stouts das gewisse bittere Etwas und die charakteristische schwarze Farbe.
- **Geröstete Gerste** ist ungemälzte Gerste, die dunkel rotbraun geröstet wurde. Häufig für trockene irische Stouts verwendet, verleiht sie ihnen den cremigen Schaum sowie den typisch bitteren, gebrannten Kaffeegeschmack.

Die Fähigkeit, verschiedene Malztypen zu einer treffenden Mischung hinsichtlich Biergeschmack und -farbe zu kombinieren, ist die eigentliche Kunst des Brauens. Sie setzt einerseits Kreativität, andererseits genaueste Kenntnis der einzelnen Malzsorten voraus.

Hopfen

Neben Malz ist Hopfen der am stärksten wahrnehmbare Bestandteil des Bieres. Hopfen ist die bestimmende Komponente für die Bitterkeit, also verantwortlich für die Kompensation der Malzsüße, daneben bietet er das blumige Bukett bzw. das typische Aroma und trägt zur natürli-

Bei der Hopfenernte (links); Abpacken des Hopfens vor dem Brauen (unten)

chen Konservierung des Bieres bei. Auch wenn der Weg zum Erfolg steinig war, konnte der Hopfen schließlich den Platz der verschiedenen Gewürze einnehmen, die bis dahin eingesetzt wurden, um das Bier geschmacklich zu prägen, es zu klären, zu konservieren und bitterer zu machen.

Der Hopfen *(Humulus lupulus)* ist eine Kletterpflanze, die grüne Dolden hervorbringt, die für den Brauprozeß vorher getrocknet werden müssen. Obgleich einige Brauereien ganze Hopfenblumen verwenden – sie liefern das stärkste Aroma, verursachen aber auch zusätzliche Arbeit, da u.a. die Halme wieder entfernt werden müssen –, wird der Hopfen meistens in Ballen oder als gepreßte Würfel (Pellets) gehandelt. Auch Hopfenextrakte sind erhältlich, sie sind allerdings in ihrer Wirkung um einiges schwächer. Die im Hopfen enthaltenen Öle und Harze tragen wesentlich zum Biergeschmack und dem Grad seiner Bitterkeit bei und bestimmen zudem das Aroma und das Bukett des Bieres. Weil die zarten, aromatischen Eigenschaften des Hopfens während des Kochvorganges verlorengehen, wird derjenige Hopfenanteil, der Aroma oder Geschmack verleihen soll, erst am Ende des Kochprozesses zugegeben, während jener, der für die Bitterkeit verantwortlich ist, bereits am Anfang eingebracht wird. Der Begriff „Trockenhopfen“ bezieht sich auf eine weitere Hopfengabe nach dem Kochprozeß während der Reifung. Dieses Verfahren ergibt ein sehr aromatisches Produkt.

Ähnlich wie beim Malz werden die verschiedensten Hopfensorten verwendet, um unterschiedliche Effekte zu erzielen. Die Zentren der Hopfenproduktion sind Deutschland, USA und Mitteleuropa, allerdings steigt der Anbau sowohl in Australien und Neuseeland als auch in China und Japan. Der nordamerikanische „Cascade“-Hopfen, der im Nordwesten der USA angebaut wird, wurde von den Brauereien in den frühen 1970er Jahren eingeführt, sein Einsatz ist speziell bei den handwerklichen Brauereien verbreitet. Der „Cluster“- Hopfen ist eine weitere, sehr gebräuchliche amerikanische Bitterhopfenart. Der böhmische „Saaz“-Hopfen, die bekannteste Sorte für Pilsner und andere Lagerbiere, wird besonders wegen seines starken Aromas geschätzt. „Hallertau“ und „Tettnang“ sind zwei Aromahopfen, die für viele deutsche untergärige Biere verwendet werden. Die „Northern Brewern“-Sorte, ein ziemlich starker Bitterhopfen, wird sowohl in England als auch in Deutschland angebaut, während „Goldings“ und „Fuggles“ aus Kent die typischen Hopfen der englischen Ales sind. Selbstverständlich gibt es noch viele andere Hopfensorten in verschiedensten Qualitäten und Graden hinsichtlich Bitterkeit und Aroma – jeder Brauer pflegt seine eigenen Vorlieben.

Hopfen zählt zu den Hanfgewächsen. Traditionell als Beruhigungsmittel verwendet, wurden die Dolden daher oft als Kopfkissenfüllung benutzt.

Wasser

Da das Wasser mehr als 90 % des Bieres ausmacht, kann seine Bedeutung für den Brauer nicht hoch genug eingeschätzt werden. Tatsächlich gründeten die ersten Brauereien ihren guten Ruf auf die ihnen zur Verfügung stehende Wasserqualität. Böhmens Pilsen und sein Pilsner Lager waren für das weiche Quellwasser bekannt, während der hohe Mineralgehalt des Wassers, das durch Burton-on-Trent in England fließt, den Charakter des hellen Ale-Typs maßgeblich mitgeprägt hat und Ales aus Burton, so das Bass Ale, berühmt machte. Das Wasser aus Burton war so begehrt, daß das Hinzufügen von Mineralstoffen ins Brauwasser unter dem Begriff „Burtonizing“ bekannt wurde. Heute kann Wasser ohne großen Aufwand beschafft und seine Qualität durch das Ausfiltern oder das Hinzusetzen bestimmter Mineralien leicht manipuliert werden. Dies wiederum versetzt den Brauer in die Lage, fast jeden beliebigen Biertyp herstellen zu können. Den stärksten Einfluß auf die Bierqualität besitzen übrigens Kalzium, Chlorid, Magnesium sowie Sulfat.

HEFE

Die Kombinationsmöglichkeiten von Malz, Wasser und Hopfen bedeuteten nichts, wäre da nicht die Wirkung der Hefe. Dieser einzellige Pilz verursacht die Gärung, bei der Zucker aus der Mischung aufgenommen wird und Nebenprodukte, wie Alkohol und Kohlendioxid, abgegeben werden. Außerdem steuert er dem Sud Geschmack und Aroma bei. Um ihr einzigartiges Produkt zu kreieren, verwenden manche Brauereien Hefen der stets gleichen Abstammung seit Jahrhunderten. Und obwohl sich lediglich zwei Hefearten für die Bierzubereitung eignen, gibt es weit über 500 anerkannte Züchtungen.

Abschöpfen der Hefe bei Guinness

Hefezellen sind mit dem bloßen Auge nicht sichtbar. So fehlte lange jegliches Verständnis ihrer Wirkung – sogar die Kenntnis ihrer Existenz. Das Gemisch von Malz und Wasser wurde einer zufälligen Gärung überlassen, bei der natürliche, in der Luft vorhandene „wilde" Hefen" ihre magische Arbeit in dem offenen Kochgefäß verrichteten. Dies galt vielen als Zauberei, zumindest aber als ein geheimnisvoller Vorgang. Die einzigen Brauereien, die noch nach dieser alten Methode der Spontan-Gärung produzieren, sind die Hersteller der Lambic Biere aus Belgien.

Im mittelalterlichen England wurde der braune, kuchenartige Schaum, der sich auf dem gärenden Sud bildet, als Gottesgabe bezeichnet.

Die Hefearten, die für die Gärung von Altbieren oder Ales eingesetzt werden *(Saccharomyces cerevisiae)* sind auch als obergärige Hefen bekannt – wegen ihrer Aktivität auf dem Sud. Sie wandeln den Malzzucker zwar schnell, jedoch wenig effektiv um. Der verbleibende unvergorene Restzucker erklärt den eher süßen, fruchtigen und komplexen Geschmack obergäriger Biere. Da die Gärung schnell erfolgt, stehen diese Biere vergleichsweise früh für den Verbrauch bereit. Umgekehrt bewirken Lager- oder untergärige Hefen eine länger andauernde, weniger turbulente Gärung und arbeiten daher wirtschaftlicher. Das Ergebnis ist der eindeutig definierte, charakteristisch herbe Geschmack untergäriger Biere. Untergärige Hefe arbeitet bei niedrigeren Temperaturen als obergärige.

> *1883 gelang es dem dänischen Wissenschaftler Emil Hansen, der für die Carlsberg Brauerei arbeitete, einen Stamm reiner untergäriger Hefe zu isolieren: Ihr wurde der Name „Saccharomyces carlsbergensis" gegeben, später jedoch in „Saccharomyces uvarum" geändert.*

ANDERE ZUSÄTZE

Obgleich die vier Rohstoffe Malz, Hopfen, Wasser und Hefe genügen, um eine breite Palette schmackhafter Biere zu produzieren, wählen viele Brauer noch andere Zusätze oder Hilfsmittel, um Geschmack, Aroma oder Farbe des Bieres zu beeinflussen und auf diese Weise ein einmaliges Rezept zu kreieren. Das am häufigsten eingesetzte Hilfsmittel dürfte Zucker sein. Da Zucker leicht gärt, kann durch ihn der Alkoholgehalt des Bieres erhöht werden, bei gleichzeitiger farblicher Aufhellung. Oft wird mit Reis- und/oder Maiszugaben als Gersteersatz gearbeitet, um Bier eine hellere, herbere Qualität zu verleihen. In den Zeiten vor der Hopfenanwendung nutzte man Früchte und Gewürze als Geschmacksverbesserer, einige Brauer sind noch heute dieser Tradition verhaftet. So ist beispielsweise Belgien berühmt für seine fruchtigen Biere, unter anderem für „Kriek" mit Kirsch- und „Framboise" mit Himbeergeschmack. Traditionell wurden Früchte zugegeben,

Braukessel in einer Kleinbrauerei in Oregon

um eine zweite Gärung in Gang zu setzen und neue Geschmacksrichtungen zu finden. Heute fügen die Brauer häufig einfach Fruchtsäfte oder -extrakte hinzu. Kirsche, Himbeere, Apfel, Orange, Zitrone und Banane sind häufige Beispiele. Auch Honig ist eine seit den frühen Anfängen beliebte Würze. Zu einer anderen Gruppe von Geschmacksverbesserern zählen Lakritze, Ingwer, Vanille, Melasse, Schokolade und sogar Chili.

Der Brauprozess

Obwohl sich Wissenschaft und Industrie der früher eher häuslichen Tätigkeit annahmen, bei der einiges dem Zufall überlassen war, hat sich am eigentlichen Brauprozeß über die Jahrhunderte wenig verändert. Die Werkzeuge sind heute andere, auch wird die Produktion laufend verbessert, unter anderem durch den Einsatz von Computern und moderner Technologien. Trotzdem bleibt die Qualität des Bieres weiterhin vom Geschick und Können des Brauers abhängig. Und ein gewisser Einfluß von Unvorhersehbarem ist noch immer vorhanden.

Die meisten Brauereien beziehen ihr Malz von Handelsmälzereien, einige Großbrauereien betreiben aber auch eigene Mälzereien. Der erste Schritt der Malzverarbeitung nach der Anlieferung ist das Vermahlen. Die aufgebrochenen Körner geben dabei das Innere des Malzes einschließlich des Zuckers frei. Das gemahlene Malz, Schrot genannt, kommt nun in einen großen Kessel aus Holz, Kupfer oder

Edelstahl, dem Maischebottich, wo es mit heißem Wasser vermengt und als Maische weiterverarbeitet wird. Das dickflüssige Gemisch wird etwa ein bis vier Stunden erhitzt. Während dieser Zeit aktiviert das heiße Wasser die Malzenzyme – die Verzuckerung beginnt. Da die Enzyme temperaturabhängig arbeiten, ist das Einhalten der richtigen Maischetemperatur von höchster Bedeutung.

Eine Variante zur oben beschriebenen Infusionsmetho-

Computergesteuerte Kontrolle der Brauvorgänge

de stellt das Dekoktionsverfahren dar, bei dem die Würze portionsweise und in Stufen aus dem Maischebottich entnommen und in ein zweites Kochgefäß, „die Maischepfanne", geleitet wird. In ihr wird die Maische zum Kochen gebracht und danach dem Maischebottich wieder zugeführt. Diese Methode maximiert die Verzuckerung und wird daher gerne von auf Lagerbier spezialisierten Brauereien eingesetzt, weil die hellen Lagermalze generell einen geringeren Zuckergehalt aufweisen und daher mehr Aufwand erfordern, um eine ausreichende Zuckermenge aus ihnen zu lösen.

Nach dem Maischen wird das Gemisch getrennt, d.h. die Feststoffe werden entfernt und als Treber für die Futtermittelindustrie vermarktet. Die verbleibende sirupartige Flüssigkeit ist die Würze. Dieses sogenannte Abläutern erfolgt entweder über ein Sieb im Boden des Maischebottichs oder über ein separates Gefäß, den Läuterbottich. Nach dem Abziehen der Würze wird der Treber nochmals mit warmem Wasser übersprüht, um die Restwürze auszuspülen. Dieser Vorgang ist als „Ausschwenzen der Treber"

Reinigung der Hopfenrinne bei Guinness

bekannt. Nur einige sehr schwere Starkbiere verwenden die unverdünnte Vorderwürze ohne Auswaschwürze.

Sobald die Würze vom Maische- oder Läuterbottich abgezogen ist, wird sie in der Sudpfanne erwärmt. Nun beginnt die eigentliche Brauphase. Hopfen wird zugefügt und die Mischung zum Kochen gebracht. Das Kochen sterilisiert nicht nur die Würze, sondern löst und extrahiert zugleich die für das Bier notwendigen Hopfenbestandteile. Nach bis zu dreistündigem Kochen werden Hopfentreber und unerwünschte Eiweißstoffe (Eiweiß gerinnt während des Kochens) entweder per Sieb, dem Hopfenseiher, oder mit einer Zentrifuge entfernt. Die gereinigte Würze wird dann rasch im Kühlschiff als Vorbereitung zur Gärung, aber auch um Bakterienentwicklung zu verhindern, abgekühlt. Während des Pumpvorganges in die Gärtanks findet eine weitere Abkühlung der Würze statt. Jetzt folgt die Zugabe, das „Anstellen“ der Hefe. Soll beispielsweise Ale hergestellt werden, ist die Würze auf 16 bis 24°C einzustellen, damit die Hefe optimal arbeiten kann. Hefe für Lagerbiere benötigt dagegen mit 4 bis 13 °C geringere Temperaturen. Ursprünglich wurden für die Gärung einfache Holzgefäße eingesetzt. Heute verwendet man riesige geschlossene Metalltanks mit konischem Boden.

Innerhalb eines Tages oder sogar weniger Stunden bildet sich ein dicker Schaum auf der gärenden Flüssigkeit – die Hefe ist aktiv. Besonders spektakulär geschieht dies bei obergäriger Hefe. Gemäß traditionellem Verfahren wird die Würze nur relativ kurze Zeit im Vorgärer belassen, Ales beispielsweise 5 bis 10 Tage und untergärige Biere des La-

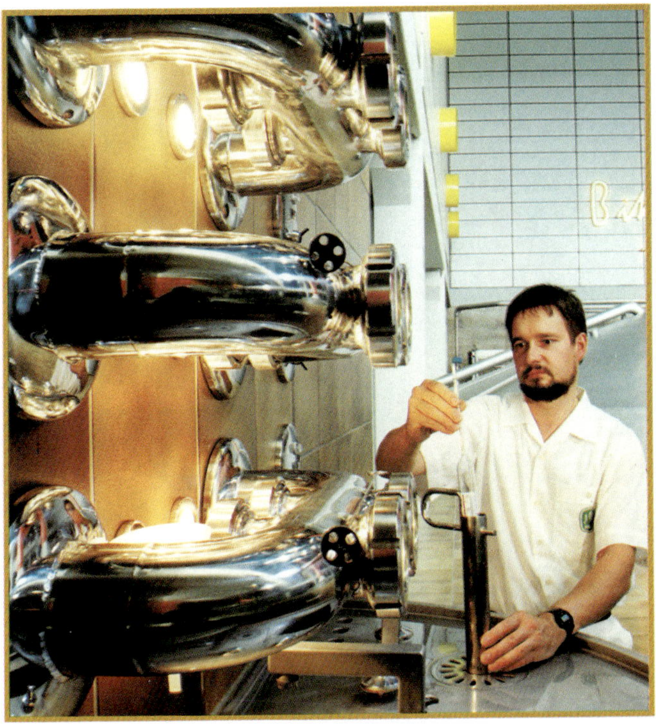

Kontrollmessungen mit der Bierspindel in einer deutschen Brauerei (oben); Kupfersudpfannen, Texas (unten)

Flaschenbier, verkaufsbereit (oben); Bier im Keg-Faß auf dem Wege zum Bierlokal (Mitte); Ausspritzen der Fässer bei Guinness (unten)

Bieranlieferung für eine Sportveranstaltung in England

gertyps etwa zwei Wochen. Von hier läuft das Jungbier in die Gärtanks der zweiten Gärphase, die Konditionierungs- bzw. Reifetanks. Viele Brauereien arbeiten heute mit einem einzigen Gefäß, einem Mehrzwecktank, der für jede Phase der Gärung und Reifung benutzt wird.

Die Reife- bzw. Nachgärungszeit hängt in erster Linie vom Biertyp ab. Alebieren reichen unter Umständen schon wenige Tage – im Durchschnitt kommen obergärige Biere mit weniger als einem Monat aus –, besonders starke Ales können bis zu einem Jahr benötigen. Die untergärigen Biertypen hingegen brauchen länger, um Geschmack und Aroma ausreichend zu entwickeln. Ihre Lagertemperatur im Tank wird während des Reifens knapp über dem Gefrierpunkt gehalten. Dabei beendet die Hefe ihre Gärung nur sehr langsam. Die meisten Lagerbiere lagern zwischen einem und sechs Monaten, manchmal bis zu einem Jahr, wobei die amerikanischen „Massenbiere" dieses Typs oft nur einige Wochen reifen, bevor sie in den Verkauf gelangen. Generell erhöht sich während der Gärung der Kohlensäuregehalt im Bier. Einige Brauer fügen kleine Mengen von noch gärendem Bier, manchmal auch Zucker oder Hefe, in die Lagertanks, um eine Nachgärung zu initiieren. Diese Methode wird „Kräusenverfahren" genannt. Die Zugabe weckt die im Bier schwebende inaktive Resthefe auf und erhöht das natürliche Karbonisieren. Eine moderne Alternative dazu ist die direkte Zugabe von Kohlendioxyd ins Bier.

Von der Brauerei zum Verbraucher

Sobald die Gärungs- und Konditionierungsphasen in der Brauerei beendet sind, werden die meisten Biere gefiltert, bevor sie auf Flaschen gezogen oder in Dosen bzw. Fässer abgefüllt werden. Die Filtrierung entfernt Hefe- und Eiweißreste, die das Bier trüben und seine Lagerfähigkeit reduzieren. Zu starkes Filtrieren kann jedoch Ge-schmack, Aroma oder sogar den „Körper" des Bieres negativ beeinflussen. Einige Biere werden zudem pasteurisiert (auf hohe Temperaturen erhitzt, um Restaktivitäten der Hefe zu stoppen und Bakterien abzutöten), um die Haltbarkeit und Reinheit des Bieres zu verbessern. Obwohl die Pasteurisierung die Lagerfähigkeit erhöht, nimmt sie dem Bier einiges an Geschmack wie auch Charakter, und viele Brauer vermeiden daher diese Methode. Nach jeder Filtrierung oder Pasteurisierung wird das Bier in Klärtanks zwischengelagert, bevor es abgefüllt oder wie in Gasthausbrauereien direkt serviert wird.

Viele traditionell gebraute Biere werden direkt aus den Konditionierungstanks ohne Pasteurisierung und in manchen Fällen auch ohne Filtrierung in Holz- bzw. Metallfässer oder in Flaschen abgefüllt. Dem Bier kann noch in den Fässern Zucker, Hefe oder manchmal auch Hopfen zugegeben werden. Faßgereifte Biere, denen Zucker oder Hefe beigefügt wurde, reifen weiter und gären sogar bis zum Zeitpunkt des Servierens. Solche Biere werden nicht per Kohlendioxyd aus dem Faß getrieben, wie das bei den meisten Kegs der Fall ist, sondern mittels der traditionellen Vakuummethode per Hand gepumpt, was die Biere weniger kohlensäurehaltig, dafür weicher und berauschender macht. Einige Brauereien benutzen noch immer Eiche- bzw. Holzfässer, weil sie der Meinung sind, daß das Holz zusätzlichen Geschmack bringt. Für gewöhnlich werden allerdings für faßgereifte Biere Metall-

1935 bot die Kreuger Brewing Company, New Jersey, das erste Dosenbier an, das Kreuger Creme Ale. Coors setzte in den frühen 50ern als erste Brauerei die Aluminiumdose ein, und die Aufziehlasche wurde von der Pittsburg Brewing Company 1962 eingeführt.

oder Glasfässer eingesetzt. Flaschengereifte Biere erhalten oft unmittelbar vor der Flaschenabfüllung zusätzliche Hefe, um eine Nachgärung oder Reifung in der Flasche auszulösen. Dieses Verfahren kann den Alkoholgehalt, die Süße und den Kohlensäuregehalt erhöhen.

Der erste Versuch, Bier in handgefertigten Glasflaschen zu lagern, geht zwar schon ins 16. oder 17. Jahrhundert zurück, ihre industrielle Produktion wurde hingegen erst mit Entwicklung der Dampfmaschinen möglich. Diese frühen Flaschenbiere wurden mit Korken verschlossen. Gelegentlich kann man noch heute verkorkte Bierflaschen sehen, speziell bei einigen flaschengereiften Alesorten. Der Kronkorken aus Metall wurde um 1890 erfunden; obgleich nicht wiederverwendbar, war er billig und einfach herzustellen. Die verbesserte Technologie der Flaschenabfüllung führte dazu, daß mehr Gewicht auf die Produktion von helleren und kohlensäurehaltigeren Bieren gelegt wurde, die in den Glasflaschen besser zur Geltung kamen.

Trotz der steigenden Beliebtheit von Dosenbier verzögerten der hohe Kohlensäuregehalt sowie die Druckverhältnisse lange die Entwicklung optimaler Dosen. Um 1930 entwickelte man eine Innenbeschichtung, die die Dosen verstärkte und gleichzeitig ihren Inhalt vor dem Blechgeschmack schützte. Dennoch sind die meisten Bierliebhaber überzeugt, daß Dosen den Geschmack des Bieres nicht eben verbessern, wenn auch die wirtschaftlichen Vorteile unleugbar sind. Interessanterweise liegen die Kosten für eine

Früher Dosenbier-Automat

Förderband einer Dosenfüllanlage

Dosen-Abfüllanlage weit über denen, die für eine Flaschenabfüllanlage anfallen: Abgesehen vom Geschmacksverlust für viele Brauer Grund genug, ihr Bier nicht in Dosen anzubieten. In England entwickelte man eine Stickstoffkapsel, die sich beim Öffnen der Dose entleert und so den Eindruck eines frischen Zapfbieres vermittelt. Das meiste nicht in Dosen oder Flaschen abgefüllte Bier wird in Kegs vermarktet. In den USA sind 31-Gallonen- Fässer – als Halbe- oder Viertel-Faßgröße – mit 15,5 bzw. 7,75 Gallonen üblich. Europäisches Bier wird allgemein in 50- und 30-Liter-Einheiten abgefüllt.

Kleinbrauereien, Gasthausbrauereien und Brauen zu Hause

Noch immer wird die Bierindustrie von wenigen Großunternehmen beherrscht, obwohl sich seit etwa 1970 die Zahl der Betriebe hochqualitativer und traditioneller Biere deutlich erhöhen konnte. Nach alter Art produzierte Biere werden grundsätzlich unter Anwendung der gleichen Technologie wie die Massenbiere hergestellt, jedoch in kleineren Chargen und mit mehr Sorgfalt im Detail. Es handelt sich im allgemeinen um Biere aus reinem Malz ohne Zusatzstoffe. Handwerkliche Brauer scheinen innovativer zu sein und bieten daher häufig interessante Spezialbiere an.

Gemäß Definition ist eine Kleinbrauerei ein Betrieb mit einem Bierausstoß von weniger als 17.600 hl pro Jahr. Das gilt so eindeutig jedoch nur für die USA. Bierkenner Michael Jackson schlägt vor, den Begriff eher von der Firmenphilosophie – nämlich typvolle, auf herkömmliche Art gebraute Biere zu schaffen – abhängig zu machen. Und das betrifft eben zur Hauptsache die Kleinbrauereien. Sie haben drei Möglichkeiten, ihr Bier abzusetzen: je nach Rechtslage, Firmenziel und Marktchancen 1. über Großhändler, die wiederum Einzelhändler, Supermärkte, Fachhandel und Bars oder Restaurants bedienen; 2. direkt über den Einzelhandel oder 3. direkt an die Verbraucher, in kleinen Gebinden frei Haus.

Ein Restaurant mit Brauerei darf sich Gasthausbrauerei nennen, wenn mindestens 50 % der eigenen Bierproduktion im eigenen Hause ausgeschenkt werden. Brauereien, die in ihrer Größe zwischen Klein- und Großbrauerei (national oder international) liegen, fallen unter den Begriff „Regionalbrauerei". Eine Vertragsbrauerei läßt in ihrem Auftrag und Namen nach eigenem Rezept bei einer anderen Brauerei Bier produzieren.

Ein weiterer Grund für das wachsende Interesse an traditionell hergestellten Bieren liegt in dem beliebten Hobby, Bier zu Hause zu brauen. Die Gesetze wurden mittlerweile gelockert, um denen die Tür zu öffnen, die sich gern selbst am Bierbrauen versuchen wollen. Restriktionen hinsichtlich Produktionsmenge und Vertrieb sind dabei aber unbedingt zu beachten. Es gibt zahlreiche Beispiele dafür, daß Heimbrauer von gestern führende Kleinbrauer von heute sind. Braurezepte erhält man aus Büchern und aus dem Internet – Geräte und Zutaten aus Spezialgeschäften und über Versandhäuser. Klubs für Hobbybrauer gibt es überall in der Welt. Darüber hinaus existieren „Brauplätze für jedermann", wo mit den vorhandenen Einrichtungen jeder sein Bier selbst brauen kann. Eine praktische Möglichkeit, die man nutzen sollte, bevor man viel Geld in eigene Geräte investiert.

Obergärige Biere lassen sich vergleichsweise einfacher brauen als untergärige Biertypen und eignen sich daher bestens für den Anfänger. Die nötigen Geräte und Einrichtungen sind fast alle im Fachgeschäft zu beziehen, bisweilen als „Bierbaukasten". Zur Minimalausrüstung gehören: ein großer Kochtopf für das Würzekochen; ein langstieliger Metall- oder Plastiklöffel; zwei große Plastikeimer mit Deckel, die als Gärbottiche der ersten und zweiten Phase fungieren; ein Gäraufsatz, passend zu den Gäreimern, der Luft aus-, aber nicht einströmen läßt; Plastikrohre für das Umfüllen der Würze von Eimer zu Eimer; ein Abfüllrohr, um das Bier vom zweiten Gärgefäß in die Flaschen zu leiten; Flaschen und Kronenkorken, ein Kronkorkschließer; eine Flaschenbürste für die Reinigung der Flaschen und eine Bierspindel mit Meßzylinder, um die Dichte des Sudes zu messen, aus dem der Alkoholgehalt ermittelt werden kann. Malz, Hefe und Hopfen können gebrauchsfertig erworben werden, wie z. B. Malzextrakt und Hopfenpellets. Leitungswasser läßt sich per Aufbereitung auf den gewünschten Mineralgehalt bringen, es eignet sich aber auch Mineralwasser aus der Flasche. Werden Extrakte eingesetzt, ist der gesamte Herstellungsprozeß beispielsweise von hausgemachtem Ale in gut zehn Tagen zu schaffen.

Bier auf dem Prüfstand: Aussehen, Duft, Geschmack

Der eigentliche Grund für die Existenz von Bier ist, daß wir es trinken, und so sind seine Geschichte, die Zutaten und die Art des Brauens selbst nur Mittel zum Zweck. Während der Konsum von Bier schlicht bedeuten kann, ein Glas so schnell wie möglich herunterzustürzen, gehört zum Genießen eines guten Bieres mehr: das sorgfältige Lagern und Servieren sowie die volle sinnliche Wahrnehmung durch Sehen, Riechen und Schmecken. Ein schlecht gebrautes Bier wird selbst dann, wenn es, bestens temperiert, im feinsten Glas serviert und mit wachen Sinnen getrunken wird, nicht überzeugen. Dagegen wird ein feines Bier, selbst unter widrigen Umständen genossen, immer einen guten Eindruck hinterlassen. Man kann viel dazu beitragen, ein Bier wirklich zu genießen. Das beginnt mit der sorgfältigen Lagerung. Nur wenige Biere vertragen eine längere Lagerung, die meisten verschlechtern sich. Ausnahme: einige flaschengereifte und Spezialbiere. Die meisten Biere sollten aufrecht stehend aufbewahrt werden, außer Weizenbieren und Flaschen mit Korkverschluß, die, ähnlich wie Wein, liegend lagern sollten. Wichtig ist auch der Schutz vor Wärme und Licht, dunkle Flaschen halten Bier besser frisch als helle. Kühlschränke arbeiten meist bei niedrigeren Temperaturen als für den Biergenuß ideal wäre. Darum sollte man einige Minuten warten, bevor man das Bier konsumiert. Obergärige Biere sollten bei Temperaturen von 10 bis 16 °C getrunken werden, wobei der höhere Bereich für die dunklen oder stärkeren Aletypen gilt, wie Porter, Stout, Lambics, Trappisten- oder Abteibiere und Barley Wine. Untergärige Biere wollen etwas kühler serviert werden, zwischen 7 und 13 °C. „Leichte" Biere mit wenig Körper und geringem Alkoholgehalt können relativ kalt (um 7 °C) getrunken werden; dazu gehören auch einige obergärige Biere wie Weizen, Kölsch und viele Lagerbiere amerikanischen Stils. Die Trinktemperatur hängt zwar sehr von persönlichen Vorlieben ab, generell gilt jedoch, daß niedrige Temperaturen Geschmack und Körper des Bieres schwächen. Flaschengereifte Biere oder Jungbiere sollten niedrigen Temperaturen besser nicht ausgesetzt werden, da die Hefe unter diesen Verhältnissen ihre Tätigkeit rasch einstellt.

Die richtige Behandlung und die Auswahl der Gläser beeinflußt ebenfalls das Trinkvergnügen. Eigentlich bedarf es keiner besonderen Erwähnung, daß das Glas sauber sein soll. Tatsache ist allerdings, daß die Bierqualität von Fett- oder Spülmittelresten im Glas beeinträchtigt werden kann. Handgespülte und luftgetrocknete Gläser sind am besten geeignet. Eiskalte Krüge sehen vielleicht attraktiv aus, reduzieren jedoch den Geschmack, und das Eis am Glas verwässert das Getränk. Vor dem Füllen sollte das Bierglas immer mit Wasser ausgespült werden, um damit die Bildung einer festen Schaumkrone zu unterstützen.

Die volle Entfaltung des Bieraromas garantiert einzig das Glas – Flasche und Dose unterstützen die Aromabildung weniger. Das richtige Trinkgefäß vereinigt alle Sinnesfreuden, die das Bier bietet: Aussehen, Duft und Geschmack, wobei die Gläserformen die typischen Eigenschaften spezieller Biersorten noch unterstreichen können.

Das *Stielglas* ähnelt in seiner Form einem Champagnerglas. Es wird idealerweise für Biere verwendet, die stark aromatisiert sind, weil das hohe geschwungene Glas das Bukett direkt zur Nase führt und auch die Kohlensäure gut im Bier hält.

Das *Tulpenglas* gleicht einem Cognacschwenker, obgleich es höher und schlanker ist. Es hält das Bieraroma nahe am Glasrand zurück und eignet sich daher bestens für aromatische Biere, seien es Lambics und Abteibiere oder die starken Ales, wie Barley Wine, Englisches Old Ale, belgisches Stark- und Rotbier. Die Form unterstützt außerdem die Standfestigkeit der Schaumkrone.

Die *Kelchgläser* werden traditionell für deutsche Weizenbiere und einige belgische Trappisten- oder Abteibiere genommen. Die zarten Aromen dieser Biersorten kommen jedoch besser in weiten Schalen zur Geltung, die auch die Schaumkrone gut halten, vorausgesetzt, die Biere sind genügend kohlensäurehaltig.

Die hohe schlanke Gestalt des typischen *Pilsener Glases* unterstreicht die goldene Farbe des Bieres und den hohen Kohlensäuregehalt. Der reiche Hopfenduft der Pilsener und deutschen Lagerbiere kommt bei diesem Glas gut zur Geltung, da es sich leicht öffnet.

Pint-Gläser gibt es in vielen Formen, wobei das 16-Unzen-Glas das bekannteste ist, besonders die sich verjüngende Version. Das *Imperial Pint-Glas* hat eine leichte Wölbung am oberen Ende, faßt 20 Unzen und fängt Hopfenbukett und Fruchtaroma solcher Sorten wie Pale Ales, Brown Ales, Porters und Stouts besonders gut ein.

Der *Dimpled Pint-Krug* ist das klassische englische Bierhausglas und ähnelt dem deutschen *Maßkrug*. Die große Öffnung gewährt ungehinderten Genuß des starken Malzgeschmacks und -duftes der bitteren und hellen Ales.

Ton- oder *Keramikkrüge* waren in Deutschland lange Zeit Standard, oft mit aufklappbarem Deckel gegen äußere Verschmutzung ausgestattet. Diese Krüge halten die Biertemperatur konstant, sind jedoch schwer und nicht eben praktisch. Auch der *Zinndeckelkrug* isoliert gut, verbirgt aber die Farbe des Bieres.

Die schlanke, gerade *Stange* ist typisch für Altbier und Kölsch. Sich weiter öffnende *Bechergläser* sind bestens für aromatische Lambics geeignet. Das spezielle *Weizenbierglas* ist höher als das normale Becherglas und öffnet sich oben ebenfalls leicht, faßt oft mehr als einen halben Liter und ist so geformt, daß die für Weizenbiere so typische hohe Schaumkrone unterstützt wird.

Zu den anderen interessanten Bier-Trinkgefäßen gehört das *Aleyard* oder *Yard-of-Ale*, ein langes, sehr schlankes Glas mit einem ballonartigen Unterteil, das mehr als zwei Pint Bier aufnimmt. Das Ganze steht auf einem Fuß. Der *Stiefel* heißt nicht nur so, sondern sieht auch so aus und faßt mehrere Liter. Das sehr viel bescheidenere likörglasähnliche *Cordial* eignet sich bestens für ein besonderes Schlückchen oder für ganz starke Biere.

Das korrekte Ausschenken kann je nach Biersorte und gewünschter Höhe der Schaumkrone unterschiedlich ausfallen. Wird das Glas schräg gehalten und am seitlichen

Glasrand entlang eingegossen, entsteht die geringste Schaummenge, während das Eingießen in die Glasmitte eine höhere *Blume* ergibt. Eine volle cremige Schaumkrone wird als Zeichen für gute Bierqualität gewertet. Ein Bier ohne Blume kann das Ergebnis eines flachen Bieres oder eines verschmutzten Glases sein. Die Schaumkrone betont das Bieraroma: je höher die Blume, desto stärker und reiner ist das Aroma. Generell: Eine etwa 2,5 cm hohe Schaumkrone ist für die meisten Biere angemessen, eine niedrigere für Stouts und Porters, eine höhere für Pilsener, Weizenbiere und starke Belgische Aletypen. Was immer die Ausgangshöhe war, die Blume soll etwa eine Minute halten; wenn sie dann während des Trinkens zusammensinkt, sollen feste Schaumspuren am Rand des Glases, *Brüsseler Spitze* genannt, sichtbar bleiben.

Weil der Schaum das Aroma ins Freie entläßt, das sich dann schnell verflüchtigt, ist der Aromagenuß unmittelbar nach dem Einschenken am stärksten. Der Geruch eines Bieres läßt sich durch Aroma, Bukett oder das Zusammenspiel der Gerüche von Malz, Hopfen und Hefe beschreiben. Obergärige Hefe erzeugt Ester, die ein butterähnliches oder fruchtiges Aroma haben. Untergärige Biere besitzen dagegen ein eher trockenes, kräuterähnliches Aroma. Wie schon erwähnt, hängt die Intensität des Hopfenbuketts direkt mit dem Zeitpunkt der Hopfengabe während des Brauprozesses zusammen. Das Hopfenaroma oder Bukett wird in der Regel als kräuterartig, kiefernähnlich, blumig, gewürzartig oder parfümähnlich empfunden. Nussig, geröstet, butterähnlich, schokoladenartig oder getreideähnlich werden eher die Malzaromen erlebt.

Der Geruchssinn ist eine wichtige Komponente des Geschmacks, und ein Ausatmen durch die Nase kann während des Trinkens den Geschmack zusätzlich sensibilisieren. Keine Frage, Nippen erzeugt ein tieferes Schmecken als Kippen, und es ist sinnvoll, das Bier einige Sekunden im Mund zu halten und im Mund zu bewegen, da sich die Geschmacksknospen für sauer, bitter, süß und salzig auf der Zunge befinden. Es mag einiger Schlucke bedürfen, bis sich eine differenzierte Wahrnehmung einstellt. Die meisten Biere, wenigstens die besseren, sollten innerhalb der verschiedenen Geschmacksrichtungen ausgewogen, jedoch vielschichtig bleiben, besonders hinsichtlich der Süße des Malzes, der Bitterkeit des Hopfens, der Fruchtigkeit der Hefe sowie der anderen Nuancierungen, die durch Zusatzstoffe ins Bier gelangen.

Die Gärung kann darüber hinaus einen leichten Alkoholgeschmack hinzufügen, obgleich dieser eigentlich kaum in Erscheinung treten sollte; eine Ausnahme bilden lediglich die „Super"-Starkbiere. Viele der zur Charakterisierung des Aromas verwendeten Begriffe werden auch für die verschiedenen Geschmacksvarianten von Malz verwendet: Karamel, Schokolade, Kaffee; Röst- und Toastgeschmack weisen auf stark gedarrtes oder geröstetes Malz hin; ein rauchiger Geschmack verrät das Trocknen des Malzes über offenem Feuer. Der durch Hopfen eingebrachte Geschmack ist bitter, zitrusfruchtartig, säuerlich oder grasartig, würzig usw. Die Gewürznelke wie auch andere Gewürze oder Früchte sind durchaus gebräuchliche Geschmacksfärber.

Die internationale Bittereinheit (International Bitterness Unit, IBU) ist eine wissenschaftliche Größe, die den Alfasäuregehalt im Hopfen und damit das „Bittere" im Bier bestimmt. Die meisten Weizenbiere beispielsweise besitzen einen IBU-Wert von 10 bis 20, während beim Imperial Stout der IBU bei 70 oder sogar darüber liegen kann.

Der nach dem Schlucken entstehende Geschmack wird als Abgang bezeichnet. Wie der eigentliche Geschmack, so ist auch der Abgang typisch für jede Biersorte. Wie dieser sollte er ausgeglichen und rein sein und zum Trinken animieren. Die Herbheit des Hopfens beeinflußt den Abgang wesentlich, wie auch den Körper des Bieres. Letzterer kann mehr oder weniger kräftig sein, und man spricht dann von flachen, würzigen oder auch vollmundigen Bieren.

Das Äußere des Bieres offenbart vieles über seine Bestandteile, über den Geschmack sagt es jedoch wenig. Der Bierfarbe sollte nicht zu viel Bedeutung beigemessen werden. Sie sollte lediglich für die Biersorte typisch sein. Ein helles, goldfarbenes Bier kann durchaus stärker sein als ein dunkles, braunes. Ein dunkles Bier erhält seine Farbe gewöhnlich durch dunkle Malzsorten, die beim Brauen eingesetzt wurden; außerdem beeinflußt das Malz den Geschmack. Eine direkte Abhängigkeit zwischen Farbe und Geschmack ist allerdings nur selten gegeben. Einige dunkle Standardbiere können z. B. in Wahrheit gewöhnliche Lager-biere sein, denen Lebensmittelfarben zugesetzt wurden. Gebräuchliche Bezeichnungen für die Bierfarbe sind hell, gold, bernstein, kupfer, rot, braun und schwarz, in all ihren Abstufungen. Eine eher technische Art, Bierfarben zu definieren, ist die der „Standard Reference Method (SRM)", bei der die Bierfarbe mit Licht exakt bestimmt wird und hellere Biere eine niedrigere SRM-Zahl aufweisen.

Ähnlich wirkt sich eine Trübheit nicht unbedingt geschmacksmindernd aus und sollte daher nicht zur Qualitätsbeurteilung herangezogen werden. Allein wichtig ist: Das äußere Erscheinungsbild sollte mit der Biersorte im Einklang stehen. Tolerieren Sie bei einigen ungefilterten weizen- und flaschengereiften Bieren durchaus Feststoffablagerungen – ein trübes Lagerbier mit Ablagerungen dagegen ist fehlerhaft. Einige hervorragende Biere sind trüb oder milchig, während andere kristallklar sind. Die Ablagerungen in flaschengereiften Bieren sollten aus einem dünnen, festen Film am Flaschenboden bestehen. Falls sie im Bier schweben, warten Sie einen Moment, bevor Sie die Flasche öffnen, damit sich die Feststoffe setzen können.

BIERSORTEN

Biere unterscheiden sich aus vielen Gründen. Von Einfluß sind vor allem Menge und Typ der eingesetzten Malz- und Hopfenarten sowie die zeitlichen Abläufe und Temperaturen, die im Brauprozeß angewendet wurden. Folgenreich sind auch die eingesetzten Hefen. In der Regel neigen die untergärigen Biere aufgrund der leistungsfähigeren Hefe und der niedrigeren Gär- und Reifungstemperatur dazu, weicher und klarer zu sein. Die obergärigen Biere sind dagegen vielseitiger in Geschmack und Aroma, auch die fruchtigen und bitteren Biere fallen meist unter diese Kategorie.

Alt Der Name bezieht sich auf die „alte“ Brauweise dieses speziellen Bieres. Das Altbier wird wie Ale bei höheren Temperaturen mittels obergäriger Hefe gebraut, reift jedoch wie untergäriges Bier bei niedrigen Temperaturen. Es ist ein malziges, geschmeidiges Bier mit herbem Charakter. Altbier ist kupfer- oder bernsteinfarbig bis dunkelbraun. Dieser traditionelle Biertyp stammt aus Nordwestdeutschland, speziell aus der Düsseldorfer Region. Heute werden Altbiere mit steigender Tendenz auch in Japan und Amerika gebraut.

Barley Wine Dieses äußerst starke Gebräu ist natürlich kein Wein, verdankt seinen Namen jedoch seinem Alkoholgehalt – zwei- bis dreimal so hoch wie bei normalem Ale. Barley Wine wird oft in Weingläsern serviert, und einige flaschengereifte Sorten verbessern ihre Qualität mit dem Alter. Charaktervoll und malzig, vereinigt sich das fruchtige Aroma mit einem Hopfenbukett. Größere Mengen Bitterhopfen kompensieren die Süße des Malzes. Die Farbe reicht von dunklem Kupfer oder Gold bis zum tiefen Braun. Dieses starke, kraftvolle Ale hat einen langanhaltenden, komplexen und wärmenden Abgang und ist darum besonders gut als Wintergetränk geeignet. Es wird auch als Dessertbier geschätzt.

Belgisches Starkbier Dieses volle belgische Bier mit hohem Alkoholgehalt ähnelt dem Barley Wine und dem englischen Old Ale. Man nennt es auch Golden Ale. Es wird mittels obergäriger Hefe hergestellt, ist jedoch kalt konditioniert. Malzig süß, reicht seine Farbe von Hellgold bis Tiefbraun. Die dunkleren Versionen sind vollmundiger und meist etwas süßer.

Bière de garde bedeutet „Bier zum Aufbewahren". Dieses Bier aus Nordwestfrankreich wurde traditionell im Winter gebraut und im Sommer getrunken. Es kann sowohl mit obergäriger als auch untergäriger Hefe hergestellt werden und besitzt eine würzige Note. Der starke Malzcharakter rührt vom Einsatz verschiedener Malze her, was sich auch in den fruchtigen Aromen und im Abgang niederschlägt. Das hopfige und bernsteinfarbige „Bière de garde" wird oft wie Champagner in Flaschen mit Korken und Drahtsicherung angeboten.

Bitter Der Begriff „Bitter" wurde in England ursprünglich als Kennzeichen für die neu auf den Markt gebrachten hopfigen Biere benutzt. Heute jedoch sind die Biere, die diesen Namen tragen, kaum bitterer als ein durchschnittliches helles Ale. Bitterbiere sind stets trocken, stark gehopft und haben einen recht niedrigen Alkoholgehalt. Sie sind leicht kohlensäurehaltig und liegen farblich zwischen Gold und Rotkupfer. Nach Charakter und Alkoholgehalt unterteilt man sie in drei Gruppen: „Gewöhnliches" Bitter ist die mildeste Form, gefolgt von „Special" oder „Best". An der Spitze steht das „Extra Special Bitter (ESB)". Sowohl der Malz- als auch Hopfengeschmack sind beim ESB am stärksten.

Bockbiere sind starke, aber geschmacklich „runde" und ausschließlich auf Malzbasis hergestellte untergärige Biere. Wahrscheinlich stammt dieser Typ ursprünglich aus dem norddeutschen Einbeck. Aus einer langen Reifezeit resultiert ein reiner und frischer Geschmack, allgemein leicht in Richtung Schokolade tendierend. Bockbier ist leicht hopfig, um das Malz zu kompensieren, ohne aber Geschmack zu geben. Einige der körperreicheren Bockbiere eignen sich auch als Dessertbiere.

Bockbiere gibt es in verschiedenen Sorten bzw. Stärken: „Traditionelle" Bockbiere sind gold- bis dunkelbraun sowie malzigsüß und relativ körperreich. *Doppelbock* ist stärker als Bockbier - aber nicht doppelt so stark - und intensiv malzig. *Eisbock* ist noch gehaltvoller und alkoholreicher als Doppelbock. Er wird aus Doppelbock hergestellt, indem man das Bier anfrieren läßt und einen Teil des gefrorenen Wassers entfernt. Das höher alkoholisierte „Konzentrat" bleibt zurück. Die mittelschweren Typen „Heller Bock" und „Maibock" sind hellere Varianten in der Bockbierreihe. Geschmacklich überwiegt eine leichte Bitternis – eine Folge des Hopfens – und weniger das Schokoladige des Malzes.

Brown Ale erinnert an das Pale Ale, ist jedoch dunkler. Brown Ales sind geschmeidig und mild. Man spürt eine leichte nuß- oder fruchtartige Note und kann einen Hauch von bitterem Hopfen, der die Süße ausgleicht, ausmachen. Nordenglisches Brown Ale ist herber und alkoholreicher als sein dunklerer Verwandter aus dem Süden Englands. Historisch betrachtet ein Getränk der englischen Arbeiterschicht, erfreut sich Brown Ale heute bei den amerikanischen Kleinbrauereien wachsender Popularität. Das amerikanische Brown Ale ist als *Nut Brown Ale* oder *Honey Brown Ale* bekannt und hopfenbetonter, was bei den meisten amerikanischen Auslegungen der englischen Ales zu beobachten ist.

Das *Flämische Braunbier* unterscheidet sich erheblich von seinem englischen und amerikanischen Gegenstück. Etwas rötlicher in der Farbe, hat es eine wesentlich kompliziertere Malz- und Hefemischung und schmeckt deutlich säuerlich aufgrund der langen Gärzeit. Im Vergleich zum englischen Brown Ale ist es fruchtiger und weniger hopfenbetont. Die Belgier nennen es „Oud Bruin" (Altes Braunes).

Cream Ale Als die amerikanischen Brauer begannen, das Original-Pilsener zu kopieren, schufen sie ein mildes Bier unter Verwendung von untergäriger Hefe (oder einem Gemisch aus unter- und obergäriger Hefe) mit warm geführtem Gärungsprozeß, gefolgt von einer kalten Reifephase. Dieses sehr helle Bier wurde als Cream Ale bekannt. Es ist recht leicht, ziemlich süß, wenig hopfenbetont und stark kohlensäurehaltig.

Dampfbier Dieser Typ entwickelte sich Mitte des 19. Jahrhunderts während des Goldrausches in Kalifornien. Er entsteht aus der Kombination von ober- und untergärigen Brauverfahren. Hierzu wird untergärige Hefe eingesetzt, aber bei warmen Temperaturen gegoren, und zwar in großen flachen Gärgefäßen, in denen das Bier während der Gärung abkühlt. Das Ergebnis ist ein moderat hopfiges Bier mit heller Bernsteinfarbe. „Steam Beer“ (Dampfbier) ist heute ein Handelsname der Anchor Brewing Company von San Francisco. Auf den Namen kam man durch die zischenden Geräusche, die beim Anstechen der Fässer entstehen.

Dortmunder Export Dieses traditionelle Untergärige hat seine Heimat in der westdeutschen Stadt Dortmund. Relativ körperreich ist das Export weniger hopfenbetont und etwas süßer als das typische Pils, obgleich es grundsätzlich herb ist. Hell bis goldfarben, sind in ihm Malzsüße und Hopfenbitternis gut ausgewogen.

Dunkel oder Münchner Dunkel Das dunkle obergärige Bier aus München ist würzig-malzig mit einer leicht schokoladigen oder karamelartigen Süße. Der Hopfen gibt das notwendige Aroma und den Geschmack, um das Malz zu kompensieren, trotzdem heißt dunkel hier nicht bitter. Das Dunkel ist kupfern bis dunkelbraun und mit einem mittelschweren Körper versehen.

Helles oder Münchner Helles Das Helle ist die hellere Ausgabe des Dunkelbiers. Dieses helle, goldgelbe Lagerbier Münchner Art zeichnet sich durch Ausgewogenheit mit leichter Malznote aus. Ein Helles ist heller als ein Dortmunder, aber körperreicher und weniger hopfenbetont als etwa ein Pilsener Bier.

India Pale Ale Dieses helle Ale wurde in England entwickelt, um die langen Seereisen zu den fernen Stätten des Empire – beispielsweise Indien – zu überstehen. Auch die heutigen Sorten haben den für die Konservierung notwendigen hohen Gehalt an Hopfen und Alkohol beibehalten. Das Resultat ist ein bitteres Ale mit mittelschwerem Körper. Hopfengeschmack und -aroma werden durch eine mittlere Malzigkeit kompensiert. Der Eichengeschmack, eine Folge des langen Transportes in Eichenfässern, wird noch immer durch entsprechende Faßreifung bei einigen Brauern berücksichtigt. IPA-Biere sind gold- bis bernsteinfarben.

Irish oder Irish Red Ale Dieses leicht süße Ale ist malzig und schwach gehopft. Die rötliche Färbung kommt von der gerösteten Gerste. Als ein Bier mit einem leichten bis mittleren Körper ist das Irish Ale von der schottischen Brautradition beeinflußt. Auch einige untergärige Lager werden auf der Basis dieses Biertyps hergestellt.

Kölsch Dieses hellblonde, blanke Obergärige nach alter Brauart ist hochvergoren, mäßig kohlensäurehaltig, hopfenbetont, aber kaum bitter. Der weiche Geschmack und die Süffigkeit erklären seine Beliebtheit als erfrischendes Sommerbier. Die Bedingung, ein Bier „Kölsch“ nennen zu dürfen, ist, daß es innerhalb der Stadt Köln – mit wenigen Ausnahmen auch im Umland – gebraut wird, und zwar von einem Mitglied der Städtischen Brauervereinigung. Ungefiltert trägt es den Namen „Wieß“.

Lambic Es ist das einzige Bier, für das die uralte Methode der freien Gärung, verursacht durch Wildhefen, beibehalten wurde. Zur Lambic-Familie zählen viele verschiedene Arten bis hin zu jenen, die durch die Zugabe von Früchten ihren besonderen Geschmack erhalten. Sein Name rührt wahrscheinlich von der belgischen Stadt Lembeek her. Um ihn führen zu dürfen, muß ein Lambic mindestens 30 % ungemälzten Weizen enthalten. Diese Biere sind sauer, aber rein, und Hopfen wird lediglich zur Konservierung zugesetzt, nicht aber als Geschmack- oder Aromageber. Die mittelschweren Lambics sind kohlensäurearm und trüb und reifen in Holzfässern zwischen drei und zwölf Monaten. Einige werden direkt in Flaschen abgefüllt, während man andere aus verschiedenen Sorten mischt – verschneidet. Es gibt viele verschiedene Lambic-Arten, unter anderem:

Faro: Ein schwacher, mittels Zucker oder Kandis gesüßtes Lambic mit einem komplexen Süßsauergeschmack. Es ist trüb und von heller bis goldener Farbe.

Gueuze: Ein sehr säuerlicher Verschnitt von alten und frischen Lambics. Die jungen Lambics regen eine zweite Gärung an, und das Bier wird dadurch für zusätzliche sechs bis zwölf Monate (oder mehr) flaschenkonditioniert.

Framboise oder Frambozen: Ein Früchtelambic mit Himbeergeschmack. Es ist bernsteinfarben mit einem leichten Purpurton.

Kriek: Ein Früchtelambic mit Kirschgeschmack.

Märzen oder Oktoberfest Dieses bernstein- oder kupferfarbene Lagerbier wurde traditionell im März gebraut und bis zum frühen Herbst gelagert, um es dann auf dem Oktoberfest zu trinken. Es ist ein Münchner Ableger des Wiener Typs. Ähnlich dem Bockbier ist es malzbetont, obgleich nicht so schokoladig, weil der Röstgeschmack durch die bitteren Hopfen gut ausgeglichen wird. Mit mittelschwerem Körper ist das Bier mild und süffig.

Mild Ale Als traditionelles Getränk britischer Arbeiter war Mild Ale bis vor kurzem Marktführer der Ales in England und Wales und gewinnt mittlerweile wieder an Boden. Die Bezeichnung „Mild“ bezieht sich auf seinen Hopfencharakter. Mild Ales sind nicht bitter, sondern eher süß und malzig. Obwohl meist dunkelbraun, werden ebenso einige helle bis kupferfarbene Typen angeboten. Mild Ale hat einen relativ niedrigen Alkoholgehalt.

Old Ale Auch bekannt als Strong Ale oder Stock Ale. Das englische Old Ale liegt im Alkoholgehalt nur leicht unter dem eines Barley Wine. Es ist ein volles, malzigsüßes körperreiches Bier mit tiefer Bernsteinfarbe. Old Ale entwickelt sich gut und kann für einige Jahre gelagert werden. Es ist ein beliebtes Wintergetränk.

Pale Ale Das klassische Pale Ale aus England ist in Wirklichkeit gar nicht so blaß, vielmehr bronze- oder bernsteinfarben. Sein Name betont den Kontrast zu den dunkelbraunen oder fast schwarzen Porters und Stouts. Ein hoher Hopfengehalt gibt diesem Bier Bitter- und Hopfigkeit, die jeden malzigen oder fruchtigen Ansatz zu beherrschen scheinen. Das amerikanische Pale Ale ist leichter und noch weniger malzig als das britische und hat ein säuerliches Hopfenaroma.

Belgisches Pale Ale ist fruchtig-würzig und malzig geröstet, was es süßer macht als die amerikanischen und britischen Sorten. Es ist außerdem gehaltvoller und kohlensäurehaltiger.

Pilsner Das Ur-Pilsner Lager wurde zuerst in der böhmischen Stadt Pilsen im Jahre 1842 hergestellt. Heute beherrscht der Pilsner Typ den Weltbiermarkt. Tschechische Pilsner haben einen komplexen, dabei ausgewogenen Malzcharakter, ein blumiges Hopfenaroma und einen herben Abgang. Die Hopfen bringen eine bestimmende, aber nicht beherrschende Bitterkeit ein. Die deutsche Brauweise des Pilsner Lagers – oft einfach *Pils* genannt – ist leichter und spritziger, läßt aber einiges von der Komplexität des tschechischen Originals vermissen.

Das *Pilsner Lager* amerikanischen Stils kann nur als ein ferner Abklatsch des tschechischen Originals bezeichnet werden. Bekannt unter der einfachen Bezeichnung *Lager* und unterteilt in *Standard* und *Premium,* ist das amerikanische Pilsner leichtgewichtig, da gewöhnlich Reis und Mais zugesetzt werden, auch sehr kohlensäurehaltig. Der Malzgeschmack ist mild, und das Hopfige lediglich zu erahnen. Eine Zugabe von Dunkelmalz zum *Standard-Lager* ergibt die dunklen Lagerbiere, die von den großen amerikanischen Brauereien angeboten werden. Lagerbiere mit hohem Alkoholgehalt, aber mit schwachem Körper und wenig Geschmack, werden als *Malt Liquor* bezeichnet.

Porter Ein weiterer Biertyp, der eine Renaissance durch die „Handwerks-Brau-Revolution“ erfährt. Porter ist herb und von dunkelbrauner bis schwarzer Farbe. Mit seinem Namen verbindet sich ein Mythos: Angeblich soll es das beliebteste Getränk der Londoner Kofferträger (Porter) am Victoria-Bahnhof gewesen sein.

Plain Porter sind kräftige körperschwere Porter-Varianten und erhalten ihren bitteren Geschmack vom eingesetzten Dunkel- und Schwarzmalz. Die Bitterkeit des Hopfens steuert ihren Teil zum überaus komplexen Geschmack bei.

Brown Porter ist die etwas weniger bittere, hellere und leichtere Variante. Hopfenbitterkeit und Malzsüße sind hier weniger ausgeprägt und insgesamt ausgewogener als bei dem kräftigen Plain Porter.

Rauchbier Das deutsche Rauchbier hat ausgeprägte Raucharomen, die durch das Trocknen des Malzes über Buchenholzfeuer erreicht werden. Der Rauchgeschmack kann von leicht bis kräftig reichen, dominiert aber stets Süße oder Bitterkeit. Es ist dunkel, bernsteinfarben bis braun. Berühmt ist das Rauchbier der bayerischen Stadt Bamberg. Es kann sowohl unter- als auch obergärig hergestellt werden.

Roggenbier Roggen kommt mittlerweile bei der Zubereitung von Spezialbieren als Ergänzung zu Gerstenmalz verstärkt zum Einsatz. Das traditionelle Roggenbier wird in Deutschland und Österreich immer noch gebraut. Roggen war einst in den kälteren Klimazonen Nordeuropas das bevorzugte Braugetreide – ist jedoch schwieriger als Gerste zu verarbeiten.

Rotbier (Red Ale) Das traditionelle Westflandrische Rotbier erhält seine rötliche Farbe durch das Wiener Malz. Sein äußerst herber Geschmack ist das Ergebnis der langen Reifephase in Eichenfässern. Leicht bis mittelschwer, ist das Rotbier wenig hopfenbetont. Gewöhnlich wird süßer Sirup oder jüngeres süßeres Bier zum Rotbier zugegeben, um dadurch seine ausgeprägte Herbheit zu mildern.

Die sogenannten *Roten Biere,* die Mitte der 1990er Jahre auf der amerikanischen Szene erschienen, wollten eher marktbelebend wirken als einen bestimmten Biertyp repräsentieren. Dies gilt für alle rötlich getönten Biere einschließlich der bernstein- oder kupferfarbenen.

Saison oder **Sezuen** Das sehr herbsäuerliche, aber erfrischende Ale aus Belgien ist stark gehopft und würzig und wurde im Winter gebraut, um es bis zum Sommer reifen zu lassen. Das feste, kohlensäurehaltige Saison ist kupfer- oder orangenfarbig. Es reift immer in Flaschen, oftmals in Weinflaschen mit Korkenverschluß.

Schwarzbier Ein Bier, das ursprünglich in Bad Köstritz, Thüringen, gebraut wurde, heute jedoch hauptsächlich in Japan hergestellt wird. Es ist, wie der Name schon sagt, äußerst dunkel – fast schwarz –, trotzdem nur mittelschwer. Mit seinem typischen Bitterschokoladengeschmack ist dieses Bier vollmundig mit malzigem Aroma. Schwarzbiere werden heute meist untergärig gebraut, während man früher obergärige Hefe verwendete.

Scottish Ale Ales aus Schottland sind generell malziger und leichter gehopft als ihre englischen Gegenstücke, was sie recht körperreich macht. Scottish Ales gruppiert man je nach Alkoholgehalt in Leichte, Schwere und Export-Ales. In Schottland sind diese Untergruppen eher bekannt als 60-Shilling, 70-Shilling und 80-Shilling, abgeleitet aus dem alten Preissystem. Der stärkste Typ wird als *Scotch Ale* oder *Scottish Strong* bezeichnet und fällt in den 90- bis 120-Shilling-Bereich. Dieses *Scotch Ale* kann einen rauchigen Charakter haben, der von den eingesetzten Malzsorten – geröstet und schwarz – herrührt. Es ist in etwa das schottische Pendant zum englischen *Barley Wine* oder zum *Old Ale* und wird nach alter Tradition *wee heavy* genannt.

Steinbier Bei dieser deutschen Spezialität wird eine Brautechnik aus grauer Vorzeit angewendet: Sehr heiße Steine werden in die Würze gegeben, um diese zum Kochen zu bringen. Auf den Steinen schlägt sich nun der karamelisierte Zucker nieder. Die Steine werden dann während der Reifephase zum Jungbier zurückgegeben, um eine zweite Gärung auszulösen. Das Bier hat einen rauchigen, aber süßen Geschmack und ist gelbbraun.

Stout Ursprünglich als körperreichere Variante des *Porter* entwickelt, trat Stout bald als ein eigener Biertyp auf. Die Trennlinie zwischen Stouts und Porters ist noch immer ein wenig verwischt, obgleich das Stout im allgemeinen stämmiger und dunkler in der Farbe ist – meist massiv schwarz. Man unterteilt Stouts in verschiedene Gruppen:

Dry oder Irish Stout: Dieses traditionelle Stout wurde durch Guinness berühmt. Es macht seinem Namen alle Ehre und weist aufgrund der ungemälzten und gerösteten Gerste einen ausgeprägten Röstgeschmack auf. Der Hopfen sorgt für einen mittleren bis hohen Grad an Bitterkeit. Es ist mittelschwer und hat die typische undurchsichtige schwarze Farbe eines Stout.

Sweet Stout: Brauer aus London und Umgebung tendierten zu süßeren Stouts, und auch heute noch werden die *Sweet* oder *London Style* mit Zucker gesüßt. Früher waren diese auch wegen des Gebrauchs von Milchzucker (Lactose) als *Milk Stout* bekannt, bis diese Bezeichnung ausgemustert wurde, damit niemand auf die Idee käme, es befände sich eventuell Milch im

Bier. Das wenig hopfige *Sweet Stout* wird mit Schokoladenmalz gebraut, was den Röstgeschmack reduziert und es fruchtiger erscheinen läßt.

Oatmeal Stout: Bei dieser Variante des Sweet Stout wird Haferschrot zum Gerstenmalz hinzugegeben. Der Hafer verleiht ihm einen volleren Charakter und verstärkt bestimmte Geschmacksnoten, etwa nach gebranntem Toffee oder Kaffee. Einige Brauer fügen der Maische einfach Haferschrot zu, während andere gemälzten Hafer einsetzen.

Russian Imperial Stout: So genannt, weil es ein Lieblingsgetränk der Zarin Katharina die Große war. Es wurde besonders stark gebraut, damit es den Export überstand. Körperreich und komplex, hat diese Spezialität eine gewisse Fruchtigkeit, die zum Geschmack des gebrannten Malzes paßt. Der Alkohol schmeckt leicht heraus. Die Farbe ist dunkelkupfer bis tiefschwarz.

Oyster Stouts: Nur noch wenige Brauereien bieten heute diese früher speziell in Hafenstädten beliebte Besonderheit an. Manchmal waren Austern eingelegt, doch meist wurde mit Austernextrakt gearbeitet.

Espresso Stout: Dieses Spezialstout wird von einigen Kleinbrauereien angeboten. Meist nur wegen seines kaffeeähnlichen Geschmacks so genannt,werden ab und an tatsächlich gemahlene Kaffeebohnen verwendet.

Trappisten- und Abteibiere Um als Trappistenbier anerkannt zu werden, muß ein Bier von einem der sechs Trappistenklöster gebraut worden sein. Fünf dieser Klöster liegen in Belgien und eines in den Niederlanden. Die in anderen Klöstern gebrauten Biere oder jene, die nach der Trappisten-Brauart hergestellt sind, werden als *Abteibiere* bezeichnet. Der Charakter dieser Biere kann variieren – grundsätzlich sind sie kräftig, vollmundig sowie flaschengereift. Einige sind süßlich, andere herb, aber fast alle malzbetont. Die Trappistenbiere werden in verschiedene Stärkeklassen gegliedert: *Single, Dubbel, Tripel.* Single – Einfachbier – ist die schwächste Form und wird im allgemeinen von den Mönchen selbst getrunken. Dubbel – Zweifachbier – ist geringfügig dunkler und voller, mit einem vielschichtigen Nuß- und Fruchtaroma sowie leicht süß. Tripel – Dreifachbier – ist die stärkste Kategorie der Trappistenbiere und hat auch die hellste Farbe.

Weizenbier Deutsche Weizenbiere werden kurz *Weizen* oder *Weisse* genannt. *Weizen* bezieht sich im allgemeinen auf die Weizenbiere aus Bayern und Süddeutschland, während *Weisse* das Weizenbier aus dem Norden Berlins meinen, bekannt als *Berliner Weisse.* Unabhängig vom Namen werden bei der Herstellung von Weizenbier 50 bis 60 % gemälzter Weizen eingesetzt, wobei dieser bis auf ca. 20 % reduziert werden kann, wenn ungemälzter Weizen hinzugegeben wird. Weizenbier wird obergärig gebraut und ähnelt dadurch geschmacklich den Ales. Es ist oft sehr fruchtig, ein wenig würzig im Aroma, besonders in Richtung Gewürznelke oder Banane. Ein leichter Nachgeschmack oder eine säuerliche Tendenz ist spürbar, trotz der geringen Hopfenbitterkeit. *Deutsches Weizenbier* ist sehr kohlensäurehaltig, leicht bis mittelschwer und äußerst erfrischend, was es zu einem populären Sommergetränk macht. Die nördliche Version, *Berliner Weisse*, ist dagegen erheblich säuerlicher und wird daher mit Waldmeister- oder Himbeersaft gesüßt, um die Schärfe zu kompensieren. Es ist auch geringfügig niedriger im Alkoholgehalt.

Hefeweizen ist ungefiltertes Weizenbier, das in der Flasche oder im Keg unter Hefezusatz konditioniert wurde. Es ist sehr trübe und zeigt Hefeablagerungen. Im Gegensatz dazu ist das *Kristallweizen* ein gefiltertes Weizenbier, glatt und sauber im Geschmack, ohne Hefearoma und -geschmack, wie beim Hefeweizen üblich. Das dunklere, tief kupferfarbene *Dunkelweizen* vereinigt das Säuerliche des Weizenbieres mit den röst- und schokoladenartigen Noten der dunkleren Malze; es ist körperreicher als andere Weizenbiere. *Weizenbock* ist ein mittelschweres Bock auf Weizenmalzbasis. Die Farbe kann von Kupfer bis Dunkelbraun reichen, wobei die dunkleren einen ausgeprägten Röstgeschmack besitzen.

Die amerikanische Variante erfreut sich zunehmender Beliebtheit bei handwerklichen Brauereien und neigt im Vergleich zum deutschen Weizenbier dazu, milder im Geschmack und Aroma zu sein. Es ist jedoch ebenfalls stark kohlensäurehaltig und sehr erfrischend. Man genießt es gern mit einer Scheibe Zitrone.

Wiener Dieses bernsteinrote Untergärige wurde in den 40er Jahren des 19. Jahrhunderts durch den österreichischen Braupionier Anton Dreher entwickelt. Mit seinem mittelschweren Körper zeigt es sich eindeutig malzig, mit einem Röstgeschmack, der durch die leichte Bitterkeit des Hopfens kompensiert wird. Dieser Typ wird heute am besten durch die Märzen-Biersorten wiedergegeben.

Witbier oder Bière Blanche Belgien verfügt über einen eigenen Weizenbiertyp. Dazu werden ungemälzter Weizen sowie weitere Geschmacksgeber verwendet, wie etwa Orangenschale und Koriander oder andere Gewürze. Das Resultat ist ein fruchtiges und im Vergleich zum deutschen Weizen weniger saures Weizenbier. *Witbier*, was flämisch Weißbier bedeutet, ist trüb und sehr hell und hat einen leichten bis mittelschweren Körper. Sowohl die Trübung als auch die leichten Ablagerungen rühren von einer Hefezugabe während des Reifevorganges her.

Spezialitäten Zusätzlich zu den beschriebenen Standardtypen gibt es noch eine Vielzahl von Sonderbieren mit Zusätzen, also Getränke, die sich vom normalen Biertyp sehr unterscheiden können. Übliche Geschmackszusätze sind Honig, Schokolade, Ahornsirup, Rauch oder eine Vielzahl von Kräutern und Gewürzen wie etwa Piment, Pfeffer, Cayennepfeffer (manchmal enthält eine Flasche eine ganze Schote), Zimt, Gewürznelke, Koriander, Muskat oder Estragon. Aprikose, Heidelbeere, Kirsche, Zitrone, Orange und Himbeere sind nur einige Früchte, die entweder ganz oder als Extrakt zugesetzt werden, um einem normalen Bier eine spezielle Geschmacksrichtung zu verleihen. Fruchtige Biere haben besonders in Belgien eine lange Geschichte, speziell die *Früchtelambics.* Aber auch in Amerika gibt es dafür eine altehrwürdige Tradition. Das saisonale *Wassail* (Würzbier), auch als *Holiday-Bier* oder *Yule Ale* bekannt, ist ein starkes Ale, das bevorzugt während der Winterferien getrunken wird. Ursprünglich war es ein altenglisches Getränk aus dem Mittelalter, gereicht, um einen Toast auszusprechen. „Wassail“ bedeutet: „Sei bei guter Gesundheit“. Oft wird es zusammen mit verschiedenen Gewürzen und Früchten warm serviert.

Bier und Speisen

Die richtige Kombination

Obwohl Bier meist separat genossen wird, allenfalls an langen Abenden im Wirtshaus mit Brezeln oder auch Erdnüssen, kann es auch als schmackhafte Begleitung zahlreicher Speisen dienen. Grundsätzlich gibt es zweierlei Wege, Bier und Speisen miteinander zu kombinieren: 1. Bier wird gereicht, um den Eigengeschmack der Speise zu unterstreichen, wie etwa das Krik Lambic zu einem Kirschauflauf oder rauchiges Bier zu Räucherrippchen. 2. umgekehrt wird z.B. zu einem süßlichen Gueuze säuerlich-salziger Stiltonkäse serviert, um Ausgewogenheit oder Kontrast zu erzeugen. Bier läßt sich also mit vielen Speisen überzeugend kombinieren. Dennoch gibt es einige „Verbote“: Zarte Delikatessen sollten nie mit einem herben Bier serviert werden, sowenig ein leichtes Bier zu einem schweren Essen paßt. Die Faustregel ist einfach: leicht zu leicht und schwer zu schwer. Will man ganz sicher gehen, wählt man Bier und Speisen aus der gleichen Gegend. Amerikanisches helles Ale paßt vorzüglich zu amerikanischer Pizza, ein Märzen zu deutschen Würstchen und ein mexikanisches Wiener Lagertypbier zu pikant scharfen „Tamales“. Hier eine Auswahl von Kombinationsmöglichkeiten:

Aperitif Die zarten Bitterstoffe des Bieres regen den Appetit an. Beginnen Sie die Mahlzeit mit einem leichten Bier als „Gaumenputzer“, um den Magen auf das Essen vorzubereiten.

Käse Bier und Käse sollten beide säuerlich sein. Süße oder bittere Biere kehren das Saure oder Salzige vieler Käsesorten um. Manche Biere mit einem Hauch von Kirsch- oder Portweinaroma, wie English Old Ale oder Barley Wine, passen bestens zu ähnlichen Käsesorten, und das Aroma von Rauchbier und einigen Porters bzw. Stouts verträgt sich bestens mit Räucherkäse. Bier und Käse aus ähnlichen Gegenden harmonieren fast immer.

Suppe Leichte Suppen passen zum hopfigen, trockenen, hellen Bier. Eintöpfe harmonieren mit kräftigen, malzi-

Gericht	Bierempfehlung	
Aperitif	Belgisches Ale Früchte-Lambic	Helles Ale Trappistenbier
Käse (mild)	Gueuze Old Ale	Porter Trappistenbier
Käse (kräftig)	Barley Wine Bière de garde Porter Rauchbier	Gueuze Old Ale Stout Trappistenbier
Suppe	Pilsner (für leichte Suppen wie französische Zwiebelsuppe) Scotch Ale (für Eintöpfe)	
Salat	Gueuze Weizen	Helles Ale
Spargel	Trappist Tripel	Helles Lager
Fisch	Helles Ale Pilsner Witbier	Helles Lager Weizen
Schellfisch	Helles Ale Helles Lager Porter	Stout
Hühnchen und Wild	Bock oder Doppelbock Brown Ale Wiener Winter- oder gewürztes Ale	Trappistenbier Dunkles Lager Früchte-Lambic
Lamm	Helles Ale	Brown Ale
Schwein	Wiener Helles Ale Trappistenbier	Maibock Weizen

gen Bieren wie Scotch Ale.

Gemüse Zum Salat sollte das Bier leicht sein. Der würzige, blumige Hopfengeschmack von hellem Ale verträgt sich bestens mit grünen Salaten, bittere Biere dagegen passen zu Salaten mit Essigdressing.

Fisch Helle und trockene Biere überdecken den Fischgeschmack nicht, sie verstärken sogar sein feines Aroma.

Gericht	Bierempfehlung	
Würstchen	Deutsches Weizenbier Wiener	Rauchbier Märzen
Hamburger	Helles Ale	Helles Lager
Roastbeef	Brown Ale Old Ale	Helles Ale Porter
Barbecue	Helles Ale Porter	Rauchbier Stout
Steak	Helles Ale	Porter
Braten	Wiener	Dunkles Lager
Geräuchertes (Fisch, Fleisch, Käse)	Porter	Rauchbier
Pizza	Belgisches Rotbier Märzen Wiener	Pilsner Helles Ale
scharfe mexikanische Speisen	Bock Belgisches Rotbier Wiener	Dunkles Ale Chili-Bier
Thai- oder indische Curry-Gerichte	Helles Ale Helles Lager	
cremige Desserts (Schokoladenpudding, Eiscreme)	Barley Wine Doppelbock Porter	Eisbock Imperial Stout Trappistenbier
Früchtedesserts	Früchte-Lambic Stout Witbier	Porter Weizen Winter- oder gewürztes Ale
Digestif	Barley Wine	Doppelbock

Schalentiere Zum Salz der Schalentiere paßt Bier ausgezeichnet. Frische Austern munden exzellent mit trockenem Porter oder Stout. Oyster-Stout mit Austernextrakt oder sogar Austerneinlage wurde zu früheren Zeiten von Brauern oft angeboten, ist heute jedoch eher selten.

Hähnchen und Wild Herbe Biere kontrastieren zum Wildaroma, während mildes, malziges Bier es abrundet. Gibt es Gans oder Truthahn zum Festessen, servieren

Sie würziges oder fruchtiges Winterbier, besonders zu Gerichten mit Preiselbeeren oder ähnlichen Früchten.

Rotes Fleisch Zu schweren Gerichten mit rotem Fleisch nehmen Sie volle, dunkle Biere, die sich gegen den Steak- oder Roastbeefgeschmack behaupten können.

Barbecue Rauchiges Bier ist eine gute Ergänzung zu Grillgerichten, bisweilen aber zu dominant. Trockene Biere, wie Pale Ales, Porters oder Stouts, auch solche mit leichtem Brandgeschmack, passen sehr gut zu Grillgerichten. Bittere, hopfige und vollmundige Biere gleichen wunderbar allzu süße Grillsaucen aus.

Pizza Um dem süßlichen Tomatengeschmack der Pizza entgegenzuwirken, nehmen Sie ein malziges, zartsüßes Bier, wie Märzen oder Wiener Lager. Belgisches Rotbier kann die Schärfe der Pizza unterstreichen.

Mexikanische, Thai- und indische Küche Trockene und hopfige Biere helfen, das Feuer der exotischen Speisen zu löschen.

Desserts Endet das Mahl mit Schokoladigem, geht nichts über ein vollmundiges, süßes, malziges Bier, vor allem Doppelbock mit seinem zarten Kirschgeschmack oder Imperial Stout mit seinem oft gerühmten Schokoladen- oder Kaffeearoma. Zu Fruchtdesserts hingegen nimmt man gern ein fruchtiges Bier oder kompensiert sie mit herbem Porter oder Stout.

Digestifs Da man zum Auftakt des Mahles helle, trockene Biere trinkt, sollte man zum Abschluß ein schweres, süßes Bier wählen, das die Verdauung fördern hilft.

Kochen mit Bier

Die Geschichte des Kochens mit Bier oder auch die „Cuisine à la Bière“ auf französische Art ist in Westeuropa zu Hause, wo traditionelle Gerichte wie Carbonade Flamande, der Rindfleisch-Zwiebeleintopf auf Bierbasis und schottisches Ingwerbrot mit Ale zubereitet werden. Der Brite mariniert Wildbret in Ale, der Ire pochiert Lachs in Porter. Weitere Beispiele wären ein Steak-und-Ale-Pie oder ein Rindfleisch-Guinnesseintopf. Das Kochen mit Bier wird immer beliebter, und die Biergerichte umfassen mittlerweile ein breites Spektrum, das von schweren, fetten Fleischspeisen bis zu leichten Gerichten wie Suppen oder Salatsaucen reicht. Mit wachsendem Gesundheitsbewußtsein wurde Bier eine willkommene Zutat beim Kochen, da die Kalorien des Alkohols bei der Zubereitung verschwinden; weder Fett noch Cholesterol bleiben zurück. Bier ist damit eine gesunde und schmackhafte Alternative zu Bouillons oder Saucen.

Die Popularität von „Bier-Abendessen“ nimmt zu, bei denen verschiedene Biere in den verschiedenen Gängen zum Tragen kommen und zudem noch als Getränk begleitend gereicht werden. Die große Zahl handwerklich hergestellter Biere und der Trend, einheimische natürliche Zutaten zu verwenden, läßt die Gasthausbrauereien oftmals ihre eigenen Biere bei der Zubereitung ihrer Speisen verwenden.

Bier kann in vielen Rezepten Wein oder Wasser ersetzen, beispielsweise in Brotteig oder Suppe. Leichteres Bier wie Pale Ale und Lagerbier machen Eierteig geschmeidig, die Pfannkuchen bekommen einen besonderen Pfiff. Das Dünsten von Muscheln, Krabben oder anderen Krustentieren in Bier gibt ihnen etwas Pfeffriges und gleicht bei Seefisch den Salzgeschmack aus. Andererseits gewinnen Krustentiere, in leicht süßem Bier wie Gueuze gekocht, ein ähnlich pikantes Aroma wie in Wein gedünstete Muscheln. Die Zugabe einer würzigen Biermarinade rundet Brathähnchen- oder Grillwürstchengerichte ab.

Die einzelnen Bierbestandteile haben unterschiedliche Geschmacksnuancen, die ein einfaches Gericht verbessern können. Hefe besitzt eine herbe, fruchtige und säuerliche Komponente, die die Geschmacksnerven anregt und manchen Speisen ihre Schwere nimmt. Malz verleiht dem Gericht Süße und ein nussiges Flair, Hopfen gibt ihm ein würziges oder kräuterartiges Aroma. Wenn Sie mit Bier kochen, ziehen Sie die Hauptgeschmackskomponenten in Betracht, die die verschiedenen Biersorten charakterisieren, und verwenden Sie sie gezielt. Denken Sie daran, daß sich der Bittercharakter des Bieres beim Kochen verstärkt – meiden Sie daher sehr hopfiges Bier. Und Vorsicht, wenn Ihr Gericht lange kochen muß: Wählen Sie dann ein malziges Bier. Berücksichtigen Sie auch den Farbton des Gerichtes, denn dunkles Bier wird Ihre Speise dunkler färben. Die falsche Kombination würde dem Erscheinungsbild schaden. Probieren und genießen Sie unsere Rezepte:

Bierrezepte

Bier-Eierpfannkuchen

für 2 bis 3 Personen

500 g Mehl
3 El Zucker
½ Tl Salz
6 El geschmolzene Butter
2 Eier, leicht geschlagen
1 Tl Vanille-Extrakt
2 Tl frisch geriebene Orangenschale
1 El Orangensaft
350 ml helles Ale

Mehl, Zucker und Salz gut miteinander vermischen. Alle übrigen Zutaten hinzufügen und zu einem glatten Teig verrühren. Den Teig einige Zeit bei Raumtemperatur ruhen lassen, kurz umrühren und portionsweise in die Pfanne geben.

Französische Zwiebelsuppe

für 6 Personen

50 g Butter
3–4 El Olivenöl
4 mittelgroße Zwiebeln, in dünne Ringe geschnitten
2 El brauner Zucker
2 l Rinderbrühe (knapp gemessen)
600 ml Pilsner Bier
3 cl Brandy, Burgunder, Cognac, Sherry oder trockener Weißwein
1 El frischer Thymian (oder ½ El getrockneter)
Salz und Pfeffer nach Geschmack
1 El Worcestersauce
1 El Dijonsenf
Baguettescheiben
frisch geriebener Parmesan- oder Romanokäse

Die Butter in einer großen Kasserolle schmelzen. Olivenöl und Zwiebeln zugeben, die Zwiebeln auf mittlerer Hitze glasig dünsten. Nun den Zucker einstreuen und die

Zwiebeln darin leicht anbräunen. Die Fleischbrühe zugießen und alles, einschließlich des Bodensatzes, gut umrühren. Das Pilsner, den Wein, die Gewürze, die Worcestersauce und den Senf hinzugeben. Kurz aufkochen lassen, dann die Hitze reduzieren und für etwa 1 Stunde zugedeckt köcheln lassen. Den aufsteigenden Schaum abschöpfen. Je Suppenschale 1 Baguettescheibe von beiden Seiten rösten. Zum Servieren die Schalen etwa zu $^{3}/_{4}$ füllen, die gerösteten Brotscheiben auf die Suppe geben, zum Schluß den Käse darüberstreuen. Die Schalen auf ein Backblech setzen und goldbraun überbacken.

Die Bierempfehlung: Porter, Pilsner oder Trappistenbier.

Bierkäsesuppe Wisconsin

Für 6 Personen

50 g Karotten, in feine Streifen geschnitten
50 g Sellerie, in feine Streifen geschnitten
100 g Zwiebeln, fein gehackt
4 El Butter
5 El Mehl
1 Tl Paprika
1 Tl trockener Senf
1 El Worcester-Soße
350 ml Bier (Porter oder Bock ergeben ein schönes Aroma)
225 ml Hähnchenbrühe
450 g Cheddar, gerieben
200 ml Sahne, geschlagen
einige Spritzer Tabasco
Popcorn

Das Gemüse in der Butter weichdünsten, Mehl einrühren. Paprika, Senf, Worcestersauce, Bier und Brühe dazugeben und alles miteinander verrühren. Anschließend den geriebenen Käse einstreuen und das Ganze zum Kochen bringen. Die Hitze reduzieren und 5 bis 10 Minuten köcheln lassen. Gelegentlich verrühren. Den Topf von der Platte nehmen, die geschlagene Sahne unterheben und mit Tabasco pikant abschmecken. Wer es ganz authentisch mag, garniert die Suppe portionsweise mit Popcorn.

Die Bierempfehlung: Trappistenbier, Old Ale, Porter, Rauchbier.

Huhn in Biercremesauce

Für 4 Personen

1 Huhn, etwa 1 kg in 8 Teile zerlegt, oder Hühnerbrust mit Knochen und Haut, zu je $^{1}/_{2}$ kg , in 8 Teile zerlegt
Salz
frischer gemahlener Pfeffer
3 El Butter
1 Zwiebel und 1 Knoblauchzehe, fein gehackt
2 Lorbeerblätter
2 Nelken
1 Tl frischer Salbei, gehackt
600 ml helles Bier
1 Tl Mehl
$^{1}/_{2}$ Tl Muskatnuß
3 geschlagene Eigelb
125 ml Schlagsahne

Das Huhn von beiden Seiten mit Salz und Pfeffer einreiben. 2 Eßlöffel Butter in einen Bräter geben, und das Huhn von allen Seiten darin goldbraun anbraten. Zwiebeln, Knoblauch, Lorbeerblätter, Nelken, Salbei und Bier zufügen, kurz aufkochen und etwa 40 Minuten köcheln lassen. Das Huhn herausnehmen und warm stellen. Den Bratenfond auf mittlerer Hitze etwa um $^{1}/_{3}$ einkochen. In einer Kasserolle etwas Butter schmelzen, das Mehl einrühren und kurz aufkochen lassen. Nun den Bratenfond portionsweise zugießen und den Muskat hineinstreuen. 10 Minuten köcheln lassen. Eigelb und Sahne in eine Schale geben und unter stetem Rühren die Bouillon zugießen. Diese Mischung zurück in den Bräter geben und vorsichtig unter Rühren wieder erhitzen. Nicht mehr kochen. Die Lorbeerblätter und die Nelken entfernen, dann die Sauce über das Huhn geben.
Die Bierempfehlung: Brown Ale.

Drei-Bohnen-Chili

Für 10 Personen

4 El Olivenöl
2 große Zwiebeln, gehackt
12 große Knoblauchzehen, zerdrückt
5 Tl Kümmel

4 gehäufte Tl Oregano, getrocknet
125 g Chilipulver
2 Tl Cayennepfeffer
2 grüne Paprikaschoten
1 rote Paprikaschote
550 ml Märzen, vermischt mit 3–4 El Maismehl
450 ml Rindfleisch- oder Gemüsebrühe
2 Dosen (à 450 g) rote Kidneybohnen, abgetropft
2 Dosen (à 450 g) schwarze Bohnen, abgetropft
2 Dosen (à 450 g) Feuerbohnen, abgetropft
3 große Tomaten
Salz und Pfeffer nach Geschmack
saure Sahne, Cheddarkäse und Cilantro (wahlweise)

Das Öl in einem großen Topf erhitzen. Die Zwiebeln darin glasig dünsten. Die Hitze reduzieren und Knoblauch, Kümmel sowie Oregano hinzufügen. 5 Minuten aufkochen, dann Chilipulver und Cayennepfeffer einrühren. Nun die Paprika hineingeben und andünsten. Dann Bier, Brühe, Bohnen und Tomaten hinzufügen und alles ca. 40 Minuten köcheln lassen, ab und an umrühren. Zum Schluß mit Salz und Pfeffer abschmecken und mit etwas saurer Sahne sowie dem Cheddar-Käse servieren und mit etwas Cilantro garnieren.
Die Bierempfehlung: Bockbier.

Flämische Karbonade

Für 6 Personen

1 $^1/_2$ kg Rindfleisch ohne Knochen oder Steak
125 g Speck
4 mittelgroße Zwiebeln, in Ringe geschnitten
1 Knoblauchzehe, zerdrückt
3 El Mehl
225ml Wasser
450 ml Lambic, Stout oder flämisches Braunbier
1 Lorbeerblatt
1 El brauner Zucker
1 El Dijonsenf
2 Tl Salz
$^1/_2$ Tl trockener Thymian
1 Tl frisch gemahlener Pfeffer
1 El roter Weinessig
etwas gehackte Petersilie

Das Fleisch in schmale Streifen schneiden. Den Speck würfeln und braten, bis er knusprig ist. Dann aus der Pfanne nehmen. In dem Fett die Zwiebel und den Knoblauch weich dünsten. Die Zwiebeln herausnehmen und in dem restlichen Fett das Fleisch etwa 15 Minuten braun braten. Nun das Mehl einrühren und langsam Wasser hinzugeben. Anschließend die Zwiebeln, das Bier, das Lorbeerblatt, den braunen Zucker, den Senf, das Salz, den Thymian und den Pfeffer zufügen. Die Karbonade mit Wasser bedecken, aufkochen und zugedeckt bei mittlerer Hitze 60 bis 90 Minuten köcheln lassen. Zum Schluß das Lorbeerblatt entfernen, mit dem Essig abschmecken und den krossen Speckstückchen und der gehackten Petersilie garnieren. Dazu passen Nudeln.

Die Bierempfehlung: Bown Ale, Old Ale, Pale Ale, Porter.

Würstchen in Bier

Amerikanische Art: Würstchen, Bier, Zwiebelringe
Die Bierempfehlung: American Pale Ale.

Deutsche Art: z. B. Thüringer, Bier, Zwiebelringe
Die Bierempfehlung: Deutsches Weizenbier, Märzen.

Italienische Art: Italienische Würstchen, Bier, Zwiebelringe
Die Bierempfehlung: Wiener Lager.

Die Zwiebeln in etwas Bier dünsten. Die Würstchen dazugeben und in dem Bier wenden. Das Bier bis auf die Hälfte einkochen lassen, und die Würstchen garen. Die Würstchen dabei mehrfach mit einer Gabel einstechen.

Schnelles süsses Bierbrot

650 g Mehl
2 Tl Backpulver
80–100 g Zucker
200 g geriebener Cheddarkäse
450 ml Bockbier oder dunkles Lagerbier

Den Ofen auf 180° C vorheizen. Alle Zutaten mischen und zu einem glatten Teig verarbeiten. Den Teig in eine gefettete Form geben und 30 Minuten backen.

Getränke mit Bier

Für 1 Person, wenn nicht anders vermerkt

Bier-Buster

350 ml eiskaltes Bier
4 gefrorene Wodkastücke
Tabasco

Alle Zutaten in einen eisgekühlten Bierkrug geben und vorsichtig umrühren.

Black Velvet

250 ml kalter Champagner
250 ml kaltes Stout (Guinness wird empfohlen)

Beide Zutaten gleichzeitig in ein geeistes Longdrinkglas geben. Nicht umrühren.

Bloody Brew

6 cl Wodka
9 cl Bier
10 cl Tomatensaft
Salz
Dillspitzen

Mischen Sie alle Zutaten außer dem Dill in einem gekühlten hohen Glas zusammen mit etwas Eis. Garnieren Sie mit Dill.

Boilermaker

250 ml Bier
5 cl Whisky

Den Whisky in ein Schnapsglas geben und langsam in einen Krug Bier füllen.

Brown Velvet

175 ml Porter
175 ml Stout

Beide Zutaten gleichzeitig langsam in ein gekühltes Longdrinkglas füllen.

Depth Charge

6 cl Schnaps (nach Geschmack)
450 ml Bier

Erst den Schnaps, dann das Bier in einen geeisten Bierkrug füllen.

Ingwer Bier

6 cl Ingwerbrandy
450 ml Dunkelbier

Ein geeistes Bierglas mit dem Dunkelbier füllen, dann den Brandy hinzugeben. Nicht umrühren.

Grandma's Summertime „Strip Me Naked"

Für eine Party

1 Flasche Wodka
12 Flaschen Bier
2 Dosen Zitronensaftkonzentrat

Alle Zutaten miteinander mischen und gut umrühren.

Lime and Lager

1 Tl Rose's Lime juice
1 Tl frischer Lime juice
225 ml kaltes Lager

Die beiden Limonensaftarten in einem gekühlten Glas mischen. In das Bierglas schütten und mit einer Limonenscheibe garnieren.

Shandy Gaff

175 ml Bier
175 ml gekühltes Ginger Ale

Beides zu gleichen Teilen und gleichzeitig in ein gekühltes Bierglas füllen.

Stout Float

1 Krug Stout
1 Kugel Vanille-Eiscreme

Die Eiskugel ins kühle Stout geben und wie ein Floß darin schwimmen lassen.

Submarino

4 cl weißer Tequila
250 ml Bier

Einen gut gekühlten Bierkrug zu $^{3}/_{4}$ mit Bier füllen. Den Tequila in ein Schnapsglas geben und dann ins Bier gießen.

Wassail Bowle

Für 10 Personen

225 ml Cream-Sherry
6 Flaschen Ale
100 g Würfelzucker
$^{1}/_{2}$ Tl Piment
1 Tl Zimt, gemahlen
2 Tl Muskatnuß, gerieben
$^{1}/_{4}$ Tl Ingwer, gemahlen
Zitronenscheiben

Den Sherry und eine Flasche Ale in einem großen Kochtopf erhitzen. Nicht aufkochen! Den Zucker und die Gewürze hinzugeben und so lange rühren, bis sich alles aufgelöst hat. Das restliche Ale unter stetem Rühren zugießen. Die Bowle etwa 3 Stunden bei Zimmertemperatur stehen lassen. Dann in Punschgläsern servieren und mit einer Zitronenscheibe garnieren.

Yorsh

4 cl Wodka
225 ml Bier

Einen Bierkrug zu Dreiviertel mit Bier füllen, dann den Wodka dazugeben.

Bierstile und Definitionen

Die genauen Unterschiede zwischen den einzelnen Biersorten sind kaum eindeutig formuliert. Weder eine Organisation noch international akzeptierte Richtlinien bestimmen, wie Brauereien ihre Biere bezeichnen sollen. Natürlich geben die meisten Brauereien gern über ihre Zutaten und Methoden Auskunft, um das Vertrauen der Verbraucher zu gewinnen. Aber was für die eine Brauerei ein Porter ist, ist für die andere ein Stout. Drei Grundkriterien werden allgemein zur Bestimmung eines Biertyps angelegt: Der Alkoholgehalt in Volumenprozent (Alcohol By Volume = ABV), die Bitterkeitskriterien des Hopfens, basierend auf der „International Bitterness Unit" (IBU) und die Farbe des Bieres, gemessen nach den international festgelegten Vergleichsmethoden (Standard Reference Methods = SRM). Auch andere Maßeinheiten werden gelegentlich verwendet – der Alkoholgehalt wird bisweilen auch auf das Gewicht bezogen oder auch auf die Dichte, die den fermentierten Zuckergehalt vor der Gärung anzeigt – gemessen nach Grad Plato.

Die Brauerei-Vereinigung in Boulder (AOB), Colorado, hat eine Biersortenbeschreibung als Referenz für Brauereien und Bierwettbewerbe herausgegeben. Der AOB zufolge wurden die Richtlinien auf der Basis der Informationen von Handelsbrauereien, Experten der Brauerei-Industrie, erfahrenen Bierkonsumenten und Bieranalysen zusammengestellt. Beschrieben werden dort Biersorten von historischer Bedeutung oder solche, die sich aktuell erfolgreich auf dem Markt behaupten. Das bedeutet, daß zur Zeit eher selten gebraute Typen sowie vorübergehende Modeerscheinungen nicht behandelt werden. Das *Belgische Rotbier*, das *Saison* oder auch das *Dampfbier* beispielsweise fanden in die AOB-Richtlinien keine Aufnahme. In der folgenden Tabelle sind die Daten für diese Biertypen mit einem Sternchen (*) versehen, ihre Werte wurden aus anderen Quellen übernommen.

Biertyp	ABV	IBU	SRM
Alt oder Altbier	4.3–5%	25–48	11–19
Barley Wine	8.4–12%	50–100	14–22
Belgisches Starkbier	7–11%	20–50	3.5–20
Bière de Garde	4.5–8%	25–30	8–12
Bitter, Ordinary	3–3.7%	20–35	8–12
Bitter, Best oder Special	4.1–4.8%	28–46	8–14
Bitter, Extra Special oder Strong	4.8–5.8%	30–55	8–14
Black Beer oder Schwarzbier	3.8–5%	22–30	25–30
Bock	6–7.5%	20–30	20–30
Bock, Helles oder Mai	6–8%	20–38	4–10
Bock, Doppel	6.5–8%	17–27	12–30
Bock, Eis	8.6–14.4%	26–33	18–50
Brown Ale, englisches	4–5.5%	15–25	15–22
Brown Ale, amerikanisches	4–6.4%	25–45	15–22
Braunbier, flämisches/Oud Bruin	4.8–5.2%	15–25	12–18
Cream Ale	4.2–5.6%	10–22	2–5
Dortmunder oder Dortmunder Export	5–6%	23–29	3–5
Münchner Dunkel	4.5–5%	16–25	17–20
Münchner Helles	4.5–5.5%	18–25	4–5.5
India Pale Ale	5–7.5%	40–60	6–14
Irish oder Irish Red Ale	4–4.5%	22–28	11–18
Kölsch	4.8–5.2%	20–32	3–5
Lambic	5–6%	11–23	6–13
Lambic, Gueuze	5–6%	11–23	6–13
Früchtelambic	5–7%	15–23	N/A
Märzen oder Oktoberfest	5.3–5.9%	18–25	4–15
Mild Ale, Pale	3.2–4%	10–24	8–17
Mild Ale, Dark	3.2–4%	10–24	17–34
Old Ale oder Strong Ale, englisches	5.3–11%	24–80	8–21
Pale Ale, englisches	4.5–5.5%	20–40	5–14
Pale Ale, amerikanisches	4.5–5.5%	20–40	4–11
Pale Ale, belgisches	4–6%	20–30	3.5–12
Pilsner, tschechisches	4–5%	35–45	3–7
Pilsner, deutsches	4–5%	30–40	3–4
Pilsner, amerikanisches	5–6%	17–30	3–4
Porter, Plain	5–6.5%	25–40	30+
Porter, Brown	4.5–6%	20–30	20–35
Rauchbier	4.6–5%	20–30	10–20

Roggenbier	3.8–5%	10–25	2–12
Rotbier, belgisches *	6.2–6.5%	15–20	11–18
Saison oder Sezuen *	5–6%	20–30	3.5–10
Scottish Ale, Light oder 60/-	3–5%	9–20	8–17
Scottish Ale, Heavy oder 70/-	3.5–4%	12–20	10–19
Scottish Ale, Expodert oder 80/-	4–4.5%	15–25	10–19
Scottish Strong Ale, oder Scotch Ale	6.2–8%	25–35	10–25
Dampfbier	3.6–5%	35–45	8–17
Stout, Dry oder Irish	3.8–5%	30–40	40+
Stout, Imperial	7–10%	5–80	20+
Stout, Sweet	3–6%	15–25	40+
Stout, Oatmeal	3.8–6%	20–40	20+
Stout, Foreign-Style	5.7–7.5%	30–60	40+
Trappisten- oder Abteibier, Dubbel	6–7.5%	18–25	14–18
Trappisten- oder Abteibier, Tripel	7–10%	20–25	3.5–5.5
Wiener	4.8–5.4%	22–28	8–12
Weizen, Berliner Weisse	2.8–3.4%	3–6	2–4
Weizen, Hefeweizen	4.9–5.5%	10–15	3–9
Weizen, Kristallweizen	4.9–5.5%	10–15	3–9
Weizen, Dunkelweizen	4.8–5.4%	10–15	16–23
Weizen, Weizenbock	6.9–9.3%	10–15	5–30
Weizen, amerikanisches	3.8–5%	10–25	2–8
Witbier oder Bière Blanche	4.8–5.2%	15–25	2–4

Zu den oben beschriebenen klassischen Biersorten gibt es in den USA entstandene Variationen, die die „Association of Brewers" ebenfalls definiert. Obwohl keine traditionellen Biertypen, findet man sie in den USA und anderswo häufig, sie sind auch bei Bierwettbewerben regelmäßig dabei.

American Lager	3.8–4.5%	5–17	2–4
American Amber Lager	4.5–5.4%	20–30	6–14
American Dark Lager	4–5.5%	14–20	14–25
American Dry Lager	4.3–5.5%	15–23	2–4
American Light Lager	3.5–4.4%	8–15	2–4
American Malt Liquor	6.25–7.5%	12–23	2–5
American Premium Lager	4.3–5%	13–23	2–6

©Association of Brewers

Die Biere der Welt
Ein Überblick

Bier wird in nahezu jedem Land der Welt gebraut. Zwar findet man von Portland bis Rio de Janeiro, von London bis Budapest und von Nairobi bis Peking die gleichen Zutaten und Braumethoden, aber die Ergebnisse weisen doch sehr unterschiedliche Eigenheiten auf. Früher haben die kaum entwickelten Transport- und Kommunikationsmittel oftmals dazu geführt, daß Brautechniken isoliert entstanden und sich unter den individuellen Bedingungen eines bestimmten Landes, einer Stadt oder gar nur eines Stadtviertels entwickelten. Vor allem die Kolonialisierung und die industrielle Revolution haben dafür gesorgt, daß sich Bierstile und Braumethoden über die Grenzen hinweg verbreiteten. Manchmal haben übernommene Methoden die einheimischen verdrängt, häufiger aber wirkten die verschiedenen Einflüsse zusammen und sorgten für eine Weiterentwicklung der Braukunst – wie sich etwa an den Variationen des Irish Stout zeigt, die in tropischen Regionen wie der Karibik und Südostasien zu finden sind. Die weltweit am stärksten verbreitete Biersorte bleibt das nach Pilsener Art gebraute goldgelbe Lager, aber dank der Kreativität von Biermachern und -trinkern gibt es heute neben neuen auch zunehmend wieder alte Sorten.

Dieses Kapitel widmet sich der Vielfalt und den Eigenschaften der Biere, die heute in den verschiedensten Regionen der Welt gebraut werden. Es informiert über die lokalen Brautraditionen und den aktuellen Stand der Bierindustrie. Eine erschöpfende Darstellung aller Brauereien und Biere würde den Rahmen dieses Buches sprengen, darum wollen wir hier die prominentesten Beispiele und eine Auswahl der besten, innovativsten und einflußreichsten Biere vorstellen. Die Produkte einer Brauerei verändern sich

mit der Zeit und der Geographie – manchmal unterscheiden sich schon die lokalen von den Exportversionen –, darum interessiert uns hier die zugrunde liegende Philosophie. Zudem wollen wir uns auf Biere konzentrieren, die in einem größeren Gebiet verbreitet sind; kleine Hausbrauereien, die ihr Bier nur im eigenen Hause anbieten, werden nur am Rande berücksichtigt. Zweifelsohne schmeckt Bier direkt vom Faß in der Regel besser als Bier aus der Flasche oder der Dose. Dieses Buch wird Sie hoffentlich dazu anregen, die besten Hausbrauereien in dieser und jener Region aufzuspüren. Eine kleine Produktion ist nicht immer eine Garantie für gute Qualität, aber das Testen des Angebots kann zu einem genußreichen Abenteuer werden.

ZU DEN BIERBEWERTUNGEN: Der US-Bierpapst Michael Jackson hat viele der folgenden Biersorten mit der Vergabe von einem bis zu drei Bierkrügen bewertet:

ein Krug
zwei Krüge
drei Krüge

Fehlende Krüge bedeuten nur, daß ein Bier noch nicht bewertet wurde, und sagen nichts über die Qualität aus. Die Bewertungen basieren auf Verkostungen und sind in diversen Publikationen zugänglich.

ENGLAND – SCHOTTLAND – WALES

Die britischen Inseln waren lange Zeit führend in der Produktion traditioneller Ales – so sind Porter, Stout, Bitter, Mild, Pale Ale, Brown Ale und Old Ale klassische obergärige Biere, die hier entwickelt oder zumindest perfektioniert und dann in aller Welt kopiert wurden. Mild Ale war das bevorzugte „Allerweltsbier“ in der ersten Hälfte des 20. Jahrhunderts, wurde aber in den letzten Jahrzehnten von den Bitters aus dieser Rolle verdrängt. Sortenunabhängig werden im Vereinigten Königreich mehr Ales getrunken als in jedem anderen Land der Erde.

Obwohl die Briten ihrem Ale treu blieben, wurde die Nation in den 1960er und frühen 1970er Jahren von einer wahren Bierkrise erschüttert. Große Braukonzerne begannen, viele kleinere, regionale Brauereien aufzukaufen oder zu schließen. Um die Kosten zu senken, füllten sie das Bier nicht länger in die traditionellen Holzfässer ab, sondern in billigere und weniger arbeitsintensive Keg-Systeme, was zu gefilterten, pasteurisierten und geschmacksarmen Bieren führte. Als Protest startete eine kleine Gruppe von Konsumenten in den frühen 1970ern die „Campaign for Real Ale (CAMRA)“ (Kampagne für echtes Ale), um die Tradition der holzfaß- und flaschengereiften – also „echten" – Ales zu bewahren und die Kleinbrauereien vor der Übermacht der Konzerne zu schützen. Seit Gründung von CAMRA hat sich die Anzahl der Brauereien in England wieder mehr als verdoppelt, und selbst die großen Unternehmen sind zur Faß- oder Flaschengärung zurückgekehrt. Klassische Sorten wie Porter, fast aus den Pubs verschwunden, werden nun wieder produziert.

Während CAMRA viele kleinere Brauereien vor dem Ausverkauf und der Schließung bewahren konnte, hat sich die Brauereiindustrie in mehreren großen Konglomeraten organisiert. Die Bass Brauereigruppe – die aus den Brauereien Worthington, Mitchells and Butlers, Tennents und Hancock bestand – fusionierte 1997 mit Carlsberg-Tetley und wurde so zum größten Braukonzern des Landes. Ein weiterer Gigant ist Scottish Courage, die McEwan, Younger, Newcastle, Theakston und andere vereint. Die außerhalb Londons angesiedelte Whitbread Beer Company braut neben ihrer eigenen Produktlinie auch noch die Biere von Boddington, Castle Eden, Flowers und Mackeson.

Englands Tradition hochwertiger Ales ist zum Teil auf die Qualität seiner Rohstoffe zurückzuführen. Auch wenn man sich lange gegen den Einsatz von Hopfen im Bier sperrte, beherbergt England doch einige der edelsten Hopfensorten der Welt. So genießt Goldings- und Fuggleshopfen aus Kent ein hohes Ansehen, und die Farmen in Suffolk und East Anglia produzieren erstklassige Gerste für die Malzbereitung. Mehrere Orte auf den Inseln haben dank ihres exzellenten Wassers eine ausgezeichnete Basis für großartige Biere, zum Beispiel Burton-on-Trent und Teile von London.

GROSS-LONDON UND SÜDOST-ENGLAND

Der Großraum London war einst Heimat vieler hervorragender Brauereien. Auch wenn einige von ihnen (mit der löblichen Ausnahme von Fuller und Young) an andere Standorte gezogen sind, sind neue Haus- und Kleinbrauereien entstanden. Nicht weit von London entfernt, im Südosten, liegt die Hopfen-Hauptstadt Englands: die Grafschaft Kent, in der die berühmten Sorten Goldings und Fuggles gedeihen. Der Einfluß der Hopfengärten von Kent zeigt sich deutlich im Geschmack der Ales dieser Region.

YOUNG & COMPANY'S BREWERY

LONDON **GEGRÜNDET 1675**

Diese traditionsreiche Brauerei im Süden von London ist seit dem Ankauf der Ram Brewery im Jahre 1831 im Besitz der Young-Familie. Die traditionsbewußten Youngs hielten auch an den im Holzfaß gereiften „echten Ales" fest, als die meisten englischen Brauereien in den 1970er Jahren auf Kegs umstiegen. Mit einer Kombination aus traditionellem und modernem

Equipment werden die **Young's ales** hauptsächlich aus englischem Malz und Hopfen gebraut. Das **Ordinary Bitter** und das **Special Bitter** sind beispielhaft für den trockenen Stil der Brauerei, wobei das letztere kräftigere Hopfen- und Malzaromen besitzt. Das körperreiche **Ram Rod** ist ein ausgewogenes Extra Special Bitter (EBS), während das **Special London Ale** (in Großbritannien als Strong Export Ale bekannt) ein gelungenes Beispiel für ein Indian Pale Ale (IPA) ist. Zusätzlich brauen Young & Company das schwere **Old Nick**, einen Barley Wine, sowie ein röstherbes **Oatmeal Stout**. Die erst vor kurzem eingeführte Linie von Saisonbieren umfaßt das vollmundige **Winter Warmer**, das im belgischen Stil gehaltene **Wheat Beer** und ein Frühjahrsbier, das **Best Mild Ale.**

W. H. Brakspear & Sons

Henley-on-Thames, Oxfordshire Gegründet 1799

In einer traditionellen zweistöckigen Brauerei produziert Brakspear das bernsteinfarbene und hopfige **Bitter**, ein etwas malzigeres **Special**, ein **Mild** und das **OBJ**, ein vollmundiges Winter Ale. Zur Anwendung kommen traditionelles englisches Gerstenmalz und Hopfen.

Fuller, Smith & Turner

London Gegründet 1845

Fuller hat über die Jahre beim Great British Beer Festival der CAMRA viele Auszeichnungen gewonnen. Die drei Hauptsorten sind **Chiswick Bitter**, ein klassisches „normales" Bitter mit wenig Alkohol, aber viel Hopfen, **London Pride**, ein volleres und fruchtigeres Special Bitter, und **ESB** (Extra Special Bitter), ein herausragendes Beispiel seiner Art. Das flaschengereifte Old Ale **Fuller's** 1845 wurde 1995 zur Feier des 150. Jubiläums der Brauerei vorgestellt. Zu den saisonal und limitiert gebrauten Bieren zählen **Honey Dew Spring Ale, Summer Ale**, **Old Winter Ale, Golden Pride Strong Ale** und **London Porter.**

Harvey & Son

Lewes, East Sussex Gegründet 1790

Diese Familienbrauerei verwendet traditionelle Brauanlagen und -methoden. Harvey's **Elizabethan**, ein Barley Wine, wurde erstmalig zu Ehren der Krönung von Königin Elisabeth im Jahr 1953 gebraut. Zum Standardsortiment gehören **Armada Ale, Sussex Best Bitter, Sussex Mild** und **Sussex Pale Ale** sowie die Saisonbiere **1859 Porter**, **Knots of May Light Mild, Sussex XXXX Old Ale, Christmas Ale** und das **Tome Paine**, ein kräftiges, hopfiges helles Sommerbier.

Mauldons Brewery

Sudbury, Sussex Gegründet 1982

Diese relativ junge Kleinbrauerei wurde von einer Familie gegründet, deren Brautradition bis ins späte 18. Jahrhundert zurückreicht. Mauldons produziert eine breite Palette von Bieren wie das **Black Adder** Dry Stout und das **Mauldon Special Bitter.**

Morrells Brewery

Oxford **Gegründet 1782**

Die immer noch von der Familie betriebene Brauerei Morrels ist die älteste in Oxford, und ihre Alesorten tragen so naheliegende Namen wie **College**, **Varsity** und **Graduate**. Außerdem braut Morrels ein **Mild** und ein **Bitter**.

Shepherd Neame

Faversham, Kent **Gegründet 1698**

Die älteste Brauerei in England hat ihren Sitz im Herzen des englischen Hopfengebiets von Kent. Ihre Dampfmaschinen und teakhölzernen Maischebottiche stammen aus dem frühen 20. Jahrhundert. Das kräftige **Bishops Finger** besitzt fruchtig-malzige Töne, wohingegen das **Spitfire** ein hopfiges, flaschengereiftes Mild ist. Für das **Original Porter** werden echte Süßholzwurzeln verarbeitet. Shepherd Neame produziert außerdem das **Master Brew Bitter** und das **Best Bitter.**

Weitere Brauereien

Hogs Back Brewery, Tongham, Surrey: Hop Garden Gold, A Pint-a Bitter, Traditional English Ale, A Over T (Aromas Over Tongham), Brewster's Bundle

Hook Norton Brewery, Banbury, Oxfordshire: Best Bitter, Best Mild, Old Hooky Strong Ale

King & Barnes, Horsham, West Sussex: Broadwood, Festive Ale, Harvest Ale, Rye Beer

McMullen & Sons, Hertford, Hertfordshire: AK Mild, Country Best Bitter, Gladstone, Stronghart

Morland, Abingdon, Oxfordshire: Old Speckled Hen, Old Masters, Original Bitter

Pilgrim Ales, Reigate, Surrey: Saracen, Saracen Stout, Progress, Surrey Bitter, Springbock

Südwest-England

Im Südwesten Englands findet sich nur eine Handvoll überregionaler Brauereien. Stattdessen hat sich hier eine höchst lebendige Kultur der Kleinbrauereien entwickelt. Der Pionier auf diesem Gebiet, Peter Austin, der schon bei der Einrichtung von Kleinbrauereien in Nordamerika und Asien beratend tätig war, baute seine Ringwood Brewery im Hampshire County in den 1970er Jahren auf. Die neuen Brauereien bemühen sich, in der Tradition der echten Ales aromareichere Biere in der Region einzuführen.

Eldridge Pope & Company

Dorchester, Dorset **Gegründet 1837**

Eldridge Popes bekanntestes Bier ehrt den berühmten Romancier von Dorchester, Thomas Hardy. Das klassische englische **Old Ale Tho-**

mas Hardy's Ale (12 Vol.-%) ist eines der stärksten Biere der Welt. Dieses Ale reift bis zu 25 Jahre in der Flasche. Jede Flasche wird datiert und numeriert. Das **Royal Oak Pale Ale** ist rötlich-bernsteinfarben. Außerdem braut Eldridge Pope das trockene **Thomas Hardy Country Bitter**, das **Blackwood Porter** und das **Dorchester Bitter**.

George Gale & Company

Horndean, Hampshire **Gegründet 1847**

Dieser Familienbetrieb residiert in einer viktorianischen Turmbrauerei aus dem späten 19. Jahrhundert. Die Biere sind meist fruchtig, allen voran das vollmundige **Prize Old Ale**. Bis zu einem ganzen Jahr in den Tanks gereift, wird es von Hand abgefüllt und verkorkt und hält sich für viele Jahre. **HSB** (Horndean Special Bitter) ist hopfiger als die meisten Biere von Gale, aber ebenso aromatisch. **Butser Bitter, Festival Best Mild** und **GB Best Bitter** sind weitere Biere aus dem Stammsortiment, neben den Saisonbieren **Anniversary Ale, Hampshire Glory, Christmas Ale** und **Trafalgar Ale.**

Gibbs Mew

Salisbury, Wiltshire **Gegründet 1858**

Diese unabhängige Brauerei war eine der ersten in Großbritannien, die Bier auf Kegs abgefüllt hat. Bekannt ist sie für ihr vollmundig malziges Strong Old Ale **The Bishops Tipple**. Sie braut auch die Bitters **Wiltshire Traditional Bitter, Salisbury Best Bitter** und **Deacon.**

Hop Back Brewery

Salisbury, Wiltshire **Gegründet 1987**

Als Hausbrauerei gegründet, hat sich Hop Back sehr schnell zu einer eigenständigen Brauerei vergrößert. **Summer Lightening** ist ein Pale Bitter, außerdem produziert die Brauerei noch **GFB** Bitter, **Entire Stout**, **Thunderstorm** Weizenale.

Wadworth & Company

Devizes, Wiltshire **Gegründet 1885**

In einer traditionellen Turmbrauerei produziert Wadworth als Paradebier sein körperreiches Bitter **6X** sowie **Henry's Original IPA** (Indian Pale Ale), das Bitter **Farmer's Glory** und die Saisonbiere **Malt and Hops, Summersault** und **Old Timer.**

Weitere Brauereien

Butcombe Brewery, Avon: Butcombe Bitter

Cotleigh Brewery, Wiveliscombe, Somerset: Harrier SPA, Tawny Bitter, Barn Owl Bitter, Old Buzzard

Cottage Brewing Company, West Lyford, Somerest

Donnington Brewery, Stow-on-the-World, Gloucestershire: XXX, SBA

Exmoor Ales, Wiveliscombe, Somerset: Exmoor Gold, Stag

Ringwood Brewery, Ringwood, Hampshire: Fortyniner, Ringwood's Best Bitter, Old Thumper

Smiles Brewing Company, Bristol, Avon

Ushers, Trowbridge, Wiltshire: Founder's Ale, Autumn Frenzy, 1824 Particular

Mittelengland

Die Midlands (Mittelengland) erlangten im 19. Jahrhundert Berühmtheit, als Burton-on-Trent zu einem führenden Brauereizentrum aufstieg. Das für die hohe Qualität seines natürlichen Quellwassers bekannte Burton brachte mehrere erfolgreiche Brauereien hervor. Hier wurde auch das Pale Ale entwickelt. Weitere klassische Beispiele sind Ind Coope's Double Diamond und das Worthington White Shield. Die Burton-Unions-Gärungsmethode brachte saubere, trockene und bittere Biere hervor, ideal für ein Pale Ale. Bei dieser Methode fließt das gärende Bier aus den Fässern und zirkuliert durch eine Reihe langer, offener Tröge. Heute wenden nur noch wenige Brauereien diese Methode an, da sie teuer und arbeitsintensiv ist. Die Industrieregion um Birmingham hat eher eine Vorliebe für die traditionellen Arbeiterbiere: die süßeren, dunkleren Mild Ales. Auch das klassische Mild wird weiterhin hier gebraut, ganz besonders Highgate und Bank's.

Bass Brewers

Burton-on-Trent, Staffordshire Gegründet 1777

Im berühmten Brauzentrum Burton beheimatet, ist Bass mit die bekannteste Brauerei Englands. Das Paradeprodukt **Draught Bass** ist eines der verkaufsstärksten faßgereiften Ales in England, auch wenn viele der Ansicht sind, daß es nach Abkehr vom Burton-Union-System an Qualität verloren hat. Die Exportversion heißt **Bass Ale. Whorthington White Shield** ist ein flaschengereiftes Pale Ale.

Highgate Brewery

Walsall, West Midlands Gegründet 1895

Highgate ist eine der wenigen noch verbliebenen britischen Brauereien, die sich auf Mild Ales spezialisiert haben. Das **Highgate Dark Mild** besitzt eine dunkelbraune Farbe und ein malziges Aroma, das **Highgate Old Ale** ist ein vollmundiges Winter Ale. 1995 hat das Management das Unternehmen von Bass gekauft.

Ind Coope Burton Brewery

Burton-on-Trent, Staffordshire Gegründet 1845

Ind Coope fusionierte 1934 mit der ebenfalls in Burton heimischen Brauerei Allsopp und ist heute Teil von Carlsberg-Tetley. Man produziert immer noch das berühmte Burton Pale Ale **Double Diamond,** das sowohl in der Flasche als auch im Faß zu haben ist, sowie das **Ansells Mild** und **Ind Coope's Burton Ale** und andere.

Marston, Thompson & Evershed

Burton-on-Trent, Staffordshire Gegründet 1834

Als letzte Brauerei, die noch die Burton-Unions-Gärung verwendet, braut Marston's mit englischem Malz und Hopfen, der in den Bieren prominent vertreten ist. **Pedigree** ist ein klassisches Beispiel für ein Burton Pale Ale. Marston produziert das sehr hopfige, bernsteinfarbene Bitter, das vollmundige und fruchtige **Owd Roger** Old Ale wie auch das cremige **Oyster Stout**.Darüber hinaus bietet die Brauerei unter dem Label Head Brewer's Choice eine Reihe Spezialitäten in limitierter Auflage an.

Wolverhampton & Dudley Breweries

Wolverhampton, West Midlands Gegründet 1890

Diese Brauerei ist für ihre „Banks's"-Reihe bekannt, zu der das bernsteinfarbene milde **Banks's Ale** und das **Banks's Bitter** zählen.

Weiterer Brauereien

Batham, Delph Brewery, Brierley Hill, West Midlands: Batham Mild, Batham's Best Bitter

Burton Bridge Brewery, Burton-on-Trent, Staffordshire: Bridge Bitter, Summer Ale, Top Dog Stout, Burton Porter

Hanby Ales, Wem, Shropshire: Drawwell Bitter, Nutcracker Bitter, Black Magic Mild, Shropshire Stout

Hardys & Hansons, Nottingham, Nottinghamshire: Kimberley Mild, Kimberley Bitter, Kimberley Classic

Holden's Brewery Company, Dudley, West Midlands, Black Country Mild, Black Country Bitter

Ost-England

Neben mehreren etablierten unabhängigen Brauereien sind in East Anglia (Ostengland) seit den 1970er Jahren zahlreiche Kleinbrauereien entstanden. Obwohl die Region das Gersten- und Mälzungszentrum Ostenglands ist, weisen die lokalen Biere einen eher fruchtigen als ausgeprägt malzigen Charakter auf.

Adnams & Company

Southwold, Suffolk Gegründet 1890

Adnams braut schon seit über einhundert Jahren am gleichen Ort, noch immer im Besitz der Familie. Zusätzlich zu ihrem **Mild and Bitter** produziert diese traditionelle Brauerei das helle **Broadside Ale** und das **Suffolk Extra** (auch als Suffolk Strong bekannt). Es werden auch Saisonbiere angeboten, wie zum Beispiel **May Day, Barley Mow, Old Ale** und den Barle Wine **Tally Ho**.

George Bateman & Sons

Wainfleet, Lincolnshire Gegründet 1874

Die durch die CAMRA in den 1970er Jahren mit neuem Leben erfüllte Brauerei braut ein weiches **Dark Mild**, das aromareiche helle **Victory Ale**, das **Salem Porter**, das fruchtige **Valiant** Bitter, das **XB Best Bitter** sowie das starke und komplexe Premium Bitter **XXXB**. Die „Zodiac Mystic"-Linie besteht aus zwölf in limitierter Auflage gebrauten Ales für jedes der zwölf Tierkreiszeichen. Darüber hinaus werden auch typische Saisonbiere gebraut.

Greene King

Bury St. Edmunds, Suffolk Gegründet 1799

Greene King ist eine große, unabhängige regionale Brauerei mit einer langen Geschichte. Das **Abbot Ale** ist ein beliebtes, starkes Bitter und das **Strong Suffolk** ein Verschnitt aus einem gut gereiften

Old Ale mit einem dunklen Ale. Zu den verschiedenen Saisonbieren der Brauerei zählt das **Winter Ale**.

Tollemache & Cobbold Brewery

Ipswich, Suffolk — **Gegründet 1723**

Die Geschichte der Cobbold Brewery, die 1957 mit der Tollemache Brewery fusionierte, reicht bis ins Jahr 1723 zurück. Diese allgemein als Tolly Cobbold bekannte Brauerei produziert das hopfige **Cobbold's IPA**, das **Tolly's Strong Ale** sowie eine Reihe von Bitters und Milds.

Charles Wells

Bedford — **Gegründet 1876**

Nach wie vor im Familienbesitz, braut Wells nach Rezepten, die in die Gründungszeit zurückreichen. Die bekanntesten Ales sind das malzige **Bombadier Premium Bitter** und das **Fargo Strong Ale.**

Weitere Brauereien

Crouch Vale Brewery, Chelmsford, Essex: Millennium Gold, Strong Anglian Special (SAS), Essex Porter, Willie Warmer

Elgood & Sons, Wisbech, Cambridgeshire: Black Dog Mild, Cambridge Bitter, North Brink Porter, Barleymead

Nethergate Brewery Company, Clare, Suffolk: Old Growler, Umbel Ale, Umbel Magna, Nethergate Bitter

T.D. Ridleys & Sons, Chelmsford, Essex: ESX Best Bitter, Old Bob, Bishops Ale, Mild, IPA

Woodforde's, Norwich, Norfolk: Mardler's Mild, Norfolk Nog

Nordost-England & Yorkshire

Yorkshire, eine der größten Grafschaften in England, ist führend in der Bierproduktion. Hier finden sich Braugiganten wie Samuel Smith, Newcastle und Tetley neben Dutzenden von Kleinbrauereien. Der den Bieren der Region eigene cremige und nussige Charakter findet sich in Klassikern wie Newcastle Brown, Theakston's Old Peculier und einigen Bieren von Samuel Smith. In und um Yorkshire wurde auch eine einzigartige Gärmethode entwickelt. Ein System massiver Yorkshire Squares genannter Gärbottiche setzt das gärende Ale zwischen zwei Ebenen in Umlauf und verleiht so der Hefe einen sehr individuellen Charakter. Heute verwenden nur noch wenige traditionelle Brauereien die Yorkshire-Square-Methode. Das beliebte Bitter Ale Nordenglands ist in der Regel stärker und malziger als das aus dem Süden, welches kohlensäurehaltiger und hopfenbetonter ist.

Samuel Smith Old Brewery

Tadcaster, North Yorkshire — **Gegründet 1758**

Die Old Brewery in Tadcaster befindet sich seit den 1840er Jahren im Besitz der Familie Smith, und der Sinn für Traditionen zeigt sich deutlich

in der Verwendung von Yorkshire Squares und Holzfässern. Samuel Smith braut eine breite Palette von Ales, die allesamt als Klassiker ihrer Art gelten. Das **Samuel Smith's Old Brewery Pale Ale** ist mahagoni-orangefarben mit einer leichten Hopfigkeit, die sich durch das malzige Aroma durchsetzt. Das in Farbe und Geschmack nussige **Samuel Smith's Nut Brown Ale** ist leicht süßlich und vollmundig. Das aromareiche **Taddy Porter** ist ein hervorragendes Beispiel für ein Ale im Porter-Stil. Samuel Smith produziert auch zwei exzellente Stouts: das weiche **Oatmeal Stout** mit Schokoladen-, Kaffee- und Röstnoten und das dunkle und volle **Imperial Stout**. **Samuel Smith's Winter Welcome** besitzt für einen Barley Wine relativ wenig Alkohol (6 Vol.-%), bietet aber kräftige, fruchtige Aromen und einen trockenen Abgang. Die Old Brewery braut sogar ein Lager: das **Pure Brewed Lager Beer.**

Black Sheep Brewery

Masham, North Yorkshire — Gegründet 1992

Nachdem die Familie die Kontrolle über die T & R Theakston Brewery verloren hatte, baute Paul Theakston in der gleichen Kleinstadt seine eigene Brauerei auf. Unter Verwendung des traditionellen Yorkshire-Square-Systems braut er das **Black Sheep Best Bitter,** das **Special Strong Bitter** und das rauchige, dunkle Ale **Riggwelter.**

Castle Eden Brewery

Hartlepool, Cleveland — Gegründet 1826

Ursprünglich unter dem Namen Nimmo's Brewery bekannt und heute im Besitz von Whitbread, ist Castle Eden ein innovativer Brauer von Special-Ales, der in vielen seiner Biere ausgefallene Aromen wie Ingwer oder Süßholz einsetzt. Zur Standardpalette zählen das **Castle Eden Ale, Fuggles Imperial IPA** und das **Whitbread Porter**.

John Smith's Brewery

Tadcaster, North Yorkshire — Gegründet 1883

John Smith baute seine Brauerei neben der Old Brewery seiner Familie auf. Das klassische **Imperial Russian Stout**, eine volles und starkes flaschengereiftes Stout, bedient sich einer Reihe von Malzen und ist gut haltbar. Darüber hinaus braut John Smith's das **Magnet Mild** und das Webster's Yorkshire Bitter. Die Brauerei ist heute im Besitz von Scottish Courage.

Tetley & Son

Leeds, West Yorkshire — **Gegründet 1822**

Als Teil der großen Carlsberg-Tetley Gruppe braut die Tetley Brauerei eine Reihe von Bieren unter Verwendung der Yorkshire- Squares-Gärmethode. Neben diversen Saisonbieren werden in Leeds **Tetley Mild** und **Tetley Bitter** gebraut.

T & R Theakston

Masham, North Yorkshire — **Gegründet 1827**

Die Brauerei steht seit 1875 an ihrem heutigen Standort, allerdings verlor die Familie in den 1970er Jahren die Kontrolle über die Firma. Heute befindet sich die Brauerei im Besitz von Scottish Courage. Das bekannte **Old Peculier** – der Name leitet sich von der Pfarrgemeinde Peculier of Masham ab – ist ein klassisches englisches Old Ale mit kräftigen Aromen von Früchten und geröstetem Malz. Weitere Theakston-Biere sind **Theakston Best Bitter**, **Mild** und **XB**.

Weitere Brauereien

Big Lamp Brewers, Newcastle-on-Tyne, Tyne and Wear: Big Lamp Bitter, Prince Bishop Ale

Camerons Brewery Company, Hartlepool, Cleveland: Camerons Bitter, Strongarm

Malton brewing Company, Malton, North Yorkshire: Pale Ale, Crown Bitter Double Chance Bitter, Pickwick Porter, Owd Bob

Timothy Taylor & Company, Keighley, West Yorkshire: Landlord, Best Bitter, Golden Best, Ram Tam, Porter

Vaux Breweries, Sunderland, Tyne and Wear: Double Maxim

Nordwest-England

Die Industriestädte im Westen wie Manchester und Liverpool beherbergen altehrwürdige Familienbrauereien ebenso wie moderne Kleinbetriebe. Die Biere der Region sind meist trocken, die Einheimischen bevorzugen helle oder dunkle Milds.

Boddingtons

Manchester — **Gegründet 1778**

Boddingtons braut seine klassischen trockenen Ales schon seit dem späten 18. Jahrhundert in der Strangeways Brewery, auch wenn sie 1989 von Whitbread übernommen wurde. Die Trockenheit des **Boddingtons Draught** Bitter hat über die Jahre abgenommen. Boddingtons bietet auch ein Mild und das Bitter Ale **Manchester Gold** an.

Joseph Holt

Manchester — **Gegründet 1849**

Holt ist für seine trockenen Biere und niedrigen Preise bekannt und liefert seine Produkte immer noch in gigantischen „Hogsheads" (Fässern mit über 245 l Inhalt) an die Pubs aus. Holts Standardangebot besteht aus nur zwei gut gehopften Bieren: dem **Mild** und dem **Bitter**. Daneben werden gelegentlich auch Saisonbiere gebraut.

Jennings Brothers

Cockermouth, Cumbria — **Gegründet 1828**

Als eine der ältesten Brauereien in der Region braut Jennings trockene, aromatische Bitters wie das **Jennings Bitter**, das **Cocker Hoop**, das **Cumberland Ale** und das vollmundige und malzige **Sneck Lifter**.

J.W. Lees & Company

Manchester — **Gegründet 1828**

Diese unabhängige Brauerei ist immer noch im Besitz der Familie Lees und braut malzige, trockene Ales. Das reichhaltige Winterbier **Harvest Ale** ist ein sehr starkes (12 Vol.-%) Jahrgangs-Ale, das zum Altern gelagert werden kann. Weitere Produkte von Lees sind **Moonraker**, **GB Mild** und **Lees Bitter**.

Daniel Thwaites

Blackburn, Lancashire — **Gegründet 1807**

Diese alte Regionalbrauerei liefert ihre Biere in der näheren Umgebung immer noch mit Pferdewagen aus – wie das **Thwaites Bitter**, das dunkle **Thwaites Best Mild** und das **Golden Ale Craftsman**.

Weitere Brauereien

Burtonwood Brewery, Warrington, Cheshire: Burtonwood Bitter, James Forshaw's Bitter, Top Hat, Buccaneer

Robert Cain & Company, Liverpool, Merseyside: Dark Mild, Cains Bitter, Traditional Bitter, Formidable Ale

Coach House Brewing Company, Warrington, Cheshire: Blunderbus Porter, Coachman's Best Bitter, Posthorn Premium Ale, Gunpowder Strong Mild, Innkeeper's Special Reserve

Hydes' Anvil Brewery, Manchester: Anvil Bitter, Anvil Mild, Anvil Light, 4X

Mitchell's of Lancaster, Lancaster, Lancashire: Lancaster Bomber, William Mitchell's Original Bitter, Single Malt

Moorhouse's Brewery, Burnley, Lancashire: Black Cat Mild, Pendle Witches' Brew, Owd Ale

Oak Brewing Company, Heywood, Greater Manchester: Best Bitter, Old Oak Ale, Wobbly Bob

Frederic Robinson, Stockport, Cheshire: Frederic's Golden Ale, Robinson's Best Bitter, Dark Best Mild, Old Tom, Hatters Mild

Wales

Die walisische Brautradition reicht bis zu den Kelten im frühen Mittelalter zurück, als man zum Aromatisieren des Biers noch Nelken, Honig und verschiedene süßende Gewürze verwendete. Heute sind die walisischen Biere nicht mehr ganz so unkonventionell, aber in der Regel süßer und malziger als ihre englischen Pendants. Die drei großen Brauereien – Brain's, Crown Buckley und Felinfoel – sind an der Südküste von Wales konzentriert, während es in den nördlichen Regionen viele Kleinbrauereien gibt, beispielsweise Dyffryn Clwyd und Plassey.

S. A. Brain & Company

Cardiff **Gegründet 1882**

Diese Familienbrauerei braute selbst in den Flautenjahren der 1960er und 1970er Jahre weiterhin traditionelle Ales. Unter Einsatz von Kent-Hopfen und einer Vielzahl von Malzen braut Brains heute nur drei reguläre Biere: das **Brains Bitter**, das milde **Brains Dark** und das **SA Best Bitter**, das auch liebevoll „Skull Attack" (Schädelangriff) genannt wird. Vom Faß sind **Brains Smooth** und **Brains Dark Smooth** erhältlich.

Crown Buckley Brewery

Llanelli, Dyfed **Gegründet 1767**

Anfang des Jahrhunderts wurde die Jenkins Brewery zur Crown Brewery, die 1989 mit Buckley fusionierte. Neben einer Reihe hochwertiger Milds und Bitters – **Buckley's Best Bitter, Buckley's Dark Mild** und **Crown Pale Ale** – braut Crown Buckley das kräftige und würzige **Reverand James Original Ale**.

Dyffryn Clwyd Brewery

Denbigh, Clwyd **Gegründet 1993**

Diese moderne Kleinbrauerei produziert eine Reihe aromatischer Ales wie zum Beispiel **Archdruid, Cwrw Castell** (Castle Bitter), **Pedwar Bawd** (Four Thumbs), **Jolly Jack Tar Porter** und **Dr Johnson's Draught.**

Felinfoel Brewing Company

Llanelli, Dyfed **Gegründet 1878**

Felinfoel gebührt der Ruhm, als erste europäische Brauerei Bier in Dosen abgefüllt zu haben (sie hatte Verbindungen zu einer Weißblechfabrik). Sie produziert traditionell malzige Ales, das bekannteste ist das Premium Bitter **Double Dragon Ale** (unter dem Namen Welsh Ale exportiert). Daneben braut Felinfoel noch das **Dragon Bitter, Dragon Dark** und das **Dragon Best Bitter.**

Hancock Brewery

Cardiff **Gegründet 1884**

Hancock war lange Zeit die größte Brauerei in Wales, bis sie mit mehreren anderen walisischen Brauereien in den späten 1960er Jahren von Bass Brewers übernommen wurde. **Hancock's HB,** ein malziges „normales" Bitter, ist das einzige Hancock-Original, das noch regelmäßig produziert wird.

Weitere walisische Brauereien

Bullmastiff Brewery, Cardiff: Bullmastiff Best Bitter, Brindle, Ebony Dark, Gold Brew, Son of a Bitch

Cambrian Brewery Company, Dolgellau, Gwnyedd: Best Bitter, Original, Premium

Pembroke Brewery Company, Pembroke, Dyfed: Main Street Bitter, Off the Rails

Plassey Brewery, Wrexham, Clwyd: Plassey Bitter, Dragon's Breath, Tudno

Tomos Watkin & Sons, Llandeilo, Carmarthenshire: Watkin's Bitter, Watkin's Old Style Bitter

Schottland

In Schottland sind die Biere, verglichen mit ihren englischen Verwandten, süßer, malziger und dunkler. Viele Brauereien verwenden immer noch das alte schottische System der Stärkenkennzeichnung, das auf der Währung basiert: 60-shilling (60/-), 70-shilling (70/-), 80-shilling (80/-) und 90-shilling (90/-), letzteres für gewöhnlich unter der Bezeichnung Scotch Ale oder „wee heavy" bekannt. Innovationen wurden in der schottischen Brauindustrie durch eine Reihe von Fusionen und Übernahmen in den 1960er und 1970er Jahren behindert. Daran ist vor allem Scottish Courage nicht unschuldig, doch auch Bass und Carlsberg-Tetley haben ihre Hände erfolgreich nach mehreren schottischen Brauereien ausgestreckt. Edinburgh, einst ein florierendes Brauzentrum, beginnt sich erst allmählich von diesen Coups zu erholen: In den letzten Jahren entstand wieder eine Anzahl neuer innovativer Kleinbrauereien.

Caledonian Brewing Company

Edinburgh — **Gegründet 1869**

Die einzige Überlebende der einst blühenden Brauindustrie in Edinburgh entging in den späten 1980er Jahren nur knapp der Schließung. Heute ist sie die führende Brauerei in Schottland und eine der größten der Welt. In einem ziegelroten viktorianischen Brauhaus aus dem 19. Jahrhundert braut Caledonian in traditionellen offenen Kupferkesseln über offenem Feuer. Die Brauerei zollt verschiedenen früheren Edinburgher Brauereien mit den Namen ihrer Biere Tribut: **Deuchar's IPA**, **Murray's Heavy** und **Campbell, Hope & King's Double Amber Ale**. Das **Edinburgh Strong Ale**, das als **MacAndrew's Stock Ale** in die Vereinigten Staaten exportiert wird, ist ein starkes, kupferfarbenes Ale mit einem komplexen Gleichgewicht von Herbheit, Hopfenbitterkeit und voller Malzigkeit. Das **Caledonian Golden Promise** war eines der ersten organischen Biere; das ebenfalls organische **Caledonian Golden Pale** ist hopfiger und besitzt etwas weniger Alkohol. Zu den weiteren Caledonian-Produkten zählen außerdem das helle **Merman XXX** und die traditionelle Palette schottischer Ales: **60/-**, **70/-** und **80/- Export Ale**.

Belhaven Brewery Company

Dunbar — **Gegründet 1719**

Auf altem Klosterland errichtet, ist Belhaven Schottlands älteste Brauerei. Ihre Biere sollen im frühen 19. Jahrhundert zu den Lieblingsbieren des österreichischen Kaisers gezählt haben. Heute braut Belhaven das malzige **Sandy Hunter's Ale**, **St. Andrew's Ale** und die volle Bandbreite der schottischen Ales.

Broughton Brewery

Biggar — **Gegründet 1980**

Die als Abkömmling der Younger Brauereifamilie gegründete Kleinbrauerei produziert verschiedene eigenständige Ales: das **Greenmantle Ale, Merlin's Ale, Old Jock**, **Special Bitter, The Ghillie** und das Faßbier **Scottish Oatmeal Stout**.

Maclay & Company

Alloa — **Gegründet 1830**

Maclays traditionelle und unabhängige Turmbrauerei stammt aus den 1860er Jahren und ist immer noch im Familienbesitz. Ihre Ales sind trockener und weniger malzig als die anderer schottischer Brauereien. Zum Standardrepertoire zählen **60/- Ale**, **70/- Ale**, **80/- Export** und **Scotch Ale**, sowie **Broadsword Golden Pale Ale, Wallace IPA, Oat Meal Stout** und **Kane's Amber Ale.** Das **Leann Fraoch** ist ein würziges traditionelles Scottish Ale, das mit Heidekraut gewürzt wird.

Orkney Brewery

Quoyloo — **Gegründet 1988**

Auf der Hauptinsel der Orkneys vor der Nordküste Schottlands gelegen, ist sie die nördlichste Brauerei auf den britischen Inseln. Die Orkney Brewery braut das vollmundige **Dark Island** Ale, das rötliche **Raven Ale**, **Red MacGregor, Dragonhead Stout** und den Barley Wine **Skull Splitter**.

Scottish Courage

Edinburgh — **Gegründet 1749**

Das älteste Firmensegment des Braugiganten Scottish Courage wurde 1749 mit der William Younger Brewery gegründet. McEwan, gegründet 1856, schloß sich 1931 mit Younger zu Scottish Brewers zusammen, die in der Folge mit den Newcastle Breweries fusionierten. 1995 verbanden sich Scottish und Newcastle mit Courage, deren Wurzeln bis ins Jahr 1787 zurückreichen. Die Linien von Younger und McEwan werden in McEwan's Old Fountain Brewery in Edinburgh produziert. Dazu zählen **McEwan's Export, McEwan Younger IPA**, **McEwan 90/-** und **Younger No. 3. McEwan's Scotch Ale** ist die Exportversion. Weitere Biere aus dem Scottish-Courage-Stall sind unter anderem **Courage Best Bitter, Webster's Yorkshire Bitter, Matthew Brown Dark Mild** und **Home Bitter.** Das bekannte **Newcastle Brown Ale**, das seit den 1920er Jahren gebraut wird, entsteht in der Tyneside Brewery in Nordengland.

Traquair House Brewery

Innerleithen — **Gegründet 1965**

Das Herrenhaus Traquair stammt aus dem frühen 12. Jahrhundert.1965 wurde ein längst aufgegebenes Brauhaus entdeckt und wieder in Betrieb genommen. Traquair braut ein vollmundiges Scotch Ale namens **Traquair House Ale**, das in Eichenfässern gärt. Die ebenfalls in Eichenfässern gegärten **Bear Ale** und **Jacobite Ale** sind Standardprodukte der Brauerei. Saisonbiere sind das **Fair Ale** und das **Festival Ale.**

ALLOA BREWERY COMPANY, Alloa: Arrol's 80/-, Archibald Arrol's 80/-

BORVE BREW HOUSE, Ruthven

HARVIESTOUN BREWERY, Dollar: Waverley 70/-, Original 80/-, Montrose, Nouveau

TOMINTOUL BREWERY, Tomintoul: Culloden, Stag, Highland Hammer, Laird's Ale, Wild Cat

Arbeiter posieren vor einem stählernen 10-Tonnen-Gärbottich

IRLAND

Für viele beginnt und endet irisches Bier beim Stout – genauer gesagt: beim Guinness Stout. In Irland werden aber nicht nur weitere hochwertige Stouts wie die Corker Murphy's und Beamish gebraut, sondern auch andere Sorten wie die Irish Red Ales. Allerdings dominieren die Stouts mit mehr als der Hälfte aller Bierverkäufe deutlich den irischen Markt. Pubs sind nach wie vor die beliebtesten Orte für den Bierkonsum. Allmählich entstehen auch wieder Haus- und Kleinbrauereien.

Arthur Guinness & Sons

Dublin — **Gegründet 1759**

Nach der Unterzeichnung eines neuntausendjährigen Pachtvertrages für eine verlassene Brauerei in Dublin im späten 18. Jahrhundert wandte Arthur Guinness seine Aufmerksamkeit den dunklen Porters zu, die in der Umgebung von London gebraut wurden. Sein Sohn Arthur (!) führte die Verwendung von ungemälzter, gerösteter Gerste in der Maische ein, was dem dunklen, alkoholreichen Porter seinen unverwechselbaren rauchigen „Biß" verleiht. Ende des 19. Jahrhunderts war Guinness die größte Brauerei der Welt und baute in der Folge weitere Brauereien in Irland, aber auch in Ländern der Karibik, in Afrika und Südostasien. Heute wird Guinness Stout in mehr als fünfzig Ländern gebraut und ist in mindestens einhundert weiteren erhältlich. Je nach Markt variiert es in Stärke und Charakter. **Draught Guinness** ist dank der Einspritzung von Stickstoff und Kohlendioxid cremig und weich; die auf Dosen gezogene Version enthält eine Kapsel, die Stickstoff freisetzt. Das auf Flaschen gezogene **Guinness Extra Stout** ist eine bitterere und komplexere Version, die Arthurs Original-Bräu sehr nahe kommt. Das **Foreign Extra Stout** ist stark und wird mit einer Portion konzentriertem, gut gereiftem Stout hergestellt. Arthur Guinness & Sons stellen außerdem das Harp Lager und das etwas stärkere **Harp Export** her, beide in der Brauerei in Dundalk gebraut.

Beamish & Crawford

Cork — **Gegründet 1792**

Nach einer frühen Periode des schnellen Wachstums brachen in den 1960er Jahren harte Zeiten für Beamish & Crawford an; heute gehört die Brauerei zu Scottish Courage. Das **Beamish Stout** ist ein schokoladiges Stout, daneben produziert die Brauerei noch das **Beamish Red Irish Ale.**

Biddy Early Brewery

Inagh — **Gegründet 1995**

Irlands erste moderne Hausbrauerei produziert das **Red Biddy Irish Ale,** das Lager **Blonde Biddy,** das Stout **Black Biddy** und das im Faß gereifte **Real Biddy** sowie Saisonbiere.

Hilden Brewery

Lisburn, Northern Ireland — **Gegründet 1981**

Hilden ist eine der wenigen unabhängigen Kleinbrauereien in Nordirland. Zu ihren im Faß gereiften Ales zählen das Bitter **Hilden Ale** und das **Hilden Special Reserve** .

Murphy Brewery

Cork — **Gegründet 1854**

Seit den 1980er Jahren im Besitz von Heineken, braut die Murphy's Lady's Well Brewery in Cork auch heute noch ihr klassisches **Murphy's Irish Stout**, ein überaus weiches, trockenes Stout. Die Flaschen- und Dosenversionen sind mit einer stickstoffhaltigen Kapsel ausgestattet, um dem Bier einen cremigeren Charakter zu verleihen. Die Brauerei stellt außerdem das **Murphy's Irish Red Beer** her.

E. Smithwick & Sons

Kilkenny — **Gegründet 1710**

Smithwick's ist die älteste Brauerei Irlands. Ein klassisches Beispiel für ein irisches Red Ale ist das **Smithwick's Ale** ; das ursprünglich als Exportversion des Smithwick's Ale gebraute **Kilkenny's Irish Beer** ist heute auch auf den britischen Inseln vom Faß erhältlich. **Smithwick's Barley Wine** wird von Macardle in Dundalk gebraut.

Lett & Co., Mill Park Brewery

Enniscorthy

Lett's ist eine Art Geisterbrauerei. Denn obwohl sie die eigene Produktion 1956 einstellte, läßt sie über Lizenzen die eigenen Biere im Ausland weiter brauen: **Killian's Bière Rousse** in Frankreich, das leichtere **Killian's Irish Red** in den USA und das **Wexford Irish Cream Ale** in England.

Weitere irische Brauereien

Cherry's Brewery Ltd., Waterford: Smithwicks, Hoffmans Lager

Macardle Brewery, Dundalk: Macardle's Ale, Phoenix

Porter House, Dublin (Gasthaus) Plain Porter, Oyster Stout, Red Ale

Thomas Caffrey, Belfast, Northern Ireland: Caffrey's Irish Ale

---

Frankreich

Obwohl Frankreich als *das* Weinland gilt, hat es eine lange Biertradition. Noch zur Jahrhundertwende gab es mehr als eintausend Brauereien im Land. Aber 1950, nach zwei Weltkriegen und wirtschaftlichen Schwierigkeiten, waren die meisten von ihnen verschwunden. Zu Beginn der 1970er Jahre begannen allerdings auch in Frankreich viele kleine Spezialbrauereien gegen die Übermacht der wenigen großen, auf Lagerbiere beschränkten Brauereien anzutreten. Die wichtigste Renaissance war die Wiedereinführung des traditionellen Bière-de-garde-Stils des Nordostens, wie ihn etwa die Brauereien Castelain und Duyck pflegen. Heute dominieren in Frankreich helle Lagerbiere – insbesondere die aus Elsaß-Lothringen zeigen einen deutlichen deutschen Einfluß, auch wenn sie oft süßer und weniger hopfig sind als ihre Geschwister jenseits der Grenze. Die Braugiganten Kronenbourg und Kanterbräu, beide im Besitz des Danone-Konzerns, sind im Elsaß die führenden Produzenten von Lagerbieren. Ein anderer großer Teil des Marktes wird vom holländischen Unternehmen Heineken kontrolliert, dem neben Pelforth und Mützig neuerdings auch Fischer gehört. Dessen ungeachtet entstehen in der Region um Paris und in ländlichen Gebieten wie der Bretagne zahlreiche neue Hausbrauereien und Biercafés. Selbst Weizenbiere beginnen sich allmählich im Norden Frankreichs zu etablieren.

Brasserie St. Sylvestre

St. Sylvestre-Cappel — Gegründet 1918

Im Herzen des Hopfenanbaugebietes des französischen Flandern gelegen, ist St. Sylvestre eine klassische handwerkliche Brauerei, die sich weitestgehend auf den Bière-de-garde-Stil spezialisiert hat. In ihrer Palette obergäriger Biere zeigen sich Einflüsse aus dem benachbarten Belgien. Das nach den drei die Stadt umgebenden Hügeln benannte **Trois Monts** ist ein exzellentes Beispiel für ein Bière de garde. Trois Monts besitzt eine goldgelbe Farbe, zeigt aber aufgrund der nur schwa-

chen Filterung eine leichte Hefetrübung. Es ist trocken und hopfig. Etwas komplexer ist das **Trois Monts Grand Réserve,** eine flaschengegärte und korkenversiegelte Variante, die gut zur Lagerung geeignet ist. St. Sylvestre produziert außerdem das eigenständige **Bière de Noël** (auch **Flanders Winter Ale**), ein volles und malziges Saisonbier. Gelegentlich wird im Spätwinter oder frühen Frühjahr das **Bière de Mars** angeboten.

Brasserie Adelshoffen

Schiltigheim — **Gegründet 1864**

Diese sich im Besitz von Fischer/Pêcheur (siehe auch dort) befindliche Brauerei aus dem Elsaß gilt gemeinhin als innovatives Brau-Laboratorium. Das rauchwürzige **Adelscott Bière au Malt à Whisky** ist neben dem **Adelscott Noir** ihre wohl bekannteste Schöpfung.

Brasserie d'Annoeullin

Annoeullin — **Gegründet 1905**

Annoeuillin liegt zwischen Lille und Lens. Der Familienbetrieb ist durch ein luftiges Weizenbier, **L'Angelus**, und ein fruchtig-herbes Bière de garde, das **Pastor Ale**, bekannt geworden.

Brasserie Castelain

Bénifontaine — **Gegründet 1966**

Castelains Bières de garde sind fruchtiger und weniger würzig als andere Biere dieses Stils. Untergärig werden sie auf verkorkte Flaschen gezogen. **Ch'ti Blonde** ist von tief goldgelber Farbe, **Ch'ti Ambrée** eine etwas malzigere, dunkelgoldene Variante, während **Ch'ti Brune** das Dunkelste in dieser Serie ist (Ch'ti: Slangausdruck für einen Nordfranzosen). Castelain braut weiterhin das blaßgoldene **Jade**, das einzige anerkannte organische Bier Frankreichs. Das im Klosterstil gehaltene **St. Arnoldus** wird gefiltert und zur Flaschenreifung erneut mit Hefe versetzt.

Brasserie La Choulette

Hordain — **Gegründet 1885**

La Choulette ist eine alte Bauernhofbrauerei in Nordfrankreich, die seit den 1980er Jahren Spezialbiere braut, einschließlich einer Reihe obergäriger Bières de garde: **Blonde, Ambrée, Robespierre** sowie

Bière des Sans Culottes. Sie sind flaschengereift und werden auf der Hefe abgefüllt (sur lie), so daß etwas Hefe in der Flasche bleibt. Außerdem wird ein himbeeraromatisiertes Framboise angeboten.

Brasserie de Clerck Georg

Hazebrouck Gegründet 1775

Eine lokal sehr beliebte Brauerei, die unter anderem **Stager, Dorta-Pils, Paksen** und **Scot-Ness** anbietet – nicht zu verwechseln mit der in Peronne beheimateten Brasserie de Clerck Michael, die mit ihrem herbfruchtigen Bière de garde **Pot Flamand** bekannter wurde.

Brasserie de Deux Rivières

Morlaix Gegründet 1985

Diese Kleinstbrauerei wurde von zwei Bretonen gegründet. Ihre Biere sind erkennbar von den walisischen Ales angeregt, vor allem die beiden bitteren **Coreff Red Label** und **Black Label.**

Brasserie Duyck

Jenlain Gegründet 1922

Der Familienbetrieb Duyck produziert seit seinen Ursprüngen als Bauernhofbrauerei traditionelle Biere. Sein **Jenlain** ist ein klassisches Bière de garde, obergärig, rötlich-bernsteinfarben, mit komplexen Malz-, Gewürz- und Fruchtnoten. Duyck braut zudem das Blond Bière de garde **Sebourg** und Saisonbiere wie **Bière de Noël** und **Printemps.**

Brasserie Enfants de Gayant

Douai Gegründet 1919

Enfants de Gayant ist bekannt für sein **Bière de Démon** (12 Vol.-%), das stärkste Lagerbier, produziert aber auch traditionelle, wenngleich kräftige Lagerbiere im Bière-de-garde-Stil, zum Beispiel das **Lutèce** und das **Goudale.** Unter dem Markennamen **Saint Landelin** werden in der Abtei von Crespin mehrere Biere im Klosterbierstil gebraut.

Brasserie Fischer/Pêcheur

Schiltigheim Gegründet 1821

Diese elsässische Brauerei konzentriert sich auf Lagerbiere wie das angenehm trocken-hopfige **Fischer Bitter** und **Fischer Gold. La Bière Amoureuse,** als „Aphrodisiakum" bekannt, wird mit Ginseng und anderen Kräutern gewürzt.

Grande Brasserie Moderne

Roubaix Gegründet 1896

Die Grande Brasserie Moderne braut unter der Marke Terken verschiedene Biere, etwa das **Terken Blonde** und das **Terken Brune.** Das Bière de garde **Septante Cinq** gilt als ein starkes, komplexes Lager, während das röstwürzige **Brune Spéciale** eine weitere untergärige Sorte ist.

Brasseries Kronenbourg

Strasbourg Gegründet 1664

Einst war Kanterbräu, ansässig in Lothringen, die größte französische Brauereigruppe. Die Fusion mit der Straßburger Kronenbourg-Gruppe erfolgte 1994. Innerhalb der marktbeherrschenden Brasseries Kronenbourg bildet Kanterbräu, 1887 gegründet und nach einem deutschen Braumeister benannt, heute das zweite Standbein. Zu seiner Produktpalette zählen unter anderem ein leichtes Lager, das **Kanterbräu,** eine alkoholarme Variante, das **Tourtel,** vor allem aber das verbreitete festere **Kanterbräu Gold.**

Die alte Kronenbourg-Brauerei erlebte ihren Aufschwung nach dem Zweiten Weltkrieg, als sie mit ihrem Premium **Bière d'Alsace** Frankreich eroberte. Erwähnenswert auch das Super-Premium **Kronenbourg 1664** und die Variante **1664 Brune,** beides Lagerbiere mit vollem Aroma und Körper, sowie die Saisonbiere **Bière de Noël** und **Bière de Mars.** Frankreichs bekanntestes Bier, das helle Lager **Kronenbourg,** kann heute mehr als ein Viertel des französischen Bierkonsums für sich reklamieren.

Brasserie Meteor

Hochfelden — Gegründet 1640

Dieses Familienunternehmen gilt als die vielleicht beste elsässische Lagerbrauerei. 1927 gelang es ihr, von tschechischer Seite die Genehmigung zu erhalten, den Namen Pilsner zu benutzen. Mehr als die Hälfte ihres Umsatzes macht Meteor mit dem Verkauf des unpasteurisierten Biers vom Faß. Zwei starke Lager, **Ackerland Blonde** und **Brune,** gehören ebenso zum Angebot wie das sanftmalzige **Mortimer** im Wiener Stil.

Pelforth Brasseries

Lille — Gegründet 1922

Früher hieß diese Brauerei Pelikan. Der neue Name sollte die Tradition mit dem Eindruck von Stärke (forte) verbinden. Bekannt wurde Pelforth mit Spezialitäten, besonders mit dem dunklen Lager **Pelforth Brune** von 1937. Herauszuheben sind noch das kräftige Porter, das **Pelforth Blonde,** ein **Pelican Lager,** ein whiskygemälztes **Amberley,** die Saisonbiere **Bière de Noël, Bière de Mars** sowie eine Version des Irish Red Ale, das malzige, starke **George Killian's Bière Rousse.**

Brasserie Schutzenberger

Schiltigheim — Gegründet 1740

Als eine der wenigen unabhängigen Brauereien im Elsaß braut Schutzenberger zwei deutsch beeinflußte Bockbiere, das **Jubilator** und das **Patriator,** dazu das starke, kupferfarbene **La Cuivrée** und weitere Spezialitäten- und Saisonangebote.

Terken

Roubaix — Gegründet 1920

Die unabhängige Brauerei stellt unter diversen Markennamen ein breites Sortiment von Bieren her. Das bekannteste ist sicher das **Septante Cinque** (durch die Grande Brasserie Moderne, ebenfalls Roubaix, eingeführt). Bedeutung besitzen aber auch das **Brune Spéciale,** das festliche **Terken Bière de Noël** und das **Orland,** ein helles Lager. Spezielle Supermarktmarken sind **Breug, Noordheim, Ubald, Überland** und **Upstaal.**

Weitere französische Brauereien

Brasserie Amos, Metz

Brasserie Artisanale St. Martial, Limoges

Brasserie Bailleux/Au Baron, Gussignies: Saison Médard

Les Brasseurs, Lille: freie Brauhauskette in Nordostfrankreich

Brasserie de Granges-sur-Baume, Granges-sur-Baume: Nébuleuse Ambrée, Nébuleuse Blonde

Brasserie Jeanne d'Arc, Ronchin

Brasserie Mutzig, Schiltigheim:Bière Rousse ,Pelican Export

Brasserie de Saverne, Saverne

Brasserie Theillier, Bavay: La Bavaisienne

Belgien

Belgien produziert einige der individuellsten Biere der Welt, und das in traditionellen Stilen, die schon seit Jahrhunderten existieren. Die meisten belgischen Biere werden in der Flasche mit zusätzlicher Hefe oder Zucker versetzt, um eine zweite oder manchmal sogar dritte Gärung auszulösen; diese Flaschenreifung nennt sich Méthode Champenoise. Mehrere Sorten werden mit verdrahteten Korken versiegelt – einige Flaschen sogar in Seidenpapier gewickelt – und sollen für mehrere Jahre zur Alterung gelagert werden. Bestimmte Stile oder individuelle Marken verfügen gar über eigene Gläser, aus denen man sie trinken soll. Orval etwa gehört in einen weit geöffneten Kelch, Duvel wird für gewöhnlich in einer Flöte serviert und Kwak in einem hohen Glas mit ballonförmigem Unterteil, um nur einige zu nennen.

Traditionell liegt die Bierherstellung in Belgien in den Händen von Bauernhofbrauereien und Klosterbrauereien. Viele der heutigen Brauereien haben ihre Ursprünge in ländlichen Familienbetrieben, die irgendwann die Landwirtschaft vollständig aufgaben, um sich ganz auf das Bierbrauen zu konzentrieren. Einige von ihnen sind auch heute noch unabhängige Familienbetriebe, während andere zu Gesellschaften wuchsen oder von den großen Konzernen aufgekauft wurden. Die größte Brauereigruppe in Belgien und die zweitgrößte Europas ist Interbrew, zu der Artois, Jupiler, Belle-Vue, De Kluis, St. Gilbert's Leffe und andere gehören. Riva kontrolliert Brauereien wie Liefmans, Straffe Hendrik und Het Anker. Die meisten der über einhundert Brauereien Belgiens sind allerdings nach wie vor unabhängig, zudem entstehen noch immer weitere Klein- und Gasthausbrauereien.

Die belgischen Klosterbrauereien zählen zu den berühmtesten Brauereien der Welt, allen voran die fünf Trappistenklöster: Chimay, Westmalle, Orval, Rochefort und Westvleteren. Mönche dürfen bis heute als Braumeister fungieren und nach jahrhundertealten Brautraditionen brauen. Neben den Trappisten produzieren auch andere Mönchsorden Bier, entweder auf dem Klostergelände oder in Lizenz in weltlichen Brauereien. Umgekehrt brauen weltliche Brauereien Biere im „Klosterstil“ , die die Namen von Heiligen, Schreinen oder Kirchen tragen.

Die Lambics sind die vielleicht eigentümlichsten belgischen Biere, insofern sie mit der Technik der spontanen Gärung hergestellt werden. Die meisten der Lambic-Brauereien finden sich in der Region südlich und westlich von Brüssel, entlang dem Flußtal der Senne. Lambic war von der Mitte des 18. Jahrhunderts bis zum Ersten Weltkrieg der beliebteste Bierstil in der Brüsseler Region und feiert seit kurzem in Belgien und anderswo eine Auferstehung.

Zunächst regional begrenzt, haben sich weitere belgische Bierstile entwickelt, die mit der Verbesserung der Infrastruktur auch eine größere Verbreitung gefunden haben. Das als Witbier bekannte belgische Weizenbier wurde früher in großen Mengen in der Stadt Hoegaarden östlich von Brüssel gebraut, aber der Stil verschwand fast völlig, bis Pierre Celis ihn in den 1960er Jahren in der De Kluis Brauerei wieder einführte. Seitdem hat Celis dem Witbier mit dem Celis White, das in seiner Brauerei im texanischen Austin hergestellt wird, zu einem internationalen Markt verholfen. Das süß-sauere Braunbier oder Oud Bruin stammt aus der ostflandrischen Stadt Oudenaarde. Westflandern verfügt mit dem Westflandrischen Rotbier über seinen eigenen säuerlichen Bierstil – prominentester Vertreter ist hier Rodenbach – , das röter in der Färbung und schärfer im Geschmack als das ostflandrische Braune ist. Nördlich von Brüssel und um Antwerpen produzieren mehrere bekannte Brauereien das kupferfarbene, fruchtige belgische Ale, während das klassische Beispiel für ein blondes Starkbier, ein goldgelbes, kräftiges Ale, das Duvet von Moortgat, auch im Norden gebraut wird – obwohl es im ganzen Land und besonders in Flandern Imitatoren gibt. In den französischsprachigen Provinzen des Südens entlang der Grenze zu Frankreich haben sich Saisonbiere von den ursprünglichen Landbieren zu Exportmarken entwickelt. Die mit Früchten aromatisierten Biere werden von den meisten Lambic-Brauereien hergestellt, auch wenn nicht alle Fruchtbiere Lambics sind. So basieren zum Beispiel die exzellenten Fruchtbiere von Liefmans auf dem Braunbier Ostflanderns.

Trotz der aufregenden Vielfalt wird der belgische Markt tatsächlich von einem einzigen „ausländischen" Stil beherrscht: den Lagerbieren im Pilsener Stil. Besonders Interbrew und Alken-Maes bieten mehrere Marken heller Lagerbiere an. Trotzdem finden Belgiens Spezialitäten und Saisonbiere im Zuge der Renaissance „echter Biere" international einen immer größeren Zuspruch.

Abbaye de Notre Dame de Scourmont–Chimay

Forges **Gegründet 1862**

Chimay ist die größte und bekannteste der fünf Trappistenbrauereien Belgiens. Das Kloster wurde 1850 geweiht und begann 1862 mit der kommerziellen Bierherstellung. Das Quellwasser der Abtei und die hauseigene Hefe verleihen dem Chimay seinen einzigartigen würzigen Charakter. Die Brauerei bietet drei flaschengereifte Ales an, die sich äußerlich in der Far-

be des Etiketts und des Kronkorkens der 0,33 l-Flasche unterscheiden. **Première** oder **Chimay Rouge** ist das ursprüngliche Chimay-Bier und weist den geringsten Alkoholgehalt (7 Vol.-%) auf. Es hat eine satte kupferne Farbe und liefert eine Mischung aus fruchtigen und würzigen Malzaromen. Das nächststärkere ist das **Cinq Cents** oder **Chimay Blanche** (8 Vol.-%), ein goldgelb-bernsteinfarbenes Tripel, das hopfiger als die anderen Chimay-Biere ist. Das vollmundigste und komplexeste ist das **Grand Réserve** oder auch **Chimay Bleu**. Mit 9 Vol.-% ist es ein Starkbier mit einer portweinartigen Süße. In den großen verkorkten Flaschen lassen sich die Biere ausgezeichnet lagern – Première und Cinq Cents drei bis sechs Monate, das Grand Réserve gar mehrere Jahre.

Brouwerij Liefmans
Oudenaard — Gegründet 1679

Liefmans ist seit über drei Jahrhunderten der größte Brauer des herben Braunbieres (Oud Bruin) Ostflanderns. Mit einer Mischung aus mehreren Malzen und gerösteter Gerste wird das Bier in offenen Kupferkesseln gegoren und dann etwa drei Monate lang gereift. Dieses reine, junge braune Bier wird als **Oud Bruin** verkauft. Liefmans bekanntestes Ale, das **Goudenband**, entstammt der Mischung des jungen Biers mit einem älteren; sie wird mit frischer Hefe und Zucker auf Flaschen gezogen und in der Brauerei weiter gereift. Goudenband ist ein vollmundiges, süß-saueres „Vorratsbier", das für mehrere Jahre eingelagert werden kann. Liefmans setzt seinem **Oud Bruin** auch Himbeeren und Kirschen zu, um **Frambozen**, bzw. **Kriek** zu erhalten. 1990 wurde die Brauerei von Riva aus Dentergem aufgekauft. Zur Zeit werden die Biere in Dentergem gebraut, da Liefmans Brauerei renoviert wird. Gegoren, gereift und abgefüllt werden die Biere aber noch immer in Oudenaarde.

Brouwerij Moortgat
Breendonk-Puurs — Gegründet 1871

Der unabhängige Familienbetrieb Moortgat produziert eines der bekanntesten belgischen Spezialitätenbiere. Das ursprünglich auf einem dunklen schottischen Ale basierende **Duvel** erhielt in den späten 1960er Jahren in Anpassung an den Trend zu goldgelben Lagerbieren eine hellere goldgelbe Färbung. Der Name bedeutet „Teufel" und verdankt sich vermutlich dem Ausruf „ein Teufel von einem Bier" , den ein begeisterter Bierfreund bei der ersten Verkostung in den 1920er Jahren ausstieß. Dieses blonde Starkbier durchläuft einen komplexen dreifachen

Gärprozeß unter Verwendung von zwei Hefestämmen. Der erste Schritt ist eine warme Gärung, der zweite eine kalte Nachgärung, gefolgt von mehreren Wochen kalter Reifung. Das Bier wird dann unter Zugabe von Hefe abgefüllt, um eine dritte Reifung zu durchlaufen. Zwei Hopfenstämme verleihen ihm Bitterkeit und Aroma. Das starke, kräftige **Duvel** (8,5 Vol.-%) entfaltet beim Einschenken eine große, weiße Blume. Moortgat braut auch ein helles und trocken-hopfiges Pilsener, das Bel Pils, sowie ein Repertoire flaschengreifter Abteibiere unter Lizenz: das Dubble **Maredsous** 6, ein dunkleres **Maredsous** 8 und das Tripel **Maredsous** 10.

Abbaye de Notre Dame de Saint-Remy

Rochefort — Gegründet 1899

Die Bierherstellung im Trappistenkloster in Rochefort reicht bis ins späte 16. Jahrhundert zurück. Die drei Biere von Rochefort werden nach dem alten belgischen System der Stammwürzgrade und der Farbe der Flaschenverschlüsse identifiziert. Das **Rochefort 6** oder **Red Cap** ist mit „nur" 7,5 Vol.-% das schwächste des Trios. Das **Rochefort 8**, **Green Cap**, ist von dunklerem Braun und fruchtiger. Das stärkste, das **Rochefort 10** oder **Black Cap** ist sehr körperreich und komplex.

Abbaye de Notre Dame d'Orval

Villers-devant-Orval — Gegründet 1931

Obwohl die Abtei schon im 12. Jahrhundert gegründet wurde, wird das Bier von Orval erst seit den 1930er Jahren kommerziell angeboten. Das orange getönte **Orval Trappist Ale** wird aus einer speziellen Mischung von Malzen, Hopfen, mehreren Hefestämmen und Kandiszucker gebraut. Es durchläuft drei Gärungen – zwei in der Brauerei, die dritte in der Flasche – und kann bis zu fünf Jahre eingelagert werden. Die Trockenhopfung verleiht dem Orval eine im Vergleich zu anderen Trappistenbieren spürbar stärkere Hopfenpräsenz.

Abdij St. Sixtus

Westvleteren — Gegründet 1839

Die Abtei von Westvleteren ist die kleinste der Trappistenbrauereien. Ihre süßen, aromareichen Biere sind außerhalb Westflanderns ausgesprochen schwer erhältlich. Das **Special 6** (rote Verschlußkappe) ist von dunkler Färbung und malzigem Geschmack. Das nächst stärkere ist das **Extra 8** (blaue Kappe), gefolgt vom starken **Abt 12** (gelbe Kappe).

Abdij der Trappisten van Westmalle

Malle — Gegründet 1836

Das Trappistenkloster von Westmalle braute das erste **Tripel**, das eine blasse Färbung besitzt. Ebenso ist das **Westmalle Dubbel** ein Klassiker. Beiden Bieren wird vor der Abfüllung zusätzliche Hefe und Zucker zugesetzt, um eine Nachgärung auszulösen. Beide besitzen einen fruchtigen Malzgeschmack sowie Hopfenaroma und einen trockenen Abgang.

Brasserie d'Achouffe

Achouffe Gegründet 1982

Diese Bauernhofbrauerei produziert zwei Starkbiere. **La Chouffe** ist würzig und gut ausgewogen, während das dunklere **McChouffe** durch die schottischen Ales inspiriert wurde.

Alken-Maes Brewery

Alken and Waarloos Gegründet 1988

Alken und Maes, beide in den 1880er Jahren gegründet, fusionierten 1988 zur zweitgrößten Brauereigruppe in Belgien, die heute zur französischen Kronenbourg-Gruppe gehört. Das **Cristal Alken Pils** und das **Maes Pils** sind führende Produkte, aber die Alken-Maes-Brauereien produzieren noch eine ganze Reihe weiterer Biere, z. B. Du Keersmakers Lambic-Linie **Mort Subite** und die **Grimbergen** Klosterbiere der Brasserie de l'Union.

Belle-Vue

Brussels Gegründet 1913

Die zu Interbrew gehörende Belle-Vue ist Belgiens größter Hersteller von Lambics. Die verschnittene Gueuze und die mit Früchten aromatisierten **Kriek** und **Framboise** reifen in Eichenfässern. Die ungefilterte Gueuze **Sélection Lambic** wird ebenfalls, in limitiertem Umfang, angeboten.

Brouwerij Bosteels

Buggenhout Gegründet 1791

Das bekannteste Bier dieser Familienbrauerei ist nach einem Gastwirt des 18. Jahrhunderts, **Pauwel Kwak** , benannt, der durchreisenden Reitern sein Bier in einem Glas servierte, das in den Steigbügel paßte. Das würzige und starke **Kwak** wird auch heute noch in dem unverwechselbaren Ballonglas in einem hölzernen Gestell serviert, das es aufrecht hält. Erwähnenswert ist ferner Bosteels' Prosit Pils.

Brasserie Cantillon

Brussels Gegründet 1900

Diese traditionelle Brauerei produziert ihre Lambics nur in den kühlen Monaten des Jahres, wenn die wilde Hefe am aktivsten ist. Zu den unverwechselbar sauren Bieren von Cantillon zählen **Kriek**, **Framboise**, **Gueuze** und **Faro**. Ferner bietet sie, mit Kirschen, Vanille und dominierenden Himbeeren aromatisiert, das **Rosé de Gambrinus** sowie das unverschnittene **Grand Cru** an, das vor dem Abfüllen drei bis vier Jahre reift.

De Dolle Brouwers

Esen Gegründet 1980

De Dolle Brouwers, „Die verrückten Brauer", sind eine kleine Brauerei mit einer Palette kräftiger Biere mit farbenfrohen Etiketten. Das **Oerbier** war ihre erste Kreation, gefolgt vom saisonalen Weihnachtsbier **Stille Nacht**, dem Sommerbier **Arabier** und dem zu Ostern gebrauten **Boskeun**, übersetzt „Waldkaninchen" .

Brouwerij De Kluis

Hoegaarden Gegründet 1966

Der ehemalige Milchmann Pierre Celis führte den Witbier-Stil in jener Stadt wieder ein, die ihn zuerst berühmt gemacht hat. Das **Hoegaar-**

den Witbier bietet die Orangen- und Koriandernoten, die für dieses hefetrübe Weizenbier charakteristisch sind. De Kluis braut außerdem das bernsteinfarbene **Julius**, das starke **Grand Cru** sowie das **Verboden Vrucht** („Verbotene Frucht"). Die Brauerei wurde 1985 durch ein Feuer zerstört und in der Folge von Interbrew übernommen.

BROUWERIJ DE KONINCK

ANTWERPEN **GEGRÜNDET 1833**

Diese Brauerei widersetzte sich dem starken Pilsener-Trend, dem die meisten ihrer lokalen Konkurrenten erlagen; das **De Koninck** ist ein klassisches belgisches Obergäriges mit fruchtigem Malzgeschmack, der durch Hopfenwürze ausbalanciert wird. Das **Cuvée de Koninck** ist die stärkere Version.

BROUWERIJ DE SMEDT

OPWIJK **GEGRÜNDET 1790**

Die alte Familienbrauerei De Smedt produziert Klosterbiere für Affligem, seit die Klosterbrauerei im Zweiten Weltkrieg zerstört wurde. Zusätzlich zum **Affligem Dobbel**, **Affligem Tripel** und **Affligem Noël** stellt De Smedt auch das dunkelgoldene **Op Ale** her.

BRASSERIE DUBUISSON FRERES

PIPAI **GEGRÜNDET 1769**

Diese Familienbrauerei produziert das extrastarke belgische **Ale Bush**, das in den Vereinigten Staaten als **Scaldis Belgian Special Ale** verkauft wird (für den unwahrscheinlichen Fall einer Verwechselung mit dem Busch-Bier). Zu Weihnachten wird ein ähnliches, aber hopfigeres **Bush Noël (Scaldis Noël)** gebraut. Beide glänzen mit einem Alkoholgehalt von 12 Vol.-%.

BRASSERIE DUPONT

TOURPE **GEGRÜNDET 1850**

Dupont ist eine kleine Bauernhofbrauerei, die traditionelle Biere herstellt. Das in verkorkte Flaschen abgefüllte **Saison Dupont** ist ein flaschengereiftes und hefereiches Bier, das klassische Saisonbier. Duponts weitere Variationen des Saison-Stils sind das **Moinette Blonde**, das **Moinette Brune** und das organische **Forêt.**

BROUWERIJ FRANK BOON

LEMBEEK **GEGRÜNDET 1976**

Frank Boon war ein Pionier der weltweiten Neuentdeckung des uralten Lambic-Braustils. Er braut eine Reihe klassischer Lambics wie **Gueuze**, **Kriek, Framboise** und **Pertotale Faro** sowie verschnittene Varietäten unter dem Etikett **Mariage Parfait**

BRASSERIE LEFEBVRE

QUENAST **GEGRÜNDET 1876**

Lefebvre produziert Ales in einer Vielzahl von Stilen, vom ingwergewürzten **Saison 1900** bis zum fruchtwürzigen **Witbier Student** oder dem honiggewürzten **Barbar**. Unter dem Namen Floreffe werden auch Klosterbiere gebraut: **Floreffe La Meilleure**, **Floreffe Dobbel** und **Floreffe Tripel.**

BROUWERIJ LINDEMANS

VLEZENBEEK **GEGRÜNDET 1869**

Die Familie Lindemans begann Anfang des 19. Jahrhunderts mit dem Brauen und richtete ein halbes Jahrhundert später eine kommerzielle Brauerei auf ihrem Bauernhof ein. Lindemans spezialisiert sich auf süße Frucht-Lambics wie **Framboise, Kriek** und das unkonventionelle **Pêche** (mit Pfirsichgeschmack). Er verschneidet das eigene **Gueuze Cuvée René** für den Export und verkauft außerdem seine Lambics an andere Gueuze-Hersteller.

Martens Brewery

Bocholt — Gegründet 1758

Martens ist eine große, unabhängige Brauerei, die Variationen des Saison-Stils braut. Das **Sezoens** ist ein hopfiges, goldgelbes Ale, das bernsteinfarbene **Sezoens Quattro** besitzt einen höheren Alkoholgehalt. Martens braut auch eine Reihe von Pilsbieren, etwa das **Premium Pilsner.**

Brasserie Palm

Steenhuffe — Gegründet 1747

Diese große unabhängige Brauerei produziert das beliebte **Palm Spéciale**, ein bernsteinfarbenes, malziges Ale, von dem eine dunklere Version für den Winter existiert, das **Dobbel Palm.** Außerdem stellt die Brasserie das starke **Aerts 1900** sowie das **Steendonk Witbier** her.

Brouwerij Rodenbach

Roeselare

Gegründet 1836

Rodenbach stellt das ultimative Rotbier Westflanderns her. Die großartige Brauerei beherbergt Hunderte von massiven Eichenfässern, in denen die Biere bis zu zwei Jahre lang reifen. Das Holz und die darin lebende Hefe verleihen dem Bier seine kräftige Säure. Das rötlich-braune **Rodenbach Belgian Red Ale** ist ein gut gereiftes Ale, das mit frischem Ale vermischt wird, während das **Rodenbach Grand Cru** als unverschnittenes Ale direkt von den Fässern auf Flaschen gezogen wird. Eine dritte Abart, das **Alexander**, ist ein mit Kirscharoma versetztes Grand Cru.

Brasserie de Silly

Silly — Gegründet 1850

Diese Landhofbrauerei ist besonders für ihr verschnittenenes Saisonbier **Saison de Silly** bekannt. In ihrem vielfältigen Angebot finden sich darüber hinaus das **La Divine**, ein starkes Bier im Kloster-Stil, das **Titje** als ein würziges Weizenbier sowie die Geschwister **Double Enghien Blond** und **Double Enghien Brune**, ferner zwei süße und starke Ales.

Timmermans

Itterbeek — Gegründet 1888

Timmermans ist ein traditioneller Lambic-Brauer. Zu seiner Palette unverschnittener und verschnittener Lambics zählen **Kriek**, **Pêche, Framboise**, **Gueuze Caveau** und das Weizenlambic **Blanche**

Wit. Das **Bourgogne de Flanders** ist ein Verschnitt aus Lambic und belgischem Rotbier.

Brouwerij Van Honsebrouck

Ingelmunster **Gegründet 1900**

Diese Spezialitätenbrauerei bietet ein ganzes Sortiment von Bieren an. Das starke und körperreiche **Kasteelbier** wird im Familien-Schloß zum Reifen in der Flasche im Keller gelagert. Das **Brigand** ist ein weiteres obergäriges Starkbier von Van Honsebrouck, ebenso wie das Rotbier **Bacchus** und verschiedene Lambics.

Weitere belgische Brauereien

Brouwerij Artois, Leuven: Stella Artois, Loburg

Bavik-De Brabandere, Bavikove: Petrus Oud Bruin, Bavik Premium Pils, Bavik Witbier

Brasserie La Binchoise, Binche: Bière des Ours, Fakir, Spéciale Noël

Brewery De Block, Peizegem: Satan Ale

Brouwerij Bockor, Bellegem: Bellegems Bruin, Bockor Ouden Tripel, Jacobins Lambic

Brouwerij Corsendonk, Oud Turnhout: Agnus Dei (Monk's Pale Ale), Pater Noster (Monk's Brown Ale)

Brasserie Friart, Le Roeulx: St. Feuillien Cuvée de Noël, St. Feuillien Blonde, St. Feuillien Brune

Brouwerij De Gouden Boom, Bruges: Blanche de Bruges, Brugse Tripel, Steenbrugge Dubbel, Steenbrugge Tripel

Brouwerij Haacht, Boortmeerbeek: Coq Hardi Pils, Gildenbier, Haecht Witbier, Primus Pilsner,

Brouwerij Het Anker, Mechelen: Gouden Carolus, Mechelsen Bruynen, Toison d'Or Tripel

Brouwerij Huyghe, Melle: Delerium Tremens

Brouwerij Riva, Dentergem: Lucifer, Vondel, Dentergems Wit

Roman, Oudenaarde: Oudenaards, Dobbelen Bruinen, Sloeber, Ename Dubbel Abbey, Romy Pils

Brouwerij St. Bernardus, Watou: Pater 6, Prior 8, Abt 12, St. Bernardus Tripel

Brouwerij St. Jozef, Opitter: Pax Pils, Limburgse Witte, Bosbier, Bokkereye

Brouwerij Slaghmuylder, Ninove: Witkap-Pater Abbey Singel Ale, Witkap-Pater Abbey dubbel, Witkap-Pater Abbey Tripel

Straffe Hendrik, Bruges: Bruges Straffe Hendrik

Strubbe Brewery, Ichtegem: Ichtegem Oud Bruin

Brasserie De Troch, Wambeck: Gueuze Lambic, Kriek Lambic, Peche Lambic, Exotic Lambic, Tropical Lambic

Vander Linden, Halle: Duivelsbier, Frambozenbier, Vieux Foudre Gueuze

LUXEMBURG

Auch das kleine Großherzogtum Luxemburg, an der Südspitze Belgiens gelegen, kann auf eine traditionsreiche und fast tausendjährige Braukultur zurückblicken. So nahm beispielsweise die älteste Brauerei bereits 1083 ihren Betrieb auf, und zwar exakt auf dem heutigen Gelände der Brauerei Mousel. Vor 1815, als der Siegeszug der Pilsnerbiere begann, zählte man in Luxemburg um die 400 handwerkliche Brauereibetriebe. Heute beherbergt das Großherzogtum lediglich eine Handvoll Brauereien, die meist leichte Lager und gelegentlich dunkle Lager wie auch jahreszeitlich gebundene Saisonbiere herstellen. Ein großer Teil der heimischen Bierproduktion wird exportiert.

BRASSERIE BATTIN

ESCH-SUR-ALZETTE GEGRÜNDET 1937

Obschon die kleinste Brauerei des Großherzogtums, stellt Brasserie Battin anerkanntermaßen die besten Biere her, darunter ein **Edelpils,** einen **Urtyp** mit vollem Körper sowie das dunklere **Battin Dunkel.**

BOFFERDING BRASSERIES NATIONALE

BASCHARGE GEGRÜNDET 1842

Die alte Brauerei Bofferding verband sich 1975 mit Funck-Bricher zur größten Braugruppe des Landes, den Brasseries Nationale. Sie stellt das malzige **Hausbeier** her, das braune **Bofferding Christmas Béier** und das erfrischende ungefilterte **Fréijoers.** Das bedeutendste Bier der Gruppe ist aber nach wie vor das populäre **Bofferding Lager Pils.**

BRASSERIE DE DIEKIRCH

DIEKIRCH GEGRÜNDET 1871

Als eine der drei größten Brauereien Luxemburgs bietet Diekirch eine ganze Palette von Bieren an, darunter das blasse **Premium Diekirch Pilsner,** das weiche Lager **Diekirch Exclusive,** auch ein **Light** und das braunrote **Grande-Réserve.**

BRASSERIE MOUSEL & CLAUSEN

ALTMÜNSTER

Mousels Wurzeln reichen bis in die Gründerzeit der ältesten Brauerei Luxemburgs in das Jahr 1083 zurück. Seit 1972 gehört sie wie die mit ihr fusionierte Brauerei Clausen zu den Vereinigten Brauereien Luxemburgs. Mousel & Clausen sind spezialisiert auf das **Altmünster** und die Lagerbiere **Mansfield Pilsner** sowie **Mousel Pilsner.**

BRASSERIE DE WILTZ

WILTZ GEGRÜNDET 1824

Die kleine Brauerei wurde 1891 von der Brauer-Familie Simon übernommen. Im Zweiten Weltkrieg zerstört, überlebte sie mit dem bekannten hellen, feinen **Simon-Pils,** dem dunklen **Simon-Noël** und dem gut gehopften Spezialbier **Simon-Régal.**

Die Niederlande

Die Biere der Nachbarn Deutschland und Belgien beeinflussen in zunehmendem Maße die niederländische Bierindustrie. Zwar sind die Niederlande am ehesten für die goldgelben Lagerbiere bekannt, wie sie Heineken und Grolsch brauen, aber selbst diese Massenproduzenten bieten auch dunkle Lagerbiere, Bockbiere (boks) oder Ales im Kloster-Stil an. Daneben produzieren niederländische Brauereien auch Biere im belgischen Oud-Bruin-Stil und zunehmend Weizenbiere, gewürzte Ales und sogar Stouts und Porters.

Das Herz der Bierkultur und des Bierkonsums liegt im Süden, denn der protestantische Norden hat seine Magen- und Leibgetränke im Genever und in dem Kräuterschnaps Beerenburg gefunden. In fast allen Städten jedoch findet man Biercafés oder Bierbars, und auch für neugegründete Kleinbrauereien gibt es mittlerweile einen interessierten Markt.

Alfa Brouwerij

Shinnen — **Gegründet 1870**

Diese kleine unabhängige Brauerei hält sich an das deutsche Reinheitsgebot und bietet Biere mit zartem Hopfencharakter an, die ausschließlich mit Malz gebraut sind. Das **Super Dortmunder** ist ein starkes, süßes Bier, das auf diesem deutschen Stil basiert. Alfas hopfigere Sorte ist das **Alfa Edel Pils,** während das **Lente Bok** ein klassisches Bok-Bier im niederländischen Stil ist.

Arcen Bierbrouwerij

Arcen — **Gegründet 1981**

Auch wenn der Aufkauf durch die belgische Interbrew das Produktionsgewicht etwas zugunsten der Lagerbiere verschoben hat, produziert Arcen mehrere Spezialitäten-Biere wie den dunklen Barley Wine **Grand Prestige** (10 Vol.-%), das stärkste in den Niederlanden gebraute Bier überhaupt.

Bavaria Breweries

Lieshou — **Gegründet 1719**

Noch immer im Besitz der Gründerfamilie, ist Bavaria Breweries eine der ältesten Brauereien der Niederlande. Sie stellte sich schon früh im 20. Jahrhundert auf Lagerbiere um, was auch zum Firmennamen Bavaria führte. Die Lager – das **Bavaria Lager, Swinkel's Export Beer** und andere – sind in der Regel leichter als die bayerischen Biere.

Brand Bierbrouwerij

Wijlre — **Gegründet 1871**

Den Namen Brand trägt sie zwar erst seit den 1870er Jahren, aber diese Brauerei wurde schon im 14. Jahrhundert gegründet. Heute im Besitz von Heineken, braut Brand weiterhin eigenwillige Biere, darunter zwei Bockbiere, das **Imperator** und das **Brand Dubbelbock**, das starke Winterbier **Sylvestor** sowie die aromareichen Pilsener **Brand Urtyp Pilsner (OP)** und **Brand Pils**.

Breda Brouwerij

Breda — Gegründet 1538

Eigentlich gibt es eine Brauerei dieses Namens nicht. Denn die 1538 gegründete Bredaer Drie-Hoefjzers-Brauerei wurde schon vor geraumer Zeit vom englischen Konzern Allied Breweries geschluckt, der auch die Rotterdamer Oranjeboom-Brauerei erwarb. Unter dem Namen Oranjeboom bieten beide Brauereien aber weiter ihr reichhaltiges Biersortiment gemeinsam an. Dazu gehören das leichte **Royal Dutch Posthorn,** das kräftige **Oranjeboom-Pilsner** und das noch recht junge **Het Elfde Gebod.**

Budels Brouwerij

Budel — Gegründet 1870

Budels braut mehrere Spezialitätenbiere sowie die Standards **Budels Pilsner, Budels Alt** und **Parel,** die jeweils Interpretationen der traditionellen Biere Düsseldorfs und Kölns sind, während das **Capucijn** ein würziges und rauchiges Bier im Kloster-Stil ist.

Dommelsche Brouwerij

Dommelen — Gegründet 1754

Die Brauerei produziert in erster Linie Biere nach Pilsner Art. Bekannt sind das recht kräftige **Dominator,** das Jubiläumsbier **Jubilator** und ein dunkleres, herbes **Bok.** Die Dommelsche gehört zum belgischen Interbrew-Konzern.

De Drie Ringen Brouwerij

Amersfoort — Gegründet 1989

Als eine der erfolgreicheren noch jüngeren Kleinbrauereien braut De Drie Ringen („Die Drei Ringe") hauptsächlich obergärige Biere wie das helle Ale **Hopfenbier,** das würzige Weizenbier **Amersfoort Wit,** das Klosterbier **Tripel** und ein Maibock namens **Meibok,** außerdem Saison- und Spezialitätenbiere.

Grolsch Bierbrouwerij

Enschede — Gegründet 1615

Peter Cuyper gründete die Brauerei in der Stadt Groenlo, die damals noch Grolle hieß. Die bei Grolsch gegen Ende des 19. Jahrhunderts erstmals eingeführten Flaschen mit Bügelverschluß sind bis heute Markenzeichen dieser unabhängigen Brauerei, die selbst dann noch bei den aufwendig gestalteten Flaschen blieb, als andere sie durch billigere Gefäße ersetzten. Das **Grolsch Premium Lager** ist ein goldgelbes Pilsener mit Hopfenaromen, die durch eine leichte Malzigkeit ausgeglichen werden. Das obergärige, rötlich-bernsteinfarbene **Grolsch Amber Ale** enthält neben zwei Arten von Gerstenmalz eine geringe Menge Weizenmalz. Zu den Saisonbieren zählen das **Grolsch Summerblond** (Zomergoud) und zwei Bockbiere, das **Meibok** und das **Bokbier**. Alle Grolschprodukte sind unpasteurisiert, selbst die Exportversionen.

Gulpener Bierbrouwerij

Gulpen Gegründet 1825

Zu den interessanten Bieren dieser Brauerei zählt das **Sjoes**, ein reinmalziges Pilsner, dem ein Schuß süßes, dunkles Oud Bruin zugesetzt wird. Das Pilsner wird auch separat als **X-Pert** verkauft. Das Mestreechs **Aajtt** ist ein Verschnitt von Oud Bruin mit einem mit wilder Hefe gebrautem lambicartigen Bier. Das **Korenwolf** ist ein Weizenbier, das neben Gerste und Weizen auch Hafer und Roggen enthält. Gulpener bietet ferner auch das **Dortt** und das **Meibok** an.

Heineken

Amsterdam Gegründet 1863

Heineken ist der zweitgrößte und wohl der international am stärksten vertretene Brauereikonzern der Welt, mit Brauereien und Lizenzen in mehr als einhundert Ländern. Das schlicht als **Heineken** bekannte Lager ist das Flaggschiff der Produktpalette. Zu den aromareicheren, reinmalzigen Angeboten zählen das **Tawreborg**, das **Van Vollenhoven Stout** und das im irischen Stil gehaltene **Kylian**. Heineken braut auch das Exportbier **Amstel Light** und weitere Sorten der mittlerweile liquidierten Amstel Brauerei, die Heineken in den 1960er Jahren übernommen hat.

Abdij van Koningshoeven—Trappisten Bierbrouwerij „De Schaapskooi"

Eindhovensweg Gegründet 1884

In ihrem Schaapskooi-Brauhaus braut die Trappistenabtei Koningshoeven traditionelle flaschengereifte Ales mit selbstgezogener Hefe und dem Quellwasser der Abtei. Das **Dubbel** dunkel ist rubinfarben und besitzt ein würziges, fast bitteres Element. Die nächst stärkeren sind das dunkel goldgelbe **Tripel,** ein hopfigeres Bier, sowie das Jahrgangsbier **Quadrupel.** Jüngeren Datums ist das **Enkel,** ein bernsteinfarbenes helles Ale. Die Biere werden sowohl unter dem La Trappe-, als auch unter dem Koningshoeven-Etikett verkauft.

De Kroon Bierbrouwerij

Oirschot Gegründet 1627

Diese kleine, unabhängige Brauerei im Grenzland zu Belgien ist nach wie vor durch ein bronzenes Lager im Wiener Stil bekannt, das **Elegantier.** Dazu kommen andere geschmacksstarke Lagerbiere, aber auch dunkle und helle Bockbiere wie der **Meibock**.

De Leeuw Bierbrouwerij

Valkenburg Gegründet 1886

Eine weitere unabhängige Brauerei, die vor allem durch Spezialitätenbiere von sich reden macht wie dem **Jubileeuw** und dem **Dortmunder Super-Leeuw**, das frisch und malzig schmeckt. Das zartsüße **Valkenburgse Wit** mit leichtem Ananas-Aroma ist Geschmackssache.Gefälliger dagegen wieder das trockene **Venloosch Alt**.

Lindeboom Brouwerij

Neer Gegründet 1870

Im Wiener Stil präsentiert die kleine unabhängige Brauerei innerhalb ihrer Lager-Serie ihren **Gouverneur**, aber auch ein sehr beliebtes Bocksbier, ein trockenes **Pilsner**, ein altes **Oud Bruin** und einen süßlichen **Meibok.**

Maasland Brouwerij

Oss — **Gegründet 1989**

Die noch junge Brauerei gilt als die beste Herstellerin gewürzter Ales in den Niederlanden. Bemerkenswert ist das Triple-Bier **d'n Schele Os** mit Roggen und Gewürzen, fruchtigem Aroma und malzig-strenger Süße.

Maximiliaan

Amsterdam

Die Biere dieser Hausbrauerei in der Amsterdamer City tragen deutsche Akzente: bayrisch-süß das Weizenbier **Tarwebier**, trocken und leicht wie ein Kölsch das **Bethanien. Caspar's Max** ist ein bronzenes, vollmundiges Triple, dem das dunklere **Klooster** ähnelt. Saisonspezialitäten runden das Angebot ab.

Oranjeboom Bierbrouwerij

Breda — **Gegründet 1670**

Oranjeboom wurde von den englischen Allied Breweries übernommen und von Rotterdam in die Drie-Hoefijzers-(Drei Hufeisen)-Brauerei verlegt. Zu ihren verbreiteten Produkten gehören das **Oranjeboom Pils** und das **Oranjeboom Oud Bruin.**

Raaf Brouwerij

Heumen Gegründet ca. 17. bis 18. Jahrhundert

Nach 60 Jahren Pause wurde die alte Bauernhofbrauerei 1983 von einem berufsfremden Ehepaar wiedereröffnet. Zu ihrem Angebot gehören obergärige und im Abteistil gebraute Biere. Hier weckte vor allem das würzige **Witte Raaf** das Interesse von Allied Breweries bzw. Oranjeboom, die mittlerweile die Brauerei mehrheitlich besitzen und das Witte in der Produktion favorisierten. Eine relativ junge Hervorbringung ist das obergärige Starkbier **Bergzicht.**

Brouwerij De Ridder

Maastricht — **Gegründet 1852**

Diese kleine Brauerei gehört zu Heineken. Sie braut neben einem würzigen, ungefilterten Weizenbier, dem **Wieckse Witte**, auch ein starkes, malziges Lager im Dortmunder-Stil, das **Maltezer**.

Bierbrouwerij St. Christoffel

Roermond — **Gegründet 1986**

Die auf Lagerbiere spezialisierte Brauerei wurde von Leo Brand, einem Mitglied der bekannten Brauerfamilie aus Wijlre, gegründet. Nach dem Schutzheiligen von Roermond benannt, braut St. Christoffel das hopfige, reinmalzige **Christoffel Blond**, ein hoch angesehenes Bier im Pilsner Stil. Das **Christoffel Robertus** ist ein dunkles Lager im Münchener Stil.

Us Heit

Uitwellingerga — **Gegründet 1985**

Erster Standort der Brauerei war ein Kuhstall. Heute produziert sie eine Reihe säuerlicher Ales, eine Geschmacksnote, die sich auch in anderen Bieren der Brauerei findet. Den Anfang dabei machte das trockenfruchtige, bronzerote **Buorren.** Daneben gibt es zwei bemerkenswerte Pilsner und ein Boksbier.

Brouwerij 't IJ

Amsterdam **Gegründet 1984**

Unter einer Windmühle errichtet, produziert diese Kleinbrauerei eine Reihe von obergärigen Bieren. Das **Natte** ist ein dunkles Dubbel im Kloster-Stil, das **Zatte** ein würzigeres Tripel; als starkes helles Ale überzeugt das **Columbus**, und auch das **Struis** ist ein starkes, dunkles Ale.

Weitere niederländische Brauereien

De Hoeksche, Oud Beijerland: Speciaal

't Kuipertje, Heukelum

St. Martinus, Groningen: Cluyn

Moerenburg, Tilburg: Witbier, Karakter, Gouwe Ouwe

Zeeuwse-Vlaamse, Hulst: Zeeuwsche Witte, Bruine, Sint Jan Bier

De Zon, Schaijk: Brabants Glorie

Oudaen, Utrecht (Gasthaus): Tarwebok

Deutschland

Deutschland nimmt seit Jahren in Sachen Bierproduktion und -konsum beständig eine Spitzenposition ein, und zur Zeit produzieren mehr als eintausend Brauereien in Deutschland jährlich an die 120 Millionen Hektoliter Bier. Münchens große Brauhäuser und seine jährlichen Bierfeste, die skandinavisch beeinflußte Braukunst Norddeutschlands sowie die bierseligen Volksfesttraditionen an Rhein und Ruhr sind ein fester Bestandteil der deutschen Kulturlandschaft. Nicht verwunderlich, denn laut Tacitus bereiteten die Germanen schon im 1. Jahrhundert n. Chr. ein zweifelhaftes Getränk aus Gerste und Weizen zu. Das weltweit einmalige Reinheitsgebot für Bier aus dem 16. Jahrhundert, das die Brauzutaten zwingend vorschrieb, ist heute zwar nicht mehr bindend, dennoch stehen die deutschen Brauer nach wie vor stolz zur verbürgten Reinheit und Qualität ihrer Biere. Deutschland besitzt eine reiche Vielfalt an Bierstilen und -spezialitäten, von denen viele auf lokale oder regionale Traditionen zurückgehen. So haben sich nur wenige wirklich nationale Marken entwickelt, da die Menschen den Bieren ihrer Region gegenüber loyal sind. Dennoch kontrollieren heute große Braukonzerne viele ehemals unabhängige Brauereien. Die größte Brauereigruppe, Brau und Brunnen, umfaßt u. a. die Brauereien Bavaria St. Pauli, Dortmunder Union (DUB), Einbecker, Jever, Küppers und Schultheiss. Die Brauereigruppen Henninger und Binding bestehen jeweils aus mehreren kleineren Brauereien, während die Münchener Spaten-Franziskaner-Brauerei 1997 mit Löwenbräu fusionierte.

Brauereipferde auf dem Weg zum Oktoberfest

Im allgemeinen sind die Biere in Norddeutschland hopfig und trocken, während die im Süden in der Regel eher süß und malzig erscheinen. Brauereien in bzw. um Hamburg und Bremen, hier vor allem Holsten, Beck's und Jever, brauen vorrangig trockene Lagerbiere im Pilsner-Stil. Daneben haben mehrere deutsche Städte über die Jahrhunderte ihre eigenen, individuellen Stile entwickelt, z. B. Köln das Kölsch, Dortmund das Dortmunder Export und Düsseldorf und der Niederrhein das Altbier. Berlin ist für sein säurebetontes Weizenbier bekannt, der Titel des weltweit führenden Brauzentrums allerdings gebührt wohl der Stadt München, der Heimat einer großen Bandbreite von Bieren, die vom Münchner Dunkel über das Münchner Helle und die vollmundigen Doppelbockbiere bis zu hefetrüben Weizenbieren reicht. Ohnehin ist Bayern, Standort von knapp zwei Dritteln aller einheimischen Brauereien, das deutsche Bierland schlechthin. Doch auch in anderen Regionen, z. B. Franken, werden viele eigenwillige Biere hergestellt; so sind das Bamberger Rauchbier, das ungefilterte Kellerbier und das Kulmbacher Dunkle allesamt Klassiker unter den deutschen Bieren.

Trotz der über 40 Jahre währenden Teilung konnte sich auch in der früheren DDR die typisch deutsche Bierkultur erhalten – besonders die Vorliebe für lokale oder regionale Sorten. Selbst die Menge des Bierkonsums war in Ost und West nahezu identisch. Die hohe Qualität der ostdeutschen Biere erfuhr noch zu DDR-Zeiten große internationale Anerkennung. Ungeachtet der Kombinatsstruktur der DDR-Brauindustrie stellte man dort am Ende in etwa 150 Produktionsstätten vier Bierarten (Einfach-, Voll-, Schank- und Starkbier) mit 22 Sorten her, darunter vor allem ein helles Vollbier, ein spezielles Pilsener sowie ein helles und ein dunkles Bockbier.

Erstaunlich viele ostdeutsche Brauereien überlebten – wenn auch heute meist in westdeutscher Hand – dank ihrer regionalen Verwurzelung oder ihrer Exporterfolge die Privatisierung bis 1994 und gesellen ihre interessanten Biere allmählich auch im Westen der Berliner Weissen und dem Köstritzer Schwarzbier zu, die trotz der Teilung stets zur Standardpalette der traditionellen deutschen Biere zählten. So erfreut sich beispielsweise eine Leipziger Spezialität, das Leipziger Gose, ein salzig-zitroniges, mit Koriander gewürztes Weizenbier einer Wiederbelebung. Die Wernesgrüner Brauerei, ansässig im Ort gleichen Namens, ist als eine der wenigen ostdeutschen Brauereien zu nennen, die ihre Eigenständigkeit behaupten konnte; sie mauserte sich, modernisiert und voller Tatendrang, zu einem konkurrenzfähigen Unternehmen. Ihr Premium-Pils wird bundesweit vermarktet und sogar nach Amerika exportiert. Die Zeit der Konsolidierung dürfte jedoch noch nicht abgeschlossen sein, so daß sich die ostdeutsche Bier- und Brauereilandschaft sicherlich noch erheblich verändern wird.

Hausbrauerei Altstadthof

Nürnberg **Gegründet 1984**

Die kleine Altstadt-Hausbrauerei wird wegen ihres organischen und ungefilterten Dunkelbiers **Hausbrauerei Altstadthof** geschätzt. Daneben bietet sie noch Märzen- und Bockbiere an. Übrigens sind auch die Materialien und Methoden der Herstellung naturbelassen klassisch.

Augustiner Brauerei

München **Gegründet 1803**

Augustiner ist zwar international weniger bekannt als die großen Münchener Brauereien, aber in der bayerischen Hauptstadt selbst sehr beliebt. Das **Augustiner Hell** und das **Augustiner Dunkel**, die beide auch als Exportversionen erhältlich sind, zeigen den malzigen Charakter der Münchener Lagerbiere. Darüber hinaus braut Augustiner auch ein **Weissbier**.

Brauerei Ayinger

Aying

Gegründet 1878

Die Ayinger Brauerei, seit ihrer Gründung im Besitz der Familie Inselkammer, hat ihren Standort in der malerischen Landschaft nahe München. Sie ist relativ klein, produziert aber eine breite Palette preisgekrönter Biere, die mittlerweile in großem Umfang exportiert werden. Die für die klassischen bayerischen Biere verarbeiteten Malze und Hopfen stammen aus der Umgebung. Ayingers hervorragender Doppelbock, das **Celebrator**, besitzt reiche Malzaromen und -noten sowie eine dunkle Kupferfarbe. Das dunkle

Lager **Altbairisch Dunkel** weist ebenfalls eine ausgeprägte Malzigkeit auf. Zum einhundertsten Geburtstag der Brauerei wurde eigens das **Jahrhundert-Bier** gebraut, das im Stil eines Dortmunder Export gehalten ist. Das helle **Maibock** enthält hauptsächlich Hopfen-, aber auch einige Fruchtnoten, während sich das Herbstbier **Oktoberfest-Märzen** als ein weiteres helles und malziges Bier präsentiert. Ayinger braut auch zwei Weizenbiere: das kupferfarbene, hefetrübe **Ur-Weisse** und eine herbe, helle Variante, das **Bräu-Weisse.**

Brauerei Beck & Company

Bremen — **Gegründet 1873**

Als Gigant auf dem internationalen Biermarkt ist Beck's Deutschlands größter Bierexporteur. Seine Lagerbiere werden in der Bremer Brauerei hergestellt. Dazu zählen das **Beck's Bier, Beck's Dark, Haake Beck's Alkoholfrei** und das Saisonbier **Beck's Oktoberfest.** Nicht zufällig sind Bremens Brauereien zu einer Gruppe zusammengeschlossen, denn bereits 1489 entstand hier die erste Bierbrauerzunft Deutschlands. Es gibt eine Art Aufgabenteilung zwischen den Brauereien: Während Beck's Bier und St. Pauli Girl weltweit gehandelte Marken sind, zielen die Haake-Beck-Produkte mehr auf den Inlandsmarkt.

Berliner Kindl Brauerei

Berlin — **Gegründet 1872**

Die Kindl Brauerei, heute zum Großkonzern der Frankfurter Binding Brauerei gehörend, produziert eines der wenigen noch existierenden Beispiele für das Weizenbier im klassischen Berliner Stil. Das erfrischende, schlanke **Berliner Kindl Weiße** ist ein säuerliches, etwas fruchtiges obergäriges Weizenbier, das mit Milchzucker (Laktose) gebraut wird. Produziert wird das Weißbier im Februar, damit es zum Sommeranfang zur Verfügung steht. Kindl braut außerdem weitere deutsche Standards wie das **Kindl Pils** und das **Kindl Schwarzbier.**

Binding Brauerei

Frankfurt — **Gegründet 1870**

Binding ist die zweitgrößte Brauereigruppe in Deutschland – am Bierausstoß gemessen sogar die größte – und besteht aus Berliner Kindl, DAB und anderen. Binding braut traditionelle Biere wie das **Römer Pils**, das **Carolus Doppelbock** und das **Kutscher Alt,** ist aber am bekanntesten durch ihr alkoholfreies **Clausthaler.** Speziell und nur für den amerikanischen Markt bestimmt ist das **Steinhäuser Pils.**

Bitburger Brauerei Th. Simon

Bitburg — **Gegründet 1817**

Kurz nachdem Theobald Simon die von seinem Großvater gegründete Brauerei übernommen hatte, begann Bitburger 1884 als eine der ersten in Deutschland mit der Herstellung der damals noch neuen Lagerbiere im Pilsner-Stil. Das Unternehmen wird immer noch von den Nachfahren der Familie Simon geführt und produziert das **Bitburger Premium Pils**, das führende und wohl bekannteste Pilsner in Deutschland, herb aber nie bitter, sowie das **Bitburger Light** und das alkoholfreie **Bitburger Drive.**

Privatbrauerei Diebels

Issum — **Gegründet 1878**

Diese große Familienbrauerei stellt das geschmeidige **Diebels Alt** her, ein herausragendes Beispiel für den Altbier-Stil, und ist vom Ausstoß her betrachtet Deutschlands größte Altbierbrauerei. Diebels bietet auch kalorienarme und alkoholreduzierte Versionen seines Alt an.

DINKELACKER BRAUEREI

STUTTGART **GEGRÜNDET 1888**

Noch immer befindet sich das Stammhaus der größten Brauerei des deutschen Südwestens nahe dem Stuttgarter Zentrum. Unbestrittenes Flaggschiff inmitten der Flotte untergäriger, weicher Biere ist das **Prestige-Bier CD-Pils** (CD für Carl Dinkelacker). Bekannt sind gleichermaßen das **Cluss Bock Dunkel** der Heilbronner Schwesterbrauerei und solche Spezialitäten wie das **Stamm Alt** oder die Weizen **Sanwald Hefe Weiß** und **Weizen Krone.**

DORTMUNDER ACTIEN BRAUEREI (DAB)

DORTMUND **GEGRÜNDET 1868**

DABs Interpretation des Lagers im Dortmunder-Stil, das **DAB Export**, ist sehr hell mit süßlicher Malznote, ausgeglichen durch den Hopfengeschmack im Abgang. Das Augenmerk der Brauerei liegt seit den 1970er Jahren jedoch eher auf ihrem **DAB Meister Pils.** Sie produziert außerdem das **Dortmunder Actien Alt** und Biere ihres Tochterunternehmens, der 1979 erworbenen Dortmunder Hansa, etwa das **Dortmunder Hansa Export.**

DORTMUNDER KRONEN BRAUEREI

DORTMUND **GEGRÜNDET 1430**

1996 kaufte die DAB (siehe oben) die berühmte Kronen Brauerei auf und übernahm ein Jahr später auch deren Bierproduktion. Die Kronen Brauerei konnte über 500 Jahre ihre Eigenständigkeit bewahren und war damit eine der ältesten Brauereien Westfalens. Die Hauptprodukte sind das leicht malzige **Export**, das helle **Classic** und das **Kronen Pils.** Kronen-Biere zeichnen sich auch heute durch ihr frisches, delikates Hopfenaroma aus.

DORTMUNDER UNION BRAUEREI (DUB)

DORTMUND **GEGRÜNDET 1873**

Die Dortmunder Union entstand, als sich gut ein Dutzend Dortmunder Brauereien im späten 19. Jahrhundert zusammenschlossen, und gehört heute zum Großkonzern Brau und Brunnen. Das **DUB Export** ist ein mildes, leicht malziges Dortmunder Bier. Zu den Lagerbieren im Pilsner-Stil zählen das **Siegel Pilsner** und **Brinkhoff's No. 1.** Auch **Dortmunder Ritter, Brauer des Ritter First Pils,** gehören heute zur DUB.

EINBECKER BRAUHAUS

EINBECK **GEGRÜNDET 1967**

Mit Sitz in der Stadt, der der Ruhm gebührt, das Bockbier erfunden zu haben, besitzt **Einbecker** jahrhundertealte Verbindungen zu anderen Brauereien. Heute braut sie drei Varianten des Ur-Bock-Stils: das **Ur-Bock Hell,** das **Ur-Bock Dunkel** und das **Maibock.** Außerdem produziert sie als ein trockenes Pilsner das **Brauherren Pils.**

ERDINGER WEISSBRÄU

ERDING **GEGRÜNDET 1886**

Erdinger, der führende Produzent von Weizenbieren in Deutschland, braut ausnahmslos fruchtige Weizenbiere wie das **Erdinger Weißbier**, das klarbraune mit leichten Schokoladenaromen versehene **Erdinger Dunkel**, das goldgelbe **Erdinger Kristall** und das **Erdinger Pinkantus**, einen dunklen Weizenbock mit leichter Lakritzspur. Zur Verwendung kommt hauptsächlich Weizen aus der Region.

Feldschlösschen

Braunschweig — **Gegründet 1888**

Aus der großen Brauerei kommen, neben **Pils, Pilsener** und **Export,** zwei interessante lokale Biere, zum einen das obergärige, hopfige goldgelbe **Duckstein,** zum anderen das malzige **Brunswiek Alt.**

Cölner Hofbräu P. J. Früh

Köln

Gegründet 1905

Obwohl die Brauerei aus Platzgründen längst nicht mehr hinter ihrem Kölner Ausschank-Restaurant, „dem Früh", produziert, halten viele sie nach wie vor für eine Hausbrauerei. Das fruchtig-herbe, weiche und süffige **Früh Echt Kölsch** wird ohne Weizen rein von Gerstenmalz gebraut.

Privatbrauerei Gebrüder

Gatzweiler Düsseldorf

Gegründet 1936

Das klare und hopfige **Zum Schlüssel Alt** hat seinen Namen von der Düsseldorfer Hausbrauerei „Zum Schlüssel", dem Stammhaus von Gatzweiler. Es zeichnet sich durch ein leichtes, zart säuerliches Malzaroma aus. Das verbreitetere bekannte **Gatzweiler Alt** ist der fruchtigste Vertreter des Altbier-Stils vom Niederrhein.

Hacker-Pschorr Bräu

München — **Gegründet 1417**

Diese große Münchner Brauerei ist seit den 1970er Jahren Teil der Paulaner Brauerei, ohne jedoch ihre wirtschaftliche und technische Selbständigkeit. Hacker-Pschorr braut nach wie vor traditionelle deutsche Biere, so das Braumeister Pilsner, das Edelhell und das Oktoberfest **Märzen** sowie die Weizenbiere **Pschorr Weisse** und **Pschorr Weisse Dunkel.**

Brauerei Heller-Trum, Schlenkerla

Bamberg — **Gegründet 1678**

Aecht Schlenkerla Rauchbier ist das klassische Bamberger Rauchbier. Es wird seit dem 17. Jahrhundert in der Schenke von Schlenkerla hergestellt, anfangs von der Familie Heller, später von den Trums. Dieses Lagerbier im Märzen-Stil besitzt deutliche Raucharomen, die ihren Ursprung im Darren des Malzes am offenem Buchenfeuer haben.

Brauerei Heller

Köln — **Gegründet 1991**

Für das robuste, vollmundige und sahnige **Kölsch** dieser kleineren Hausbrauerei werden ausschließlich Zutaten aus organisch-biologischem Anbau verwendet. Im Angebot ist außerdem das ungefilterte, trübe **Ur-Wiess,** etwas weniger süß und malzig, dafür mit einer anfänglichen Fruchtigkeit, gefolgt von hopfiger Bitterkeit beim Abgang.

Henninger Bräu

Frankfurt Gegründet 1869

Die rührige, modern geführte Brauerei ist mittlerweile weltweit vertreten, vor allem mit zwei Produkten: dem **Kaiser Pilsener** und dem **Christian Henninger Pilsener.**

Staatliches Hofbräuhaus

München Gegründet 1589

Das Hofbräuhaus ist in aller Welt ein Synonym für die Stadt München. Das alte staatliche Brauhaus ist vor allem durch sein frisches, malziges **Export** berühmt. Nicht viele wissen aber, daß es das Hofbräuhaus war, das in München das Bockbier heimisch machte, mit dem bernsteinfarbenen **Maibock** ebenso wie mit dem **Doppelbock Delicator.** Das dritte Sortimentssegment sind Weizenbiere, vom **Edel-Weizen** bis zum **Dunkel-Weizen.**

Hofmark-Brauerei

Cham Gegründet 1590

Die Traditionsbrauerei, seit zwei Jahrhunderten in Familienbesitz, stellt zwei Varianten eines ausgewogenen Premium-Biers her: ein bitteres, das **Hofmark Würzig Herb,** und ein mildes, **Hofmark Würzig Mild,** deren Hopfen- und Malzcharakter außergewöhnlich ist.

Holsten Brauerei

Hamburg Gegründet 1879

Diese große Hamburger Brauerei ist für ihre hopfigen Pilsner wie das **Holsten Pils** und das **Holsten Premium Bier** bekannt, braut aber auch das **Urbock,** das eigentlich ein Maibock ist, sowie das **Holsten Export.** Bekannt ist sie außerdem für das **Holsten Diät-Pils,** das erste seiner Art, ein speziell für Diabetiker geeignetes Bier im Pilsner-Stil.

Weissbrauerei Hans Hopf

Miesbach Gegründet 1910

Die Brauerei der Familie Hopf in Bayern produziert ausschließlich Weizenbiere: das **Weisse Export, Dunkel Weissbier** und **Weisser Bock.**

Irseer Klosterbräu

Irseer Gegründet 1390

Auch wenn die Mönche schon vor Jahrhunderten aus Irseer vertrieben wurden, braut diese Brauerei noch immer nach deren Klosterrezepten. Das **Kloster Urtrunk** ist ein ungefiltertes Märzen Lager. Außerdem produziert die Irseer Brauerei ein **Weizenbier** und das vollmundige und starke **Abts Trunk.**

Schlossbrauerei Kaltenberg

Kaltenberg und Fürstenfeldbruck Gegründet 1872

In einem alten bayerischen Schloß beherbergt, ist die Schloßbrauerei Kaltenberg am ehesten für ihr **König Ludwig Dunkel** und das **Prinzregent Luitpold Weissbier** bekannt, das sowohl in einer Hefe-, als auch einer Dunkel-Variante erhältlich ist. Außerdem wird hier das **Kaltenberg Pils** gebraut.

König-Brauerei

Duisburg Gegründet 1858

Die bekannte Premium-Pilsener-Brauerei produziert neben dem hervorragenden herb-kräftigen **König-Pilsener** auch das mildere und leichtere **König Alt.**

Königsbacher Brauerei

Koblenz — **Gegründet 1900**

Diese Brauerei, die mit ihrem komplexen **Königsbacher Pils** eine überregionale Marke ihr eigen nennt, stellt für Tochtergesellschaften auch das **Richmodis Kölsch** und das **Düssel Alt** her.

Krombacher Brauerei

Kreuztal — **Gegründet 1803**

Das Wasser für das populäre **Krombacher Pils** soll einer Felsenquelle entstammen. Das mittelschwere Bier schmeckt rein und malzig-bitter.

Kulmbacher Brauerei

Kulmbach

Gegründet 1872

Die erste fränkische Stadt, die weltweite Berühmtheit erlangte, war Kulmbach. So wird in einigen Gegenden der Welt der Ausdruck „Kulmbacher" als Synonym für ein dunkles, schwarzes Bier verwendet. Den Kern der großen Braugruppe, zu der Mönchshof-Bräu, Reichelbräu und Sandlerbräu gehören, bildet die Erste Kulmbacher Brauerei, kurz: EKU. Deren **EKU 28** ist legendär, es ist das Bier mit dem höchsten Stammwürzgehalt der Welt (eben 28). Im weiteren EKU-Angebot finden sich das dunkle **Export Rubin,** ein schweres Pils, ein **Edelbock** sowie das beliebte **Doppelbock Kulminator.**

Reichelbräu Aktien-Gesellschaft

Kulmbach — **Gegründet 1846**

Kulmbacher Reichelbräu braut neben einer Reihe von herkömmlichen Biersorten das ultimative Eisbock. Das sehr starke Lager (10 Vol.-%) Reichelbräu **Eisbock Bayrisch G'frorns** (Gefrorenes) wird aus fünf verschiedenen Malzen und drei Hopfen-Varietäten gebraut. Das komplexe Bier ist braunrötlich, leicht malzig und sehr geschmeidig und weist leichte Whisky- und Kaffenoten auf.

Küppers Kölsch

Köln — **Gegründet 1893**

Küppers ist der größte Kölschproduzent. Er bietet neben dem milden, leicht süßen **Küppers Kölsch** auch eine ungefilterte Version, das hefige **Küppers Wiess** an.

Lindener Gilde (Gilde Brauerei)

Hannover — **Gegründet 1546**

Der Name erinnert an die Anfänge der Brauerei in einer mittelalterlichen Gilde. Die Spezialität des Hauses ist zweifellos das obergärige **Broyhan Alt,** das von einem großen Sortiment weiterer guter Biere begleitet wird, etwa dem **Gilde-Pilsener,** dem **Premium-Brau Ratskeller-Edel-Pils** und einem feinen **Edel-Export.** Unter der Gilden-Flagge findet sich auch die Hasseröder Brauerei Werningerode mit ihrem sich wachsender Beliebtheit erfreuenden **Hasseröder Premium,** einem ausdrucksvollen aromahopfigen Pils.

Brauerei Löwenbräu

München **Gegründet 1383**

Die vielleicht international bekannteste Münchner Brauerei stellt typische Münchner Biere her, die einen deutlich malzigen Charakter aufweisen: neben anderen **Münchner Dunkel, Münchner Helles, Münchner Oktoberfest, Premium Pilsner.** 1997 wurde Löwenbräu von Spaten übernommen.

Brauerei Gebrüder Maisel

Bayreuth **Gegründet 1894**

Der Name Maisel ist bei bayrischen Brauereien nicht selten anzutreffen. Die Bayreuther ist die bedeutendste von ihnen, auch weil sie geschickt die Renaissance der Weizenbiere in Deutschland zu nutzen verstand. Sie produziert heute in nicht unerheblichem Umfang das fruchtige, apfelfrische **Maisel's Weiße,** das **Weizen Kristallklar** und ein **Weizen Bock.** Die Brauerei bietet außerdem **Maisel's Pilsner** und das ungewöhnliche **Maisel's Dampfbier** an, ein Obergäriges, das einem englischen Bitter ähnelt. Es wird gefiltert aber nicht pasteurisiert.

Brauerei zur Malzmühle

Köln **Gegründet 1858**

Diese typisch kölnische Hausbrauerei wurde jüngst durch den überraschenden Besuch des US-Präsidenten am Rande des G8-Gipfels über Köln hinaus bekannt. Ihr mildes, würziges **Mühlen-Kölsch** hat diese Aufmerksamkeit durchaus verdient.

Brauerei Pinkus Müller

Münster **Gegründet 1816**

Pinkus Müller ist eine Familienbrauerei mit Gaststätte und die letzte von 150 Altbierbrauereien, die Münster einmal vorweisen konnte. Die international angesehene Brauerei stellt ausschließlich organische, ökologisch reine Biere her. Zur Standardpalette zählen das goldgelbe Pinkus Pils, das leichte, fruchtige **Pinkus Weizen** und das goldene, frische obergärige **Pinkus Alt,** das mit 40 % Weizenmalz gebraut wird. Eine fruchtig-aparte Spezialität des Hauses ist die Altbierbowle: ein Eßlöffel von kleingeschnittenen, in Zuckersirup eingelegten Früchten wird in ein Glas gegeben und mit Altbier aufgefüllt.

Paulaner Salvator Thomas Bräu München
Gegründet 1634

Die Mönche des Ordens vom Heiligen Franziskus von Paula begannen im Jahr 1780 mit dem Verkauf von Bieren. Anfang des 19. Jahrhunderts wechselte die Brauerei in weltliche Hände. Der Ankauf der Gebrüder-Thomas-Brauerei in den 1920er Jahren und jüngst jener der Hacker-Pschorr-Brauerei hat Paulaner zur größten Brauerei Münchens gemacht. Das Unternehmen war in seiner Geschichte immer wieder technischer Pionier, beispielsweise im Bereich von Lager-Herstellung und Kühlung. Die wichtigste Innovation jedoch war wohl die Entwicklung des Doppelbock-Stils. Schon die Mönche hatten ein volles, starkes Bier für die Fastenzeit gebraut. Die weltlichen Brauer führten diesen Stil fort und nannten ihn Salvator, „Erretter" (als Tribut geben viele andere Brauereien ihren Doppelbockbieren Namen mit der Endung -ator). Das heute gebraute **Salvator** ist nach wie vor ein vollmundiges und starkes Bier von tiefster Kupferfärbung. Die Paulaner Biere sind trockener als die anderer Münchener Brauereien. Das Lager **Münchner Dunkel** und das im klassischen deutschen Stil gehaltene **Premium Pils** zeigen diesen trockenen, aber malzigen Charakter. Nicht zuletzt braut Paulaner auch das **Original Münchner Hell**, das **Oktoberfest** und ein gutes bayerisches **Hefe-Weizen**.

Bavaria St. Pauli Brauerei
Hamburg — Gegründet 1922

Der Namensteil Bavaria weist daraufhin, daß am Ende des 19. Jahrhunderts auch viele norddeutsche Brauereien die neuen Techniken der Lager-Herstellung aus Bayern übernommen haben. Die frühere Bavaria Brauerei Hamburg schloß sich 1922 mit dem alteingesessenen Brauhaus St. Pauli zusammen und konnte sich mit dem leichten **Astra Urtyp** und dem duftigen **Astra Pilsener** gut etablieren. Wenn auch die Brauerei des weiteren noch ein Exportbier **Exclusiv**, ein trockenes Pilsener **Grenzquell** und den dunklen **Urbock** herstellt, so werden sie doch durch die Erzeugnisse einer Tochter-Brauerei in den Schatten gestellt, der friesischen Jever. Deren **Jever Pilsener** gilt als das bitterste deutsche Bier (42 IBU). Das **Jever Export** ist ein wenig weicher, während der **Maibock** außerhalb Frieslands kaum bekannt ist.

Privatbrauerei G. Schneider & Sohn
Kelheim — Gegründet 1856

Weizenbier wird in der seit Anbeginn im Familienbesitz befindlichen Schneider-Brauerei schon seit dem 17. Jahrhundert gebraut. Wahrscheinlich ist sie die älteste Brauerei, die sich immer mit Weizenbier beschäftigt hat. Mitte der 1850er Jahre erwarb Georg Schneider das Exklusivrecht zur Produktion von Weizenbier. Das **Original Schneider Weiße** ist ein goldbraunes Hefeweizen mit 60 % Weizenanteil, das komplexe Aromen und einen herbwürzigen Geschmack bietet. Das **Aventinus** ist ein mit Karamelmalz gebrautes flaschengereiftes Weizenbock mit reicheren Fruchtnoten als das Hefeweizen.

Schwabenbräu

Stuttgart — **Gegründet 1878**

Auch wenn diese kleine Stuttgarter Brauerei 1996 von der größeren Dinkelacker vereinnahmt wurde, blieben ihre traditionell geschätzten Brauerzeugnisse am Markt, besonders das herbe **Meister-Pils**, ein helles Bock und das **Pfullinger Kloster Pilsener**.

Spaten-Franziskaner-Bräu

München — **Gegründet 1397**

Spaten, die älteste der Münchener Brauereien, stellt seit dem 14. Jahrhundert Bier her, die Franziskaner Brauerei (die seit den 1920er Jahren zu Spaten gehört) kann ihre Ursprünge sogar noch weiter zurückverfolgen. Spaten wurde im Jahr 1807 von Gabriel Sedlmayer, Braumeister des bayerischen Königshofes, übernommen. Er trug viel zur Vergrößerung der Brauerei und zur Verbreitung ihres Rufs bei. Seine Söhne Gabriel II. und Joseph haben sein Erbe fortgeführt und Pionierarbeit auf den Gebieten der Kühlung, der Dampfkraft und der Brautechnik geleistet. Spaten braute schon früh die immer beliebteren Lagerbiere und entwickelte einen eigenen Märzen-Stil. Das **Premium Lager** und das **Pils** sind hopfige untergärige Biere, während das **Dunkel Export** eine eher malzige Qualität aufweist. Das **Optimator** ist das körperreiche, recht würzige Doppelbock der Brauerei. Das originale **Oktoberfest Ur-Märzen** ist bernsteinfarben-rötlich und trägt starke Malzaromen. Weizenbiere von Spaten-Franziskaner sind unter anderem das **Franziskaner Hefe-Weissbier**, das Franziskaner **Hefe-Weiss-bier Dunkel** und das gefilterte **Franziskaner Club-Weissbier.**

Tucher Bräu

Nürnberg — **Gegründet 1672**

Das Sortiment der international tätigen Brauerei ist breit und reicht vom herben Pilsener über das würzig-aromatische **Tucher Hefe Weizen** sowie ein malziges **Alt-Franken Export Dunkel** bis zum urigen **Doppelbock Bajuvator.**

C. & A. Veltins

Meschede — **Gegründet 1824**

Die Sauerländer Brauerei war in Deutschland gewissermaßen Vorreiter bei der Herstellung von Pilsener. Auch darum genießt das elegante **Veltins Pilsener,** mit Wasser aus eigener Quelle gebraut, noch immer eine Art Kultstátus.

Warsteiner Brauerei

Warstein — **Gegründet 1753**

Die traditionsreiche Brauerei hat ihr Spitzenprodukt, das trockene, hopfige, herbmilde **Warsteiner Pilsener,** überaus erfolgreich im In- und Ausland plazieren können. In der BRD ist es mit jährlich fast fünf Millionen Hektoliter eins der bestverkauften Biere.

Bayerische Staatsbrauerei Weihenstephan

Freising **Gegründet 1040**

Weihenstephan nimmt für sich in Anspruch, die älteste Brauerei der Welt zu sein; sie führt ihre Ursprünge auf eine Klosterbrauerei im 11. Jahrhundert zurück. Mittlerweile in Staatsbesitz, produziert die Brauerei verschiedene Weizenbiere, darunter das **Hefeweißbier**, das **Kristallweißbier**, das **Edelpils**, das dunkle **Export Dunkel** und das **Doppelbock Korbinian Dunkels Starkbier**. Weihenstephan beherbergt auch die berühmte Brauhochschule.

Weitere deutsche Brauereien

Busch Brauerei, Limburg

Dom-Brauerei, Köln

Dortmunder Stiftsbrauerei, Dortmund

Dortmunder Thier-Brauerei Dunkel, Maibock

Eichbaum Brauerei, Mannheim: Ureich Pilsner, Export Altgold, Apostulator

Elbschloss Brauerei, Hamburg

Brauerei Euler, Wetzlar

Brauerei Felsenkeller, Herford: Herforder Pils, Herforder Export

Forschungsbrauerei, München: St. Jakobus, Pilsissimus

Friesisches Bräuhaus zu Jever, Jever: Jever Pilsener

Fürstenberg Brauerei, Donaueschingen: Fürstenberg Pilsener

Fürstliche Brauerei Thurn und Taxis, Regensburg: Thurn und Taxis Pilsner, Thurn und Taxis Hell, Schierlinger Roggenbier

Privatbrauerei Gaffel, Köln: Gaffel Kölsch

Hannen Brauerei, Mönchengladbach: Hannen Alt

Herforder Brauerei, Herford

Klosterbrauerei Weltenburg, Kelheim: Kloster Pils, Kloster Barock Hell, Kloster Barock Dunkel, Kloster Hefe-Weissbier, Kloster Asam Bock

Köstritzer Schwarzbierbrauerei, Bad Köstritz: Köstritzer Schwarzbier

Privatbrauerei Modschiedler, Buttenheim: St. Georgen Kellerbier, St. Georgen Märzen

Radeberger Brauerei, Radeberg

Schultheiss Brauerei, Berlin: Schultheiss Berliner Weisse

Brauerei Spezial, Bamberg: Lagerbier, Märzenbier

Unertl Weissbier, Haag: Hefeweissbier, Weisser Bock, Leichtes Weisse

Zum Uerige, Düsseldorf: Alt

Schweiz

St. Gallen in der Schweiz beherbergt die Überreste einer der ältesten Brauereien Europas aus dem 9. Jahrhundert. Die deutschsprachigen Gebiete der Schweiz begannen etwa Mitte des 19. Jahrhunderts, untergäriges Bier zu produzieren, jedoch schrumpfte seitdem die Anzahl der Brauereien ständig. Trotz einer leichten Zunahme von Kleinbrauereien und Braustuben wird der Markt vom Feldschlösschen-Hürlimann-Konzern klar dominiert. Feldschlösschen und Cardinal fusionierten 1992 und vereinten sich 1996 mit dem Giganten Hürlimann. Die in Zürich angesiedelte Löwenbräu-Brauerei (keine Verbindung zur Münchner Brauerei gleichen Namens) ist ein Ableger von Hürlimann. Die Schweizer Biere zeichnen sich durch leichte, klare Lager, als „Blond" bekannt, aus. Der Begriff „Pilsner" ist nicht gebräuchlich, dieser ist den tschechischen Untergärigen vorbehalten. Einige wenige Weizenbiere und dunkle Untergärige bereichern mit kleinem Prozentsatz das übrige Marktgeschehen.

Brauerei Hürlimann
Zürich — **Gegründet 1836**

Die Familie Hürlimann zog bereits 1860 in ihren heutigen Firmensitz, um dort das Eis und die kühlen Lagerraummöglichkeiten der Alpen ausnutzen zu können. In der Hefeforschung sehr engagiert, züchtete Hürlimann einen speziellen Hefestamm, der hohem Alkoholgehalt widerstehen konnte – dies führte zum alkoholreichsten Bier der Welt. Das **Samichlaus** (schwyzerdütsch = Nikolaus) ist ein starkes, intensiv bernsteinfarbenes Lagerbier (14,7 Vol.-%). Nur einmal im Jahr, am Nikolaustag, dem 6. Dezember gebraut, wird es erst am darauffolgenden Nikolaustag, also im nächsten Jahr, gezapft. Das Resultat ist ein kräftiges, cremeartiges Bier mit intensivem Malzgeschmack, feinen Gewürztönen sowie einer weinbrandähnlichen Wärme im Abgang. Im Gegensatz dazu steht das alkoholarme Lager, **Birell,** das ebenfalls mit einer speziellen Hefe gebraut wird, die hier nun den Alkoholgehalt reduzieren hilft. Hürlimanns malziges Dunkel, das **Hexenbräu,** wird nur bei Vollmond gebraut. Komplettiert wird die Palette durch das **Dreikönig,** ein starkes, helles Lagerbier.

Leider beschloß Hürlimann 1998, die Produktion von Samichlaus einzustellen. Die Glücklichen, die die allerletzten Tropfen dieses außergewöhnlichen Produktes auf Vorrat in ihrem Keller lagern konnten, dürfen sich ein letztes Mal auf dieses einmalige Gebräu, das eines der stärksten der Welt war, freuen.

Brasserie du Cardinal

Freiburg — **Gegründet 1789**

Heute ein Teil des Feldschlösschen-Hürlimann-Konzerns, braut die Cardinals-Brauerei eine Reihe von leichten Lagerbieren, wie das goldene **Cardinal Lager,** aber auch eines der wenigen Schweizer Altbiere, das **Anker,** sowie das alkoholfreie **Moussy.**

Brauerei Eichhof

Luzern — **Gegründet 1937**

Obwohl die größte unabhängige Brauerei der Schweiz ihren Namen erst seit 1937 trägt, reichen ihre Ursprünge auf ein Brauunternehmen zurück, das ein gewisser Traugott Spiess bereits 1834 gründete. Das Spitzenbier aus Luzern ist ohne Zweifel das frische, goldene **Eichhof Lager.**

Brauerei Feldschlösschen

Rheinfelden — **Gegründet 1874**

Die Feldschlösschen-Brauerei war lange die führende Brauerei der Schweiz. Sie braut **Hopfenperle,** ein sehr hopfiges Lagerbier, außerdem das dunkle **Dunkle Perle,** das alkoholfreie **Schloßgold** und das **Eisbier.**

Brauerei Fischerstube

Basel — **Gegründet 1974**

Mitte der 70er Jahre begann in Basel die Fischerstube, ein Café, Bier zu brauen unter dem Namen „Ueli", was soviel wie Eulenspiegel bedeutet. Die kleine Brauerei bietet **Ueli Lager** und **Ueli Weizenbier** an.

Weitere schweizerische Brauereien

Back und Brau, verschiedene Orte (Brauhäuser)

Calanda Haldengut Brauerei, Chur

Locher, Appenzell: Vollmond

Brauerei Löwenbräu, Zurich: Löwenbräu Lager, Celtic Whiskey Brew

Rugenbräu, Matten-Interlaken

Wartek Brauerei, Basel: Wartek Alt, Wartek Brune

Österreich

Obgleich in direkter Nachbarschaft zweier „Bierriesen", nämlich Deutschland und Tschechien, besitzt Österreich dennoch eine ganz eigene Biertradition. Sie reicht bis ins 13. Jahrhundert zurück, der größte Entwicklungssprung fand allerdings 1840 statt, als der bekannte Wiener Brauer Anton Dreher das Wiener Lager kreierte. Dieses rötliche, malzige und klare untergärige Bier unterscheidet sich deutlich von den dunkleren deutschen Lagerbieren wie auch vom tschechischen Pilsner und stellt so etwas wie einen Zwischenschritt auf dem Weg zu den hellen, klareren Lagern dar. Zuletzt setzte sich diese Brauart besonders in Mexiko sehr stark durch, hier speziell die hellere Variante, doch auch der österreichische Markt wird weiterhin von Bieren des Wiener Typs beherrscht.

Parallel besteht ein kleinerer Markt für obergärige Weizenbiere, Pilsner und Bockbiere. Auch Brauexperimente, wie Roggenbier und Bier aus Whisky-Malz, können sich immer besser behaupten. Obwohl Braustuben und Kleinbrauereien recht erfolgreich wirtschaften, wurden im Januar 1998 fast zwei Drittel der österreichischen Bierproduktionsstätten fusioniert und firmieren unter dem Namen „Brau Union Österreich AG". Diese wurde aus den beiden großen Brauereigruppen der Republik, Brau AG und Steirerbrau AG, gebildet. In dieser Gruppe vereinigen sich Edelweiss, Falkenstein, Gösser, Innsbruck, Kaiser, Kaltenhausen, Puntigam, Reininghaus, Schwechat, Wieselburg und Zipf.

Schlossbrauerei Eggenberg

Vorchdorf — Gegründet 1681

Eggenberg produziert eine Palette von Spezialbieren, als bemerkenswertestes sei das starke, cremige **Urbock 23** genannt. Mit seinem malzigen Aroma sowie Duft ist dieses dunkelgoldene Lager ein klassisches Bockbier. Da es einige Monate lang reift, zählt es mit nahezu 10 Vol.-%-Alkoholgehalt zu den stärksten Bieren Österreichs. Weiterhin braut Eggenberg ein interessantes „Whisky-Malz"-Bier, **MacQueen's Nessie**, wozu speziell aus Schottland importiertes Rauchmalz verwendet wird. Es zeichnet sich durch eine goldbraune Farbe und rauchige Geschmacksnoten aus. **Hopfen König** ist ein dem Pilsner ähnliches hopfiges Lagerbier, daneben erhält man noch **Eggenberg Märzen** und **Eggenberg Spezial Dunkel.**

Gösser Brauerei

Leoben-Göss — Gegründet 1913

Diese Brauerei produziert Österreichs bekannteste Lagerbiere wie die untergärigen **Gösser Gold**, **Gösser Spezial**, **Gösser Märzen** aber auch das vollere, dunklere **Gösser Export**.

Hubertusbräu

Laa — Gegründet 1454

Diese sehr alte Traditionsbrauerei befindet sich seit 1841 im Besitz der Familie Kühtreiber. Sie folgt beim Brauen dem bundesdeutschen Reinheitsgebot. Zu ihren gutgereiften Bieren zählen der starke **Hubertus Festbock,** das **Hubertus Märzen,** ein **Hubertus Dunkel** und zwei Pilsner.

Privatbrauerei Josef Sigl

Obertrum — Gegründet 1601

Die unabhängige Sigl-Brauerei braut das trockene, hopfige **Trumer Pils** und eine Reihe von Weizenbieren unter den Marken: **Weizen Gold Dunkel Hefeweizen** und das spritzige **Weizen Gold Champagner**. Sigl-Bierflaschen erkennt man an den poppig aufgemachten Etiketten.

Ottakringer Brauerei

Wien — **Gegründet 1837**

Das traditionsreiche Familienunternehmen Ottakringer braut Lagerbiere des klassischen Wienertyps mit ausgesprochen malziger Geschmackskomponente. Unter anderem bietet ihr Sortiment das helle **Gold Fassl Pils,** das dunklere **Gold Fassl Spezial** mit seinem ausgeprägten Goldton, das **Ottakringer Helles Bier,** und das **Ottakringer Bockbier.**

Brauerei Schwechat

Wien — **Gegründet 1632**

Schwechat wurde 1830 als *die* Brauerei Anton Drehers berühmt – ihre Wurzeln reichen allerdings bis ins in 17. Jahrhundert zurück. Der innovative und emsige Brauer schaffte es, den Handel über das ganze Land auszudehnen, und Anfang des 20. Jahrhunderts schloß sich die Schwechat mit mehreren anderen unabhängigen Braubetrieben zusammen. Typische Beispiele ihrer leichten Lagerbiere sind **Steffl Export, Schwechater Lagerbier** und die hopfige **Hopfenperle.**

Stiftsbrauerei Schlägl

Schlägl — **Gegründet 1580**

Die einzige Klosterbrauerei Österreichs braut nach traditioneller Art recht hopfige, aber geschmackvolle, leicht malzbetonte Biere. In ihrem Sortiment finden sich als eine Besonderheit der **Goldroggen**, ein obergäriges, goldenes Roggenbier, außerdem noch **Schlägl Pils, Schlägl Kristall, Schlägl Märzen** und **Schlägl Doppelbock.**

Brauerei Wieselburg

Wieselburg — **Gegründet 1770**

Wieselburg, eine der ältesten Brauereien Österreichs, braut traditionelle österreichische Lagerbiere wie das **Wieselburger Gold** und das **Wieselburger Stammbräu.** Die Kaiser-Linie – **Kaiser Premium, Kaiser Märzen, Kaiser Bock, Doppelmalz** – wird ebenfalls hier gebraut.

Weitere östereichische Brauereien

Adambräu, Innsbruck: Adambräu Lager

Brauerei Fohrenburg, Budenz

Privatbrauerei Fritz Egger, Unterradlberg

Brauerei Hirter, Hirt: Hirter Private Pils

Bräuhaus Nussdorf, Vienna: Doppelhopfen-Hell, Old Whiskey Bier, St. Thomas Brau, Sir Henry's Stout, Zwickel Bier

Brauerei Stiegl, Salzburg: Stiegl Goldbräu, Stiegl Weihnachtsbock

Tschechische Republik

Die Tschechische Republik ist für ihr Pilsner Lagerbier weltberühmt, das Mitte des 19. Jahrhunderts in der Stadt Pilsen erstmals hergestellt wurde. Dieses helle, klare, untergärig gebraute Bier ist nach wie vor der führende Braustil des Landes geblieben, wobei sich der Name „Pilsner“ nur auf solche Biere beschränkt, die auch in Pilsen gebraut werden. Neben dem Original-Pilsner-Urquell sind Staropramen und Budweiser Budvar weitere klassische Beispiele, wenngleich sie geringfügig süßer als das Original Urquell ausfallen. Doch es gibt weitaus mehr an Biertradition in diesem Lande: Der Hopfen aus der Gegend von Saaz (Zatec), im Böhmer Wald, wird als der beste der Welt eingestuft, und die tschechischen Brauer sind bekannt als frühe Befürworter des Einsatzes von Hopfen für die Bierherstellung. Daneben wird die Gerste aus Moravien für ihre feine malzige Qualität hoch geschätzt. Die Tschechische Republik liegt im Pro-Kopf-Bierverbrauch an der Spitze des Bierkonsums, und jahrhundertelang besaß jede Stadt ihre eigene Brauerei, die die Region mit jeweils einer dunklen und einer hellen Biersorte versorgte. Noch heute klassifizieren viele Brauereien ihre Produkte nach der alten Grad-Meßmethode zur Alkoholbestimmung nach Balling, in den Abstufungen 8, 10 oder 12 Grad.

Die „sanfte Revolution“ von 1989 bereitete zwar den Weg zur freien Marktwirtschaft vor und öffnete ihn für Klein- und Gasthausbrauereien, sie führte aber auch zur Konsolidierung der Brauindustrie und zu einer Welle der Modernisierung. Zusätzlich kauften ausländische Gesellschaften tschechische Unternehmen auf oder schlossen sich mit ihnen zusammen. So ist die englische Firma Bass im Besitz mehrerer tschechischer Brauereien wie Branik, Mestan, Ostravar und Staropramen. Pilsner Urquell ist die größte Braugruppe in der Tschechischen Republik und konnte ihren Rivalen in direkter Nachbarschaft, Gambrinus, wie auch die Domazlice und Karlovy-Vary-Brauereien überflügeln. Die South-Bohemia-Brauereigruppe besteht aus den Brauereien Platan, Regent und Samson.

Pilsner Urquell–Plzensky Prazdroj

Pilsen — **Gegründet 1842**

In der böhmischen Stadt Pilsen wurde seit dem 13. Jahrhundert Bier gebraut, aber der Name der Stadt wurde erst berühmt, als Mitte des 19. Jahrhunderts eine dort ansässige Brauerei ihre Brautechnik von der unberechenbaren obergärigen Hefe zu Gunsten der damals neuen untergärigen Hefe des Lagertyps umstellte. Die Brauerei produzierte 1842 mit Hilfe eines jungen bayerischen Braumeisters das erste helle klare Lager-

bier unter Verwendung des hellen böhmischen Malzes, des bekannten Saaz-Hopfens, und des erstklassigen Qualitätswassers der Stadt. **Pilsner Urquell** verkörpert bis heute den klassischen Urtyp seines Stils: hellgold, kristallklar, mit dickem weißen Schaum, hopfenbetont, aber ausgewogen durch die leichte Süße des Malzes und einem trockenen, herben Abgang. Die Pilsner-Urquell-Brauerei hat ihre Einrichtungen in den letzten Jahren modernisiert und ihre traditionellen offenen Eiche-Gärbottiche und Lagerfässer gegen riesige geschlossene Gärtanks ausgetauscht.

Branik Brauerei

Prag   Gegründet 1898

Die Brauerei wurde von einer Gruppe Prager Gaststätten-Betreiber ins Leben gerufen. Heute gehört sie allerdings zur Prager Brauereigruppe, die im Besitz des Bass-Konzerns ist. Brauhaus und Mälzerei, schöne Traditionsgebäude, liegen im Süden der Stadt. Die technische Ausstattung wurde unterdessen modernisiert, so daß aus dem früher starken und dunklen Lager ein süßlich blasses, das **Special,** und das schwächere **Dunkel** wurde.

Budweiser Budvar Ceske

Budweis   Gegründet 1895

Budweiser Budvar ist, obgleich vom amerikanischen Markt wegen Handelsmarkenstreitigkeiten mit der Brauerei Anheuser-Busch (bieten ein Bier gleichen Namens an) ausgeschlossen, ein schnell wachsendes Unternehmen. Der Name Budweiser wurde ursprünglich für alle aus Budweis stammenden Biere verwendet. Das Flaggschiff der traditionell arbeitenden Brauerei ist das **Budweiser Budvar**, ein hervorragendes Beispiel des tschechischen Lagerbiertyps, leicht malzig und goldkupferfarbig. Das Bier wird heute unter dem Namen **Crystal Lager** nach den USA exportiert.

Gambrinus Brauerei

Pilsen   Gegründet 1869

Obgleich im Schatten der größeren und weit bekannteren Pilsner-Urquell-Brauerei gelegen, braut Gambrinus sehr qualitätsvolle Lagerbiere gleich nebenan. **Gambrinus 12** ist ein goldenes, leicht hopfiges Lagerbier, ganz in der Tradition der Stadt gebraut.

Pivovar Herold

Breznice   Gegründet 1720

1988 schloß das kommunistische Regime die Herold-Brauerei, die jedoch ein Jahr nach der Revolution 1990 wieder eröffnen konnte. Herold braut zwei Sorten Lagerbier, **Pale 10** und **Pale 12** und das schwarze **Dark 13,** dazu noch das **Herold Wheat,** ein herbes Weizenbier.

Krusovice Brauerei

Prag   Gegründet 1581

1994 übernahm Binding die im Westen Prags ansässige historische Brauerei. Nach der Modernisierung firmieren ihre verschiedenen Biere nun unter dem Namen **König Rudolph II.**

Pivovar Olomouc

Olomouc — **Gegründet 1896**

Mit eigener Mälzerei und eigenem Quellwasser fährt Olumouc zweigleisig: Man produziert sowohl traditionelle, ungefilterte Lagerbiere als auch Biere speziell für amerikanische Firmen, in Lizenz. **Granat 12** ist ein volles, dunkelrotes Lagerbier, während **Holan 10** und **Vaclav 12** standardhelle Lager sind, das letztere besonders hopfig.

Pivovar Ostrava

Ostrava — **Gegründet 1897**

Auch diese Brauerei wurde mittlerweile von Bass aufgekauft. Das noch unter dem Kommunismus entstandene neue Brauhaus braut neben dem bekannten **Stamopramen 10** drei helle hopfige Pilsner: **Ponik, Konik** und **Ondras,** nicht zu vergessen das **Vranik Porter.**

Pivovar Radegast

Nosovice — **Gegründet 1970**

Seit der Privatisierung Anfang 1990 ist Radegast schnell gewachsen und heute eine der drei führenden Brauereien der Tschechischen Republik. Ihre „Lager" schließen das goldene **Radegast Premium Light** und **Radegast Premium Dark** ein.

Pivovar Regent

Trebon — **Gegründet 1379**

Diese traditionelle Brauerei ist eine der ältesten Tschechiens. **Regent Black** (Schwarzer Regent) ist ein dunkles körperreiches Lagerbier mit gerösteten Lakritz- wie auch Kaffeearomen. Das beliebte **Bohemia Regent** ist ein kupferfarbenes Lager.

Brauerei Simon

Budweis — **Gegündet 1795**

Die Brauerei ist schon deshalb erwähnenswert, weil die Legende sagt, daß Adolphus Busch sich durch ihr Bier dazu habe anregen lassen, sein amerikanisches Bier Budweiser zu nennen.

Staropramen Brauerei

Prag — **Gegründet 1869**

Diese große Prager Brauerei braut ihre Produkte immer noch im offenen Gärkessel und lagert in traditionellen Tanks. **Staropramen** ist ein aromatisches, malziges goldenes Lager. Es gibt jedoch auch eine dunklere Version, das **Staropramen Dark**.

U Fleku

Prag — **Gegründet 1499**

Mit dem Anspruch, das älteste Gasthaus der Welt zu sein, braut U Fleku klassische tschechische Biere in ihrer historischen Brauerei, so auch das volle, fast schwarze **Flekovsky Lezek**.

Pivovar Velke Popovice

Velke Popovice — **Gegründet 1874**

Velke Popovices Wurzeln reichen bis ins 16. Jahrhundert. Im Zuge der Privatisierung in den frühen 1990er Jahren konnte das Unternehmen rasch wachsen. Unter dem Namen Kozel bietet die Brauerei an: **Kozel Pale, Kozel Dark, Kozel Premium Lager** und **Kozel Special Dark Beer**, wobei die zwei letzteren malzbetonter und etwas alkoholreicher sind als der Rest der Produktpalette.

Zlaty Bazant

Hurbanovo **Gegründet 1967**

Diese noch recht junge slowakische Brauerei, Tochter der niederländischen Heineken-Gruppe, ist in dem kleinen, ebenfalls jungen Staat sehr populär, vor allem durch ihre goldenen Lagerbiere.

Weitere tschechische Brauereien

Pivovar Domazlice, Domazlice

Pivovar Karlovy Vary, Karlovy Vary: Karel IV, Karel Svelte

Lobkowicz Pivovar, Chlumec

Pivovar Nachod, Nachod: Primator

Pivovar Platan, Protivin: Platan Premium 12, Platan Dark 10

Pivovary Starobrno, Brno

Pivovar Zatec, Zatec: Chmelar, Lucan

Weitere slowakische Brauereien

Pivovare Kosice, Kosice: Cassovar

Pivovare Martin, Martin: Martinksy, Martin Porter

Osteuropa und das Baltikum

In Osteuropa, wo man stets eher harte Alkoholika oder Schnäpse favorisierte, ist die Bierbrautradition nicht ganz so verwurzelt wie im Westen. Dennoch hinterließ das Brauhandwerk deutliche Spuren – besonders in den Ländern Polen und Ungarn, die historisch bedingt unter starkem deutschen Einfluß standen. Die Lagerbiere des tschechisch-deutschen Stils sind daher die bedeutendsten Sorten dieser Regionen. Im Baltikum ist dagegen der englische Einfluß deutlich zu spüren, wie das dort vorwiegend gebraute Porter beweist. Aufgrund der wirtschaftlichen Engpässe enthält das Bier häufig Zusätze wie Roggen, Mais oder andere lokale Getreidearten. Während des Kommunismus waren die Brauereien im Ostblock Staatsbetriebe. Seit dem Zusammenbruch der Sowjetunion mußten sich viele osteuropäische Betriebe ausländischen Konzernen zu sogenannten Joint-ventures anschließen. Die belgische Interbrew besitzt z. B. eigene Brauereien in Ungarn, Bulgarien, Rumänien und Polen; der niederländischen Heineken gehören große Anteile an bedeutenden polnischen Brauereien, und der große skandinavische Konzern Baltic Beverages Holding arbeitet mit lettischen, estländischen, litauischen sowie russischen Betrieben zusammen. In Polen mit seinen zahlreichen Brauereien wurde die Elbrewery als Fusion von Elblag und Hevelius mit australischen Investitionen und in Zusammenarbeit mit Grolsch gegründet. Hier wie auch speziell in Ungarn enstanden parallel zahlreiche Kleinbrauereien.

Saku Olletehas Brauerei

Tallinn, Estland — Gegründet 1820

Heute stark von der Baltic-Beverages-Holding-Gruppe kontrolliert, braut Saku zusätzlich zu den leichten Lagerbieren auch dunkles Bier. **Saku Pilsner** und **Saku Original** sind etwas leichtere Vertreter, während das **Saku Porter** und das **Tume** Qualitätsbiere der dunkleren, volleren Kategorie darstellen.

Kobanyai Sorgyar

Budapest, Ungarn — Gegründet 1854

Um die natürliche Kühlung einer Kellerlagerung in den Bergen auszunutzen, wurde die Brauerei auf den Hügeln in einem Vorort von Budapest angesiedelt. Der Wiener Braumeister Anton Dreher gründete Kobanyai 1862. Die Familie Dreher vergrößerte das Unternehmen vor dem Zweiten Weltkrieg durch die Übernahme einiger ehemaliger Konkurrenten. Nach dem Krieg wurden alle Verbindungen zu dem deutschen Namen Dreher gelöscht, wenn auch die ungarische Regierung das Bier weiterhin nach seinen bewährten Methoden brauen ließ. Mit der Reprivatisierung von 1990 wird nun das Vermächtnis Drehers zu neuem Leben erweckt, und die Brauereien bieten wieder mehrere Biersorten unter seinem Namen an: Das **Dreher Pils** ist trocken und hopfig, genau wie ein typisches Pilsner-Lagerbier, während das **Dreher Export** vollmundiger und auch dunkler ist. Das **Dreher Bak** ist ein dunkles Bock mit leichtem Toastgeschmack. 1993 übernahmen südafrikanische Brauereien Kobanyai, sie bleibt aber die größte Brauerei Ungarns.

Aldaris Brauerei

Riga, Lettland — Gegründet 1937

Ein bayerischer Braumeister gründete 1865 die Waldschlößchen-Brauerei im Umland von Riga. Um die Jahrhundertwende exportierte sie fünf Biersorten ins Baltikum und nach Rußland. 1937 wandelte die Regierung die Waldschlößchen-Brauerei in die Aktiengesellschaft Aldaris um. Während der sowjetischen Herrschaft wurde die Aldaris-Brauerei die führende ihres Landes. Nach dem Zusammenbruch der UdSSR wurde Aldaris ein Teil des Gemeinschaftsunternehmens der Baltic Beverages Holding. Heute stellt Aldaris sechs Biersorten her. Das **Aldara Pilzenes** ist ein leichtes, hopfiges Lager, das **Aldara Zelta** ein stärkeres, sehr süffiges Bier. Daneben erhält man das dunkle **Aldara Porter,** das bernsteinfarbene **Aldara Luksusa,** das **Aldara Baltijas** und das **Aldara Latvijas.**

Elblagu Bauerei

Elblag, Polen

Gegründet 1872

Elblagu ist ein Teil der Elbrewery (EB), der größten Brauereigruppe Polens. Das Flaggschiff ist das **EB Special Pils**, ein blaßgelbes Lagerbier.

Brauerei Lech

Poznán

Gegründet 1951

Als eine der größten polnischen Brauereien überstand Lech die Privatisierung des Jahres 1993 relativ gut. Ihre goldenen Lager, **Lech Pils** und **Lech Premium,** aber auch das sherrybraune Spezialbier **Lech Porter** sind recht erfolgreich.

Okocim Browar

Okocim, Polen — **Gegründet 1845**

Von einem Australier gegründet, beheimatet nahe der tschechischen Grenze und nun im Besitz des deutschen Brauereiriesen Brau und Brunnen, hat die Okocim-Brauerei Verbindung zur gesamten europäischen Brauereitradition. Neben einem leichten, hopfigen **Okocim Premium Pils** tschechischen Typs produziert die Brauerei auch das starke, dunkelbraune **Okocim Porter.**

Tyskie Brauerei

Tychy, Polen — **Gegründet 1629**

Das Brauwesen in der Stadt geht zurück auf das 17. Jahrhundert. Die drittgrößte Brauerei in Polen, Tyskie, braut **Gronie**, das mehr als drei Viertel der Produktion ausmacht, **Karmen la Bella** und **Mocne.**

Zywiec Brauerei

Zywiec, Polen — **Gegründet 1856**

Nahe bei Krakau gelegen, produziert die Brauerei das am meisten exportierte polnische Bier. Die Brauerei, ursprünglich im Besitz des Harzburger Königshofs, expandierte unter staatlicher Kontrolle während des Kommunismus. Seit dem Fall des Eisernen Vorhangs hat die Zywiec-Brauerei ihre Betriebe stark modernisiert und gehört heute zur niederländischen Firma Heineken. Zywiec kontrolliert den zweitgrößten Anteil des dortigen Biermarktes. Die wichtigsten Biere sind leichte Pilsner, wie das herbe **Zywiec Gull Light.** Das Sortiment wird durch vollmundigere Biere vervollständigt: das **Zywiec Porter** ist ein süffiges, dunkelrotes Porter mit einer feinen Kaffeenote, während ein starkes, goldenes Lager als **Eurospecjal** angeboten wird.

Baltika Brauerei

St. Petersburg, Russland — **Gegründet 1978**

Seitdem sie sich an die Baltic Beverage Holding angeschlossen hat, ist Baltika die größte Brauerei in St. Petersburg. Baltika's **Classic** und **Original** sind Standardbeispiele hopfiger Lagerbiere, wobei das Original etwas dunkler in seiner Farbe ist. Baltika braut ebenfalls das **Porter.**

Weitere baltische Brauereien

Kalnapilis, Panavezys, Litauen

Ragutus, Kaunas, Litauen

Weitere bulgarische Brauereien

Bulgarska Pivo, Sofia

Zagorka Brauerei, Stara Zagora

Weitere ungarische Brauereien

Borsodi Sorgyar, Bocs: Borsod Premium

Kanizsai Sorgyar, Nagykanizsa

Komaromi Sorgyar, Komaron: Talleros

Soproni Sorgyar, Sopron

Weitere polnische Brauereien

Bialystoku Browar, Bialystok: Dojlidy
Bydgoszczki Browar, Bydgoszcz
Hevelius Browar, Danzig
Warszawski Browar, Warschau: Warszawski Porter

Weitere russische & ukrainische Brauereien

Moscovskoye Brauerei, Moskau
Obolon Brauerei, Kiew
Zhigulevskoye Brauerei, Moskau: Zhigulevskoye Lager

Skandinavien

Mit Ausnahme Dänemarks begegnete (und begegnet) man dem Alkoholkonsum in den skandinavischen Ländern staatlicherseits eher ablehnend – ein Umstand, der die Entwicklung einer eigenen Brauindustrie in der Region hemmte. Heute wird das einheimische Brauwesen in Schweden, Norwegen und Finnland von wenigen Groß-Brauereien dominiert. Drei der größten in der Region – Pripps in Schweden, Ringnes in Norwegen und Hartwall in Finnland – haben sich zur mächtigen Baltic-Beverages-Holding Gruppe zusammengeschlossen. Außer daß BBH einen beachtlichen Teil des skandinavischen Marktes beherrscht, ist sie ein wichtiger Partner bei Unternehmen in den baltischen Ländern, Rußland und der Ukraine.

Die Biere Skandinaviens sind zumeist goldgelbe Lager nach deutscher oder tschechischer Tradition. Auch dunkle Lagerbiere in der Bockbier- oder der Münchner Dunkel-Variante blicken auf eine lange Geschichte zurück. In einigen Bieren der Region zeigt sich ein deutlicher britischer Einfluß, wenngleich es sich dabei zum größten Teil um untergärige Adaptionen handelt.

Dänemark

Die Dänen liegen im Pro-Kopf-Verbrauch in Europa mit ganz vorne. Darüber hinaus verleiht die wichtige Rolle, die die Carlsberg Brauerei bei der Hefeforschung und der Entwicklung des Lager-Stils in den 1880er Jahren gespielt hat, dem Land eine große bierhistorische Bedeutung. Carlsberg und Tuborg waren lange Zeit die führenden dänischen Bierproduzenten, seit 1970 firmieren sie gemeinsam unter dem Namen United Breweries. Sie besetzen drei Viertel des dänischen Biermarktes. Carlsberg ist außerdem ein wichtiger Faktor auf dem internationalen Markt; die Verbindung mit der britischen Tetley-Gruppe hat diese Position weiter gefestigt. Die Brauereien Carlsberg und Tuborg konzentrieren sich auf Lagerbiere im Pilsner Stil, brauen aber auch einige dunklere Biere, einschließlich dunkler Lager und sogar Porters und Stouts. Dänemarks zweitgrößte Brauereigruppe bilden die Brauereien Ceres, Faxe und Thor.

Carlsberg Brauerei

Kopenhagen — **Gegründet 1847**

Carlsberg zählt zu den größten Brauereien der Welt und hat sich auf immer in die Annalen der Bierkultur dadurch eingeschrieben, daß sie als erste eine reine Kultur untergäriger Hefe *(Saccharomyces carlsbergensis)* isolieren konnte. Damit können Lagerbiere in größerem Umfang und mit konstanter Qualität gebraut werden. Carlsberg hat auch schon früh seine Biere exportiert und sich mit seinen hellen, milden Lagerbieren rasch einen internationalen Markt eröffnet. Heute gehen nahezu 85 % der Verkäufe ins Ausland, und die Biere werden in Dutzenden von Ländern in Lizenz gebraut. Das **Carlsberg Pilsner** (auch unter dem Namen **Hof** verkauft) ist das Standardprodukt. Das dunklere und stärkere **Elephant Beer** entspricht einem Bockbier mit einem süß-malzigen Element. Weitere dunkle Biere sind das **Special Dark Lager** und das **Porter Imperial Stout**. Das **Carlsberg Let** ist ein Leichtbier.

Bryggeri Albani

Odense — **Gegründet 1859**

Das bekannteste Bier dieser großen unabhängigen Brauerei ist das **Giraf**, ein starkes, goldgelbes Lager, Albani braut aber auch das dunkle und malzige **Albani Porter** und das traditionelle **Albani Pilsner.** Darüber hinaus werden Saisonbiere für Weihnachten und Ostern produziert.

Ceres Bryggerierne

Aarhus — **Gegründet 1865**

Ceres ist auf starke Biere mit britischem Einfluß spezialisiert. Dazu zählen das **Ceres Porter** und das **Ceres Stowt**, während das **Ceres Royal Export** ebenso wie das **Dansk Dortmunder** eher auf deutschen Traditionen beruhen. **Bering** ist ein Verschnitt aus Lager und Stout.

Tuborg Brewery

Kopenhagen — **Gegründet 1873**

Tuborg besitzt eine beeindruckende Braugeschichte, die über mehr als ein Jahrhundert zurückreicht. Seine Biere ähneln denen von Carlsberg, sind aber hopfiger und trockener. Das **Tuborg Beer** – wegen des grünen Etiketts auch als **Tuborg Grøn** bekannt – ist das Standard-Pilsner, aber Tuborg braut auch das **Tuborg Porter** und das **Tuborg Gold.**

Harboe Brauerei

Skaelskor **Gegründet 1883**

Im Ausland wurde diese unabhängige Familienbrauerei durch das sehr kräftige **Bjørne Bryg** berühmt, wenngleich ihr wirklicher Verkaufsschlager das **Silver Pilsner** ist. In ihren ersten Jahren hatte die Brauerei das alkoholfreie **Hvidtol** gebraut, und noch heute produziert sie, als einziger dänischer Malzextrakt-Hersteller, alkoholarme Malzbiere.

Weitere dänische Brauereien

Faxe Bryggeri, Fakse: Faxe Premium, Faxe Pils

Thor Bryggerierne, Aarhus: Buur Beer

Wilbroe Bryggeri, Elsinore

Finnland

Gesetzliche Bestimmungen und Besteuerungen, die zum Teil durch Abstinenzbewegungen forciert wurden, haben das Bierbrauen in Finnland über Jahrhunderte eingeschränkt. Das Land produziert aber dennoch neben den üblichen goldgelben, durchaus aromareichen Lagerbieren auch einige Ales. Sinebrychoff und Hartwall kontrollieren den größten Teil der Industrie, wobei letztere den finnischen Part des Triumvirats der Baltic Beverage Holdings spielt. Dessen ungeachtet nimmt die Anzahl der Kleinbrauereien im Land ständig zu.

Das als Sahti bekannte traditionelle Bauernhofbier – mit Roggen und Hefe gebraut und häufig mit Wacholder oder anderen Gewürzen gewürzt – ist nach wie vor ein beliebtes Getränk. Es wird auch von mehreren kommerziellen Brauereien, etwa Lammin Sahti, angeboten.

Sinebrychoff Brewery

Kerava

Gegründet 1819

Von einem russischen Kaufmann gegründet, ist Sinebrychoff Finnlands älteste und größte Brauerei. Sie zog kürzlich von ihrem ursprünglichen Standort in Helsinki fort, braut aber weiterhin eine Reihe innovativer Biere unter dem Markennamen Koff. Das **Koff Export Beer** ist ein Lager im Pilsner-Stil und wird auch in einer stärkeren Version als **Koff Extra Strong** angeboten. Sinebrychoff braute in seinen Anfangstagen ein obergäriges Porter, und dieses **Koff Porter** bleibt auch weiterhin ein Klassiker, wenngleich man es korrekterweise eher ein Stout nennen müßte. Fast schwarz in der Färbung und sehr körperreich, besitzt es volle Röst-

und Malzaromen. Weitere dunkle und vollmundige Produkte sind das **Jouloulot** und das **Brewmaster's Brown.** Auf sehr verschlungenem Pfad zeigen sich die russischen Wurzeln der Brauerei in dem neuen Lager **Leningrad Cowboy.**

Hartwall Brewery

Helsinki **Gegründet 1873**

In mehreren Brauereien in ganz Finnland braut Hartwall ein helles Lager, das **Lapin Kulta**, übersetzt „Gold von Lappland" (nach einer lokalen Goldmine), sowie ein schmackhaftes Weizenbier im deutschen Stil, das **Weizenfest.**

Weitere finnische Brauereien

Olvi Brewery, Iisalmi
Mallasjuoma, Lahti

Norwegen

Aufgrund strenger Regierungskontrolle und hoher Steuern besitzt Norwegen keine ausgeprägte Brauindustrie. Die vorhandenen Unternehmen besitzen größtenteils nur lokale Bedeutung. Die Steuern fallen entsprechend dem Alkoholgehalt an, trotzdem zählen die stärkeren Biere wie Saison-, Bock- und andere dunkle Lagerbiere (als Bayer bekannt) zu den beliebteren Sorten.

Aass Bryggeri

Drammen **Gegründet 1834**

Aass ist Norwegens älteste Brauerei. In der südlich von Oslo gelegenen Hafenstadt Drammen beherbergt sie eine Biergilde mit Hunderten von Mitgliedern. Sie produziert nahezu ein Dutzend Biervarietäten, einschließlich eines hervorragenden skandinavischen Bockbiers. Das **Aass Bock** ist ein cremiges, dunkel kupferfarbenes Bier mit reichen Malzaromen. Das **Jule Øl**, das „Weihnachts Ale", ist ein rötliches Lager im Wiener Stil, das traditionell zur Weihnachtszeit gebraut wird. Ihm ähnelt das ganzjährig gebraute **Aass Amber.** Ein dunkles Lager im bayrischen Stil namens **Bayer** zählt ebenfalls zur Produktpalette. Das **Pilsner** der Aass Brauerei enthält tschechischen Hopfen und zeigt die entsprechenden Noten in Geschmack und Bukett.

Hansa Bryggeri

Bergen

Gegründet 1890

Diese große unabhängige Brauerei stellt neben einem eigenwilligen Wacholderbier auch süffige Standard-Lager her: das **Hansa Premium Pilsner**, das **Hansa Bayer** und das **Hansa Export Øl.**

Macks Olbryggeri

Tromso Gegründet 1977

Norwegens nördlichste Brauerei braut traditionelle Lagerbiere mit bayrischem Einfluß. Dazu zählen das goldgelbe **Mack Arctic Pils,** das dunkle **Mack Bayer** und das bernsteinfarbene **Mack Polar Beer.**

Ringnes Bryggeri

Oslo Gegründet 1877

Ringnes versammelt unter seinem Namen mehrere Brauereien und ist damit Norwegens größte Brauereigruppe. Sie produziert trockene Biere, allen voran das **Ringnes Pilsner Beer.** Darüber hinaus braut Ringnes das **Special Bock,** das starke **Ringnes Export** und das Saisonbier **Christmas Ale (oder Jule Øl).** Das **Frydenlund Pilsner** sowie das **Dahl's Pils** werden heute, neben Bieren unter den Markennamen **Lysholmer** und **Schous,** ebenfalls von Ringnes gebraut.

Weitere norwegische Brauereien

Akershus Bryggeri, Oslo

Mikrobryggeri, Oslo

Schweden

Auch die schwedische Bierindustrie wird durch gesetzliche Restriktionen behindert, langsam nimmt aber die Zahl der Brauereien wieder zu, vor allem dank Schwedens Beitritt zur Europäischen Union. Außerdem wird hier eine recht große Bandbreite aromareicher und starker Biere gebraut, obschon das helle Lager immer noch weit vorn in der Gunst der Konsumenten liegt.

Pripps Bryggeri

Stockholm Gegründet 1828

Die größte Brauerei Schwedens hatte ihren Ursprung in Göteborg und fusionierte in den 1960er Jahren mit ihrem Erzrivalen Stockholm Breweries. Seitdem expandierte Pripps nach ganz Skandinavien und Nordeuropa, vor allem als Folge der glücklichen Verbindung mit bedeutenden Brauereien in Finnland und Norwegen in der gemeinsamen Baltic Beverages Holding. Pripps Beziehung zu der im 19. Jahrhundert gegründeten, in schottischem Besitz stehenden Carnegie Brauerei in Göteborg zeigt sich in einem seiner führenden Biere: Das **Carnegie Porter** ist ein vollmundiges und röstwürziges obergäriges Porterbier. Das Hauptprodukt der Brauerei indes ist das Lager **Pripps Bla** (Blau), in Schweden ein Bestseller. Es ist in mehreren Stärken erhältlich, bis hin zum **Extra Strong.** Das im Märzen-Stil gebraute **Saisonbier Julöl** ist nur in limitierter Auflage erhältlich

Spendrups Bryggeri

Stockholm Gegründet 1859

Spendrups ist eine der wenigen unabhängig gebliebenen Brauereien in Schweden und braut vollmalzige Lagerbiere im Pilsner-Stil. Das Spendrups Sortiment wird vervollständigt durch das trockene und hopfige **Old Gold**, das **Spendrups Original** und das **Norrlands Gold.drups Original** and **Norrlands Gold**.

Weitere schwedische Brauereien

Abro Bryggeri, Vimmerby: Abro Guld

Falken Bryggeri, Falkenberg: Bayerskt, Export, Julöl

Island

Mehr als sieben Jahrzehnte lang waren auf Island alle Biere bis auf die allerschwächsten verboten, bevor der Bann in den späten 1980er Jahren aufgehoben wurde. Die Lagerbiere dieser kleinen Inselnation sind aber immer noch sehr hell und leicht. Es gibt nur wenige Brauereien, die bedeutenderen sind Egill Skallagrimsson in Reykjavik und Viking Brugg in Akureyri.

Südeuropa

Die Länder Südeuropas sind eher für ihre Weine als für ihre Biere bekannt, obwohl insbesondere Spanien eine Anzahl traditioneller Brauereien vorweisen kann. In dem warmen Klima herrschen leichte, durstlöschende und frei nach deutscher Tradition gebraute Biere vor, wenn auch einige italienische und portugiesische Brauereien durchaus in die Bereiche der dunkleren Märzen- und Bockbier-Stile vordringen. Eine Qualitätsbrauerei auf Malta braut Biere im englischen Stil. Auch in der Mittelmeerregion wird der Markt durch einige wenige Brauereien beherrscht: In Portugal teilen sich Central de Cervejas und Unicer nahezu 100 % des Marktes, in Italien liefern Moretti und Peroni fast drei Viertel des konsumierten Bieres, während der spanische Markt von vier oder fünf Unabhängigen kontrolliert wird. Darüber hinaus kaufen sich internationale Konzerne wie Interbrew, Heineken und Carlsberg mehr und mehr in lokale Brauereien der Region ein. Griechenland und die Türkei besitzen nur minimal entwickelte Bierindustrien, die zum größten Teil in ausländischem Besitz sind.

Birra Moretti

Udine, Italien — **Gegründet 1859**

Auch wenn Birra Moretti nicht mehr jene kleine Familienbrauerei ist, die sie einst war – sie gehört heute zum internationalen Braugiganten Heineken –, stellt sie immer noch Qualitätsbiere im deutschen Stil her. Auch der schnauzbärtige Mann auf dem Etikett ist ein langlebiger Klassiker. Die nordostitalienische Brauerei bietet ein erfrischendes, leicht gehopftes Lager mit dem schlichten Namen **Birra Moretti** an. Das im Dortmunder Stil gehaltene **Sans Souci** ist ein geschmackreiches Lager, sehr malzig, aber gut mit Hopfen ausbalanciert, während das **Bruna** ein vollmalziges, dunkles Bier ist. Ein anderes Bier, das **La Rossa**, basiert auf dem bayerischen Stil und ist ein tief kupferfarbenes, vollmalziges Lager, das einem Märzen ähnelt, aber vom Alkoholgehalt mehr zum Doppelbock tendiert (7,5 Vol.-%). Das **Baffo d'Oro** schließlich („goldener Schnäuzer", in Anlehnung an das Traditionssymbol auf dem Etikett) ist ein vollmalziges, goldgelbes Lagerbier von Moretti.

Brauerei Dreher

Triest, Italien — **Gegründet 1860**

Der begnadete Wiener Brauer Anton Dreher gründete diese „Zweigstelle" jenseits der Alpen 1860 in Triest, das damals eine Stadt der KuK-Monarchie war. Mittlerweile gehört Triest zu Italien und Dreher zu Heineken. Neben den traditionellen hellen **Lagern** stellt die Brauerei ein rotes **Ale** her, **McFarland,** und ein **Splügen Fumée.**

Central de Cervejas

Lissabon, Portugal

Gegründet 1934

Ihre Wurzeln reichen zwar bis in die 1880er Jahre zurück, aber Portugals größte Brauereigruppe entstand aus der Fusion mehrerer Lissabonner Brauereien in den 1930er Jahren. Es werden zwei Versionen der Hauptmarke Sagres gebraut: das hellgelbe, hopfentrockene **Sagres Golden** und das dunkelbraune, stärker malzige **Sagres Dark,** das im Stil eines Münchner Dunkel gehalten ist. Centralcer (wie der Konzern gemeinhin genannt wird) braut außerdem das **Europa Beer,** ein goldgelb-bernsteinfarbenes Bier, das einem malzigen Pilsner ähnelt, dann das goldgelbe **Topazio,** das **Onix** und das **Imperial.**

El Aguila

Madrid, Spanien — **Gegründet 1902**

Lange Zeit eine von Spaniens größten Brauereien, produziert Aguila heute hauptsächlich leichte, goldgelbe Lagerbiere wie das **Aguila Pilsner** und das **Aguila Reserve.** Die Brauerei ist heute eine Tochter von Heineken.

Damm

Barcelona, Spanien — **Gegründet 1876**

Diese von einem elsässischen Brauer namens Damm gegründete Brauerei verrät deutlich ihren Ursprung mit Lagerbieren im deutschen Stil wie dem goldgelben Märzen **Voll Damm** und dem dunklen **Bock Damm.** Das **Estrella Damm** erinnert wiederum eher an ein Pilsner, ist aber ein wenig stärker.

Birra Peroni

Mailand, Italien — **Gegründet 1846**

Peroni ist eine wichtige, gut eingeführte italienische Brauerei, die mehrere hochwertige, aber leichte, helle Lagerbiere braut. Das **Nastro Azzuro** steht auf der eher würzigen Seite, während das **Birra Peroni** ein trockenes, hopfiges Pilsner ist. Peroni braut außerdem das bittere **Raffo** Pilsner und hin und wieder Spezialitätenbiere.

Birra Poretti

Varese, Italien — **Gegründet 1877**

Heute Teil der Carlsberg-Gruppe, braut diese Brauerei in der Nähe von Mailand das goldene Lager **Poretti Oro** und eine Spezialitätenlinie, zu der das **Splügen Bock** und das **Splügen Dry** zählen.

San Miguel

Lerida, Spanien — **Gegründet 1954**

Von einem philippinischen Unternehmen gleichen Namens gegründet, gehört San Miguel heute zum französischen Kronenbourg-Konzern. Die Brauerei bietet Lagerbiere wie das **San Miguel Pale Pilsner** an.

Simonds-Farsons-Cisk Brewery

Mriehel, Malta — **Gegründet 1889**

Seit ihrer historisch bewegten Zeit als Zwischenhafen für britische Matrosen beherbergt die winzige Inselnation Malta eine Brauerei, die Biere nach klassischem englischem Stil mit aus England importiertem Malz, Hopfen und Hefe braut. Farsons, wie die Brauerei allgemein genannt wird, braut das dunkle **Lacto Milk Stout**, das mit Milchzucker (Laktose) hergestellt wird und eine volle Mischung aus süßen, schokoladigen und röstwürzigen Aromen bietet. Das **Blue Label** gilt als ein mildes Ale, während das **Hop Leaf** und das **Brewer's Choice** helle Ales sind. Unter dem **Cisk**-Etikett wird auch ein Lager produziert.

La Zaragozana

Zaragoza, Spanien — **Gegründet 1900**

Diese unabhängige Traditionsbrauerei produziert aromatische untergärige Biere. Das **Ambar** und das starke **Export** sind ihre führenden Produkte.

Griechische & türkische Brauereien

Athenian Brewery, Athens

Efes Pilsen Breweries, Istanbul

Weitere italienische Brauereien

Birra Dreher, Mailand: Dreher Export, Dreher Pilsner

Birra Forst, Lagundo

Birra Wührer, Brescia

Wunster, Bergamo

Weitere portugiesische Brauereien

Empresa de Cerveja de Madeira, Madeira: Coral

Unicer-Uniao Cervejeira, S. Mamede de Infesta: Cristal, Super Bock

Weitere spanische Brauereien

Cervezas Alhambra, Granada

La Cruz del Campo, Sevilla

Mahou, Madrid

Asien

Die ersten mit Gerste gebrauten Getränke wurden Mitte des 19. Jahrhunderts von Händlern und Kolonianisten in Asien eingeführt, ähnlich wie in den meisten außereuropäischen Staaten. Natürlich produzierten und genossen die Asiaten schon vor Tausenden von Jahren ein aus Getreide gebrautes Getränk, bevor die ersten Lager oder Ales in den Fernen Osten gebracht wurden. So ist beispielsweise der aus Reis gebraute Sake technisch betrachtet eine Art von Bier. Andere traditionelle fermentierte Getränke, die aus dem südostasiatischen Raum stammen, werden aus Kokosnußsaft, Süßkartoffeln und bestimmten Gemüsen gewonnen. Die islamischen Länder dieser Region produzieren kein Bier für den Eigengebrauch, da der mohammedanische Glauben Alkohol nicht erlaubt – trotzdem wurden dort einige Brauereien, ausnahmslos für den Export arbeitend, gegründet.

Mit Beginn der 1850er Jahre brachten westliche Reisende, speziell aus Deutschland, England und den USA, die nötige Technologie und das Handwerkszeug mit, um Handelsleute, Truppen oder Siedler mit traditionellen Brauprodukten ihrer Heimatländer zu versorgen. Einige der bekannteren asiatischen Brauereien, wie Kirin in Japan und Tsingtao in China wurden von Europäern gegründet und später von den dortigen Regierungen weitergeführt.

Den europäischen Einfluß kann man selbst noch nach 100 Jahren klar in den asiatischen Bieren erkennen. Biere im Pilsner-Stil sind heute die am häufigsten gebrauten Biere, wobei viele Unternehmen auch Stouts herstellen. Japanische Betriebe verschrieben sich außerdem deutschen Bierspezialitäten wie dem Altbier und dem Schwarzbier. Mit der Öffnung des Marktes für Klein- und Gasthausbrauereien konnte die japanische Brauindustrie in den vergangenen Jahren interessante Fortschritte machen.

Japan

Die erste Brauerei in Japan wurde 1870 von einem Amerikaner gegründet und war das Gründungsunternehmen der Kirin-Brauerei. Etwa zur gleichen Zeit begann die japanische Regierung den Bau einer Brauerei in Sapporo auf Hokkaido, die auf deutscher Brautechnik basierte – eine Brauerei bayerischen Stils, die unter dem Namen Sapporo-Brauerei bekannt wurde. In den späten 1880er Jahren entstanden zwei weitere Großbrauereien, die Osaka Beer Company, die das Asahi-Bier produziert, und die Japan Beer Company, die das Yebisu-Bier braut. 1906 fusionierten Sapporo, Osaka und die Japan Beer Company zur Dainippon-Brauereigesellschaft. Dainippon kontrollierte mehr als zwei Drittel des Marktes, bis die Regierung sie 1949 in die Asahi-Brauerei und die Nippon-Brauerei aufteilte, wobei letztere eventuell den Namen Sapporo wieder aufnehmen wird. Seitdem ist Kirin wieder die bedeutendste Brauerei Japans.

Ab dem Zweiten Weltkrieg stieg der Bierkonsum in Japan dramatisch, und das, obwohl die Produktion auf nur drei Hersteller, Kirin, Sapporo und Asahi, beschränkt war, bevor um 1960 ein weiteres Unternehmen, die Suntory Distillery Company, ebenfalls mit dem Bierbrauen begann. Bis Mitte der 1990er Jahre wurde nur solchen Betrieben die Brau-Erlaubnis erteilt, die einen jährlich Bierausstoß von mehr als 20 500 Hektoliter erzeugen konnten. Ein Grund, weshalb das Monopol der „Großen Vier“ lange Zeit ungefährdet blieb. 1994 wurde das Gesetz geändert, und obwohl einige Beschränkungen bestehen blieben, beispielsweise die hohe Besteuerung, schrieben nun auch in Japan die ersten Kleinbrauereien schwarze Zahlen.

Die japanische Brauindustrie zeichnet sich durch Hochtechnologieverfahren aus, mit dem Resultat eines sehr hellen, reinen Bieres. Das Pilsner im amerikanischen Stil ist das beliebteste, wenngleich alle wichtigen Brauereien auch eine Art deutsches Schwarzbier produzieren und einige auch mit Weizenbier, Altbier und dunklem Lager erfolgreich experimentieren. Japanische Lagerbiere enthalten zusätzlich zum Gerstenmalz häufig einen Anteil Reis, und sie tendieren im Vergleich zu ihren amerikanischen Pendants zu mehr Fruchtigkeit und höherem Alkoholgehalt. Ein extrem trockener Stil, fast ohne jeden Geschmack, wurde unter dem Namen „Dry Beer“ von der Asahi-Brauerei entwickelt und ist sehr erfolgreich. Die Öffnung des Marktes für Klein- und Gasthausbrauereien hat die Entwicklung neuer Biersorten in Japan in den letzten Jahren erheblich gefördert.

Asahi Breweries

Tokio **Gegründet 1889**

Der Aufstieg der Asahi-Brauerei zu einem ernstzunehmenden Konkurrenten für die größeren Brauereien Kirin und Sapporo wurde durch die Herstellung des ersten Dry Beer 1987 möglich. Im Moment ist das **Asahi Super Dry** eines der erfolgreichsten Biere Japans. Es ist ein Lagerbier quasi „ohne“ Geschmack. Das obergärige **„Z“** ist eine weitere sehr leichte Lagerbier-Kreation. Asahi produziert auch das vollere **Black Draft Beer** (oder Kuronama in Japan) und das **Asahi Stout**, ein traditionelles Stout im englischen Stil. **First Lady** ist Asahis Leichtbierangebot.

Kirin Brewery Company
Tokio
Gegründet 1870

Der Amerikaner William Copeland eröffnete im Umland von Tokyo 1870 eine Brauerei. 1888 brachte sie Kirin Lagerbier auf den Markt – der Name bezieht sich auf die auf dem Etikett erscheinende Figur aus der chinesischen Mythologie (halb Pferd, halb Drachen). Mitte der 1960er Jahre kontrollierte die Kirin-Brauerei mehr als 50 % des japanischen Biermarktes, und heute betreibt sie mindestens ein Dutzend Brauereien im ganzen Land. Kirin ist die viertgrößte Brauerei der Welt. Das Flaggschiff der Kirin-Brauerei, das **Kirin Beer,** reift mindestens ein bis zwei Monate, wodurch es gehaltvoller wird als zahlreiche andere japanische Pilsner Biere. Für das **Kirin Ichiban** – auf Platz zwei der Verkaufserfolgsliste – wird nur der erste Ablauf der Würze verwendet. Das Bier ist dadurch deutlich malzbetont. Das Sortiment wird vervollständigt durch **Kirin Light** wie auch durch das in der Auflage limitierte **Kirin Alt**, das **Kirin Stout** und das **Kirin Black**, eine rauchige Version des allgemein beliebten Schwarzbieres.

Sapporo Breweries
Tokio
Gegründet 1876

Die Sapporo Brauerei ist einerseits Japans am längsten kontinuierlich arbeitende Brauerei und andererseits auch die erste rein japanische Gründung. **Sapporo Cold Beer** war das erste Bier, das von Pioneers Brewery hergestellt wurde. Pioneers wurde von Seibei Nakagawa gegründet, der seine Forschungsergebnisse aus Deutschland einbrachte. Er braute zunächst deutsche Biersorten, wie dunkles Lagerbier im Jahre 1892, und das massiv schwarze **Sapporo Black Bier**, bis heute ein hervorragendes Beispiel dieser Biersorte. Das Flaggschiff des Unternehmens ist das leichte Lager, das **Original Draft Black Label**, im Ausland als **Sapporo Draft** bekannt, und wird in der beliebten silbernen 22-Unzen-Dose oder im 2-Liter-Keg verkauft. Das **Yebisu Premium**, nach Dortmunder Art, ist ein vollmalziges Bier und daher geschmacksintensiver als viele andere japanische Lagerbiere. Sapporo produziert neben einigen speziellen Regionalsorten auch das **Black Stout Draft.**

Suntory
Osaka — Gegründet 1899

Das kleinste und jüngste Mitglied der „Großen Vier" Japans begann als Spirituosen- und Weinproduzent, bevor es 1963 die Arena betrat. Suntorys Spitzenmarke ist **Malt's**, ein helles, bernsteinfarbiges vollmalziges Lagerbier. Das helle **Super Hop's** und Spezialitäten wie **Suntory Black Beer, Suntory Weizen** und **Suntory Alt** komplettieren das Sortiment.

Weitere japanische Brauereien

Chojugura, Itami
Doppo, Okayama (Teil der Miyashita sake brewery)
Gotenba Kohgen Brewery, Gotenba
Kirishima Highland Brewery, Kagoshima-Ken
Moku Moku, Nishiyubune
Orion Breweries, Okinawa: Orion Lager, Orion Draft
Otaru, Otaru: Otaru Dunkel, Otaru Helles
Uehara Shuzo Company/Echigo, Nishikanbara-Gun

China

Die Braukunst betrat Ende des 19. Jahrhunderts in der deutschen Kolonialhafenstadt Tsingtao erstmals chinesischen Boden. Heute ist China der zweitgrößte Bierhersteller der Welt – und übertrifft damit sogar Deutschland. Man erwartet, daß es zu Anfang des neuen Jahrtausends sogar der größte sein wird. Im Pro-Kopf-Verbrauch rangiert China international betrachtet hingegen „nur“ auf dem zwanzigsten Platz.

Eine Handvoll ausländischer und chinesischer Brauereibetriebe wurde in der ersten Hälfte des 20. Jahrhunderts errichtet. Mit der Machtübernahme der kommunistischen Regierung wurden alle Brauereien verstaatlicht und der Anbau von Hopfen gefördert. Die Mehrzahl der heute über 800 Brauereien wurden erst nach 1980 gegründet. Fast jede Stadt besitzt ihre eigene Brauerei, und die Bierproduktion ist sowohl aufgrund der begrenzten Transportmöglichkeiten als auch starker Ortsverbundenheit sehr regional ausgerichtet. Tatsächlich ist der Vertrieb von Bier und vieler seiner Rohstoffe in eine andere Region durch staatliche Schutzgesetze verboten. Mit Chinas Annäherung an eine freie Marktwirtschaft sind viele Ausländer dazu übergegangen, mit den örtlichen Brauereien Handelsbeziehungen aufzubauen. Anheuser-Busch zum Beispiel kaufte einen Anteil in Tsingtao, und Beck’s, Fosters und andere sehr bekannte ausländische Gesellschaften investieren in Chinas Brauindustrie. Den größten Erfolg haben allerdings weiterhin die in chinesischer Hand befindlichen Regional-Brauereien.

Fast alle Biere, die in China hergestellt werden, sind vom hellen Lagerbier-Typ, vereinzelt trifft man auch auf dunkle Biere und manchmal auf Stouts oder Porter. Chinesische Lagerbiere tendieren dazu, recht dünn zu sein, mit relativ niedrigem Alkoholgehalt. Neben Tsingtao vervollständigen das Snowflake-Bier der Shenyang-Brauerei, das Fünf-Sterne-Bier und das Double Happiness Guangzhou-Bier der Guangzhou-Brauerei sowie das Hua Nan-Bier die Auswahl chinesischer Biere. Außerhalb Chinas findet man diese Produkte allerdings kaum.

Tsingtao Brewery
Qingdao
Gegründet 1903

Tsingtao ist die führende chinesische Biermarke und das chinesische Exportbier schlechthin. Die Brauerei wurde um die Jahrhundertwende gegründet, um die damals in China lebenden deutschen Händler oder Truppenangehörigen mit „deutschem" Bier zu versorgen. Das Flaggschiff, **Tsingtao Beer,** ist ein helles, hopfiges Pilsner – typisch für chinesische Biere. Daneben produzierte das Unternehmen auch das **Tsingtao Dark Beer.** Mit der Übernahme von Anteilen durch Anheuser-Busch konnte die Brauerei sowohl ihre Vertriebsstruktur wie auch das Auslandsgeschäft erweitern.

Khan Bräu
Ulan Bator, Mongolei Gegründet 1996

Diese mongolische Brauerei wurde als Handelsgemeinschaft mit einer deutschen Firma gegründet, und sein **Khan Bräu,** ein Pilsner Lager, wird nach dem 1516 erlassenen bayerischen Reinheitsgebot gebraut und mit deutscher Technologie und Ausrüstung produziert.

Weitere chinesische Brauereien

Beijing Brewery, Beijing: Tientan Beer
Beijing Shuanghesheng Brewery, Beijing: Five-Star Beer, Nine-Star Premium
Chu Jiang Brewery, Guangzhou: Chu Sing
Guangzhou Brewery, Guangzhou: Double Happiness Guangzhou Beer, Song Hay Double Happiness Beer, Baiyun, Hua Nan
Hangzhou Zhongce Brewery, Hangzhou: Emperor's Gold, West Lake
Hong Kong Brewery, Hong Kong: Sun Lik
Shenyang Brewery, Shenyang: Snowflake
Zhujiang Brewery, Zhujiang

Süd- und Südostasien

Die meisten Nationen Süd- und Südostasiens sind mit leichten europäischen oder amerikanischen Lagerbieren sowie einigen Stouts bestens vertraut. Viele der Brauereien, mit ausländischen Eignern oder ausländischer Firmenbeteiligung, arbeiten in der gesamten Region.

Asia Pacific Breweries

Singapur **Gegründet 1931**

Ursprünglich „Malayan Breweries" genannt, entstanden die Asia Pacific-Brauereien im Joint-venture mit Heineken und einem in Singapur ansässigen Betrieb. Heute umfaßt dieses große Unternehmen Dutzende von Brauereien und Gemeinschaftsunternehmen in ganz Asien einschließlich solcher in China, Laos, Kambodscha und Vietnam. Die größte Brauerei, die Singapore Brewery, ist eine „State-of-the-Art"-Produktionsanlage. Ihr größter Erfolg ist das helle Pilsner **Tiger Beer**, das erstmals 1932 gebraut wurde. Ein Werbeslogan der Brauerei für ihr klassisches Tiger Beer inspirierte den britischen Schriftsteller Anthony Burgess zu dem Titel seines Buches „Time for a Tiger". **Tiger Classic Beer** ist eine leichte Variante, die Kristallmalz verwendet, um das Bier dunkler und reichhaltiger zu machen. **ABC Extra Stout** ist ein starkes, englisch inspiriertes Stout, und das hopfige Pilsner **Anchor Beer** wurde ursprünglich von der Archipelago Brewing Company gebraut, die in den 1940er Jahren der Malayan Breweries beitrat. Die Asia Pacific bietet auch das alkoholarme **Raffles Light Beer** an und das hochprozentige **Baron's Strong Brew**, das auf einem europäischen Rezept aus dem 19. Jahrhundert basiert.

La Fabrica de Cerveza de San Miguel

Manila, Philippinen **Gegründet 1890**

Als die Philippinen noch zum spanischen Kolonialreich zählten, erhielt die Fabrica de Cerveza de San Miguel ein Darlehen der spanischen Regierung, um in der Region von San Miguel im Distrikt Manila die erste Brauerei Südostasiens zu errichten. Man erbaute sie direkt neben dem Wohnsitz des Gouverneurs. Die San Miguel Brauerei eröffnete ihrerseits später eigene Brauereien in Spanien, die heute jedoch wieder in europäischer Hand sind. San Miguel ist der Hauptbierproduzent der Philippinen und einer der größten Asiens. „Die Bierfabrik" betreibt mehr als ein halbes Dutzend Brauereien auf den Philippinen und anderswo, einschließlich China, Hongkong und Vietnam. Das Original **San Miguel Pale Pilsen** ist ein leichtes Lager mit sehr klaren Hopfen- und Malzaromen. Das bayerisch beeinflußte **San Miguel Dark** ist tiefrotbraun mit einem Röstgeschmack, der leichte Raucharomen aufweist. Daneben braut San Miguel ein Schwarzbier, das **Cerveza Negra**, sowie das **Super Dry**, das **All-Malt**, das helle bernsteinfarbene **Gold Eagle Lager** und den **Red Horse** Malzlikör.

Boon Rawd Brewery Company

Bangkok, Thailand

Gegründet 1932

Wie viele andere ältere Brauereien in Südostasien auch wurde die Boon Rawd Brauerei mit deutscher Technologie und Ausrüstung aufgebaut. **Singha** ist das bekannteste Produkt der Brauerei. Es ist ein goldenes Lager, das hopfiger und trockener als die meisten asiatischen Interpretationen des Pilsner Biertyps ausfällt. Der Name „Singha" ist der thailändischen Mythologie entliehen und steht dort für ein löwenähnliches Geschöpf. Der „Löwe" ziert heute als Firmenzeichen die Flaschenetiketten von Boon Rawd. Das Boon Rawd-Sortiment wird durch das **Singha Stout** vervollständigt.

Ceylon Brewery

Nuwara Eliya, Sri Lanka — **Gegründet 1881**

Die Ceylon-Brauerei, mitten im Teeanbaugebiet zu Hause, braut ein Premium-Stout asiatischen Stils, das **Lion Stout**. In seiner Heimat wird dieses reichhaltige Ale häufig mit einer Art Kokusnuß-Schnaps gemixt. Für den Export werden ein flaschengereiftes Bier sowie ein Pilsner gebraut.

Cobra

Bangalore, Indien — **Gegründet 1990**

Cobra-Bier wird in Indien nur für den Export gebraut. **Cobra Indian Beer** ist ein leichtes Lager, das speziell für indische Restaurants in England gebraut wird. Mittlerweile ist es auch im übrigen Europa erhältlich.

McCallum Breweries

Colombo, Sri Lanka — **Gegründet 1962**

Eine weitere Version der in Asien gebrauten Stoutbiere ist das **Sando Stout** von McCallum, ebenfalls unter dem Namen Three Coins Brewery bekannt. Sando war der Name eines ungarischen Abenteurers aus dem 19. Jahrhundert. McCallum braut auch ein **Pilsner** Bier.

Mohan Meakin

New Delhi, Indien — **Gegründet 1955**

Mohan Meakins größtes Brauzentrum ist die Solan-Brauerei im Norden Indiens, wo typvolle indische Lagerbiere wie das **Golden Eagle Lager**, das **Lion** und das **Ghymkhana Pilsner** produziert werden.

United Breweries

Bangalore, Indien — **Gegründet 1915**

Das Unternehmen, das aus einem Zusammenschluß von vierzehn indischen Brauereien entstand, begann mit der Produktion in fünf Brauereien im Süden Indiens, darunter die Castle Breweries, die aus dem Jahre 1857 stammt und damit die älteste ist. Das Lager **Kingfisher** ist das Flaggschiff der United Breweries und ihr erfolgreichstes Getränk. Die verschiedenen Brauereien brauen so unterschiedliche Biere wie das **Kingfisher Diet**, das **UB Premium Ice Beer**, das **UB Export Lager** als auch das **Kalyani Black Label Premium Strong Beer**, das **Bullet Super Strong** und das **Charger Extra Strong**.

Weitere asiatische Brauereien

Asia Brewery, Manila, Philippinen

Chosun Brewery, Seoul, Korea

Hue Brewery, Hue, Vietnam: Hue Beer

Jinro Coors Brewery, Seoul, Korea

Lao Brewery Company, Laos: Lager Beer, Draft Beer

Muree, Rawalpindi, Pakistan: London Lager

Orang Utan Brewery and Pub, Singapur

Oriental Brewing Company, Seoul, Korea: OB Lager, OB Dry

PT Bintang, Tangerang, Indonesien: Bintang Lager

PT Delta, Jakarta, Indonesien

Thai Amarit Brewery, Bangkok, Thailand: Amarit Lager

Viet Ha Brewery, Hanoi, Vietnam

Australien und Neuseeland

Obgleich die Trinkfreudigkeit der Australier legendär ist, machte das Land wie auch Neuseeland Anfang bis Mitte des 20. Jahrhunderts einschlägige Erfahrungen mit der Abstinenzlerbewegung. Damals versuchte man, den Alkoholkonsum einzuschränken, indem man den Biergenuß in der Öffentlichkeit nach sechs Uhr abends verbot, was dazu führte, daß sich die Gäste bereits vor der Sperrstunde betrunken hatten. Eine Reaktion auf die Prohibition war der Zusammenschluß einiger Bierhersteller mit dem Ziel, für eine starke Opposition ihre Kräfte zu konzentrieren. Heute kontrollieren in beiden Ländern jeweils zwei Unternehmen mehr als 90 % der Brauindustrie, wobei die Lion-Nathan-Gruppe einen bedeutenden Anteil in beiden Ländern besitzt – mehr als 40 % des australischen und etwa 55 % des neuseeländischen Marktes. Die Dominion Breweries kontrollieren fast 40 % des neuseeländischen Marktes, während die Foster Brewing Group, die sich aus den mächtigen Carlton und United Breweries und anderen ausländischen Gruppierungen zusammensetzt, mehr als die Hälfte des australischen Brauwesens beherrscht. Kein Wunder, daß neugegründete Kleinbrauereien Mühe haben, sich zu behaupten – in Neuseeland scheint es ihnen am besten zu gelingen.

Australien und Neuseeland brauten schon seit der ersten Besiedelung durch die Engländer im frühen 19. Jahrhundert Bier, obwohl die Rohstoffe nur begrenzt zur Verfügung standen und die Schiffsreisen für den Import aus Europa lang und schwierig waren. Das englisch beeinflußte Ale war anfangs bestimmend, doch schon bald wurde auch hier das Lager das begehrteste Getränk. Nur wenige Brauereien stellen heute noch Ales her, die so bezeichneten Biere sind tatsächlich oft untergärige Lager.

Australien

Ende des 18. Jahrhunderts wurde in Sydney das erste Bier gebraut, und im Jahre 1804 eröffnete die erste Brauerei. Zwischen 1820 und 1830 begann man mit der Herstellung von Ales nach britischem Vorbild, meist für den lokalen Bedarf. Im Laufe der Zeit wechselten die Brauereien langsam vom Ale zum Lager, hauptsächlich,weil durch die kontinentalen hohen Temperaturen die Ale-Produktion sehr schwierig war und die stabileren Lager leichter hergestellt werden konnten. In Australien gibt es etliche Gebiete, in denen Gerste und Hopfen angebaut werden, auch auf der kleinen Insel Tasmanien, ein Hauptlieferant für Getreide und Heimat zweier alteingesessener Brauereien, der

Boag und der Cascade. Pride of Ringwood heißt der alles beherrschende australische Bierhopfen.

Das 20. Jahrhundert ist für das australische Brauwesen durch zahlreiche Fusionen gekennzeichnet. Die Carlton and United Breweries sind ein Zusammenschluß aus fast einem Dutzend ehemals unabhängiger Betriebe, die seit mehr als hundert Jahren existierten. Die Spaltung der australischen Lion Nathan-Gruppe, die aus fünf Brauereien besteht, ist das neueste Ereignis in einer langen Kette von Fusionen: Die Castlemaine in Victoria und Perkins in Queensland, zwei Brauereien aus der Mitte des 19. Jahrhunderts, schlossen sich 1929 zusammen; 1981 verband sich Castlemaine Perkins mit der in Sydney ansässigen Tooheys Brewery, und fünf Jahre später vereinigte sich die Castlemaine Tooheys Limited mit der Swan Brewery, um die Bond Corporation zu bilden. Das aufgeblähte Unternehmen hatte jedoch nur wenige Jahre Bestand, und 1991 brauchte Lion Nathan nur die Einzelteile aufzusammeln. Kurze Zeit später holte sie auch noch die Hahn and South Australien Brewing Companies unter das gemeinsame Dach. Die Coopers Brewery und J. Boag and Son sind heute die einzigen unabhängigen nationalen Brauereien.

CARLTON AND UNITED BREWERIES

MELBOURNE, VICTORIA — **GEGRÜNDET 1907**

Die größte australische Brauerei, die Carlton and United Brewery, begann als Carlton Brewery, 1864 in Melbourne gegründet. Die Gebrüder Foster aus Amerika starteten in den späten 1880er Jahren in Australien mit Lagerbieren, und im Jahre 1907 kamen Carlton und Foster zusammen, um gemeinsam mit der Victoria Brewery die Carlton and United Breweries (CUB) zu gründen. Heute produziert die CUB etwa fünfzig Sorten Bier einschließlich verschiedener Biere anderer Marken, beispielsweise für Carlton, Foster's, Power, Cascade, Matilda Bay und Darwin. Ursprünglich von der Tooth's Kent Brewery gebraut, ist das **Sheaf Stout** heute eines der Premiumbiere von Carlton und United. Für dieses trockene Stout werden geröstete Gerste und verschiedene Malzsorten eingesetzt. Es besitzt eine leicht trübe, tiefschwarze Farbe und kaffeeartige Aromen. Die Kent Brewery produziert ebenfalls das **KB Lager** und das **Kent Old Brown Ale** sowie aus der Reschs-Produktion **Reschs Pilsner, Reschs DA (Dinner Ale), Reschs Draught** und **Reschs Smooth Black Ale.** Die Matilda-Bay-Brauerei ist ein Spezialitätenbrauer, der zum Beispiel **Redback Original** Weizenbier herstellt, **Redback Light, Red-back** Hefeweizen, das sehr starke **Lager Dogbolter, Brass Monkey Stout, Iron Brew, Freemantle Bitter, Matilda Bay Bitter, Matilda Bay Pils** und **Matilda Bay Premium. Cascade Premium Lager, Cascade Pale Ale, Cascade Stout und Cascade Draught** werden von der Cascade Brewery gebraut, der ältesten Brauerei in Australien, 1824 gegründet. Die Carlton Brewery selbst vertreibt **Carlton Crown Lager, Carlton Cold, Carlton Draught** und **Carlton D-Ale** bzw. **Diamond Draught. Foster's Lager** ist das weltweit bekannteste Bier des Foster Sortiments. Foster bietet weiterhin **Foster's Light, Foster's Special Bitter** und **Foster's Ice. Victoria Bitter** ist das meistgekaufte Bier in Australien. Andere Biere von CUB sind: **Melbourne Bitter** und zwei Stouts aus der Abbotsford Brewery, das **Abbots Extra Double Stout** und **Abbot Invalid Stout,** ein fast cremiges untergäriges Stout.

Coopers Brewery

Leabrook, Südaustralien — Gegründet 1862

Zu Beginn der 1860er Jahre braute Thomas Cooper ein Ale nach einem alten englischen Familienrezept, das ursprünglich dazu gedacht war, die Krankheit seiner Frau zu lindern. Schließlich bot er dieses Ale auch zum Verkauf an – Coopers Brewery war geboren. Mehr als 130 Jahre später ist sie als letzte der australischen Brauereien immer noch im Familienbesitz. Sie stellt ihr eigenes Malz her und setzt seit ca. 1900 stets die gleiche Hefekultur ein. Cooper ist außerdem einer der wenigen australischen Betriebe, der vor allem Ales produziert. Das Flaggschiff ist das fruchtige **Coopers Sparkling Ale**, aufgrund der Flaschenreifung recht trübe. Das ihm verwandte, etwas leichtere **Coopers Original Pale Ale** hat eine mehr hopfige Note. Für das **Coopers Best Extra Stout** werden firmeneigene dunkel geröstete Malze verwendet, die ihm die dunklere Farbe und das volle Aroma geben. Cooper braut ebenfalls das **Dark Ale** und einige lagerfähige Ales, einschließlich **Premium Clear Ale, Thomas Cooper Finest Export** und die limitierte Ausgabe von **Extra Strong Vintage Ale.** Sein „Lagerbier"-Sortiment besteht aus **Coopers Genuine Draught, Coopers Dry Beer, Coopers Light** und **Birrell Premium.**

J. Boag & Son Brewing

Launceston, Tasmanien — Gegründet 1829

Die Boag-Brauerei ist eine der ältesten australischen Brauereien und eine der ganz wenigen unabhängigen. Sie produziert sowohl das charakteristische **James Boag's Premium Lager** als auch das **Boag's Bitter**, **Boag's Draught und Boag's XXX Ale**, die alle einen ausgeprägt hopfigen Charakter aufweisen.

Castlemaine Perkins

Brisbane, Queensland — Gegründet 1929

Castlemaine war die erste wirklich australische Brauereigründung im Jahre 1859. 1929 vereinigte sie sich mit der Perkins-Brauerei, die 1866 gegründet worden war, zur Castlemaine Perkins Brewery. Die Brauerei bietet verschiedene Lager unter dem XXXX-Label wie das trockene **XXXX Bitter**, das **XXXX Light Bitter**, das alkoholarme **XXXX Gold Lager** und das **XXXX Draught** an. Als weitere Castlemaine-Biere wären noch das **DL Lager**, das **Castlemaine Extra Dry** und das leicht toastige, untergärige **Carbine Stout** **zu nennen**.

HAHN BREWING COMPANY

CAMPERDOWN, NEUSÜDWALES — GEGRÜNDET 1988

Die Kleinbrauerei außerhalb von Sydney produziert **Premium Lager** und **Premium Light, Sydney Bitter** und die Lagertypen **Gold, Dark Ice** und **Cold Cock Bock.** Sie wurde 1993 von Lion Nathan gekauft.

SOUTH AUSTRALIAN BREWING COMPANY

ADELAIDE, SÜDAUSTRALIEN — GEGRÜNDET 1888

Die South Australian Brewing Company hat drei Produktlinien im Angebot, hauptsächlich Lager, zum Beipsiel: Eagle mit **Eagle Blue Ice** und **Eagle Super;** West End mit **Draught**, **Export, Gold** und **Light;** und die Southwark-Linie mit **Bitter, Premium, Old Black Ale** und **Old Stout**, ein vollmundiges Stout nach englischem Vorbild.

SWAN BREWERY

PERTH, WESTAUSTRALIEN — GEGRÜNDET 1857

Diese Brauerei beliefert mehr als zwei Drittel des westaustralischen Biermarktes. Ihr Sortiment umfaßt **Draught, Gold, Export, Premium, Stout** und **Special Light.** Die EMU-Linie bietet **EMU Export, EMU Draft** und das hopfige **EMU Bitter**. Das **1857 Pilsner** und das **1857 Bitter** aus der 1857er-Linie werden ebenfalls bei Swan gebraut.

TOOHEYS

LIDCOME, NEUSÜDWALES — GEGRÜNDET 1869

Mitte des 20. Jahrhunderts stellte Tooheys von der Ale- auf die Lagerbierproduktion um, obwohl sie nach wie vor echtes Ale braut, etwa das bernsteinfarbene **Old Black Ale**. Ihre wichtigsten Lagerbiere sind **Tooheys New** (vorher Tooheys Draught), **Tooheys Red Bitter, Tooheys Amber Bitter, Tooheys Gold Bitter, Tooheys Extra Dry** und das leichte **Blue Label** im Wiener Stil.

WEITERE AUSTRALISCHE BRAUEREIEN

EUMUNDI BREWING, Eumundi, Queensland: Eumundi Premium Beer, Eumundi Light

GEELONG BREWING COMPANY, Moolap, Victoria: Dingo Bitter, Geelong Bitter, Cook's Export Lager

GRAND RIDGE BREWING COMPANY, Mirboo North, Victoria: Brewer's Pilsner, Moonshine, Moonlight

LORD NELSON, Sydney, Neusüdwales (Gasthaus): Victory Bitter Ale, Trafalgar Pale Ale, Old Admiral Ale

PUMPHOUSE BREWERY, Sydney, Neusüdwales: Federation Ale, Bull's Head Bitter

NEUSEELAND

Der Entdecker Neuseelands, Captain Cook, der im Namen der britischen Krone das Land in Besitz nahm, soll auch das erste Bier des Landes im Jahre 1770 gebraut haben. Es soll ein Gebräu aus Fichten und Teepflanzen, versetzt mit Melasse, gewesen sein, um dem Skorbut zu begegnen.

Dessen ungeachtet kann Neuseeland auf eine lange Geschichte des Antialkoholismus schauen. Die Newzeeland Breweries (jetzt Lion Nathan) formierten sich im Jahre 1923, als sich zehn der größten Brauereien zusammenschlossen, um gegen die Abstinenzlerbewegung Widerstand zu leisten; sie brachten fast die Hälfte der nationalen Bierproduktion unter einem einzigen Dachverband zusammen. Diese Konzentration förderte die Forschung und Entwicklung. Von Bedeutung war eine Erfindung der Dominian Breweries, die mit einem System kontinuierlicher Gärung arbeiten, bei der Würze und Hefe permanent durch eine Serie mehrerer Gärungsbehälter fließen. Obwohl die Lion Nathan und die Dominion Breweries zusammen mehr als 90 % des neuseeländischen Biermarktes kontrollieren, konnten trotzdem einige Klein- und Gasthausbrauereien überleben, insbesondere, da sich in den vergangenen zwanzig Jahren die Lizenzbeschränkungen lockerten.

Dominion Breweries (DB)

Auckland — Gegründet 1930

1930 wurde in Auckland die Waitemata Brewery gegründet; in den späten 1960er Jahren übernahm sie die Taranaki Brewery, die Tui Brewery und die Westland and Nelson Breweries, um die Dominion Breweries Group zu bilden. Sie produzieren ausschließlich Lager; das **DB Draught** ist ihr Premiumbier, dazu braut man das weniger süße **DB Bitter** und das hellere **DB Gold** sowie das **DB Export Dry**. Das malzige **Double Brown** ist trotz seines Namens eher gold-kupfernfarbig als braun. **Tui East Indian Pale Ale** wird seit 1880 gebraut, und dieses körperreiche Bier hat im südlichen Teil der Insel viele Liebhaber bei der Urbevölkerung. Zu den Spezialitäten zählen das **Monteith's Extra Bitter Brown Ale** und das **Trapper's Red Beer,** während Mako ein Bier der niedrigeren Alkoholstufe ist. **Vita Stout** und **Kiwi Lager** sind zusätzliche Angebote.

Lion Nathan

Auckland — Gegründet 1923

Obwohl nur vier der ursprünglich zehn dem Brauereiverband beigetretenen Brauereien noch heute existieren, braut Lion Nathan mehr als die Hälfte des neuseeländischen Bieres. Die Lion Brewery, die größte von ihnen, wurde 1850 gegründet und besitzt nun zwei Brauereien auf der Nordinsel; die Canterbury Brewery beliefert mit Speights die Südinsel. Speights, 1876 gegründet, war lange Zeit die größte Brauerei Neuseelands. **Steinlager** ist das exportträchtigste Bier des Landes und wurde 1958 auf Veranlassung der Regierung, ein Lager europäischer Qualität zu produzieren, entwickelt. Das meistverkaufte Bier innerhalb Neuseelands ist das **Lion Red,** ein malziges Lager, das seit 1907 gebraut wird. Das dunkelbernsteinfarbene **Lion Brown** ist etwas süßer als das Red, das zartere **Lion Ice** und das **Light Ice** vervollständigen die Produktpalette. Speights Biere sind das **Speights Gold Medal Ale,** das dunkle **Speights Distinction Ale** und das **Speights Old Dark Porter. Canterbury Draught** ist eine malzig-süße bräunliche Lagerbier-Produktion. **Rheineck, Leipard Black Label** und die regionalen Spezialitäten **Waikato Draught** und **Hawkes Bay Draught** sind weitere interessante Biere aus der Lion-Nathan-Gruppe.

McCashin's Brewery and Malthouse

Nelson — **Gegründet 1981**

Neuseelands erste Kleinbrauerei wurde von dem Rugby-Spieler Terry McCashin gegründet und schaffte es, trotz der starken Konkurrenz der beiden nationalen Brauereiriesen zu überleben. Man braut ausschließlich nach dem Reinheitsgebot aus dem 16. Jahrhundert, so etwa das **Mac's Ale**, das dunkle **Black Mac Ale** und das starke **Mac Extra**, alles untergärige Lager.

Weitere neuseeländische Brauereien

Emerson Brewing Company, Dunedin: London Porter, 1812 India Pale Ale, Old 95, Weissbier, Dunkelweizen, Organic Pilsener,

Harrington's, Christchurch: Harrington's Dark Beer, Harrington's Wheat

Independent Breweries, Auckland: Bighorn Blue, Nighthawk Dark Ale, Panther Premium Lager

Marlborough Brewing Company, Marlborough: Marlborough Draught

Newbegin Brewery, Auckland: Silver Fern Lager, Old Thumper Porter

Settler's Brewing Company, Henderson: Stockan Munich Lager, Stockan Draught Ale

Shakespeare Tavern and Brewery, Auckland (Gasthaus): King Lear Old Ale, Macbeth's Red Ale, Falstaff's Real Ale, Willpower Stout

Strongcroft, Wellington

Weitere Brauereien im Pazifik

Brasserie de Tahiti, Papeete, Tahiti: Hinano Tahiti Lager

Western Samoa Breweries, Apia, Samoa

Afrika und Naher Osten

Seit mehreren tausend Jahren, beginnend im alten Ägypten, existiert in Afrika eine Braukultur, die sich über den ganzen Kontinent verbreitete. Traditionell sind einheimische Rohstoffe wie Sorghum, Hirse und Palmsaft vorrangige Bestandteile der lokalen Biere. Diese schnell gärenden Gebräue sind durch eine leichte Trübung oder auch Milchigkeit charakterisiert. Selbst nach der Einführung europäischer Biersorten durch Siedler und Kolonialisten im 19. Jahrhundert wurden weiterhin „hausgebraute Biere" produziert. Der größte Teil Afrikas ist für den Anbau von Gerste und Hopfen zu heiß und zu trocken. Der Import von Rohstoffen ist jedoch für die meist armen Entwicklungsländer zu teuer, weshalb man meist auf regionale Getreide und Zusätze ausweichen muß. Der Gerste- und Hopfenanbau wurde in Kenia und Südafrika eingeführt, und die größte der afrikanischen Brauereien, die

South African Breweries, besitzen sogar ihre eigene Hopfenfarm. Es ist allgemein üblich, Mais oder andere Getreidearten dem Malz bei der Bierherstellung beizumischen.

Das erste europäische Brauerei-Unternehmen wurde am Kap der Guten Hoffnung in Südafrika von einem niederländischen Seemann 1650 gegründet. Während der frühen europäischen Kolonialisierung war Ale das meistgebraute Bier, wurde jedoch nach und nach vom Lagerbier verdrängt. Afrikanische Lager sind in der Regel recht schwach, schon wegen ihrer Getreidezusätze. Stouts sind nach wie vor sehr gefragt, speziell in Nigeria. Der europäische Einfluß auf das Braugeschehen setzt sich fort, da viele afrikanische Brauereien Joint-ventures mit europäischen Firmen eingingen, mit Heineken an erster Stelle. Heute gibt es über hundert Brauereien in Afrika, zur Hauptsache im Westen Nigerias, im Osten Kenias und im südlichen Südafrika.

Kenya Breweries

Nairobi, Kenia — **Gegründet 1922**

Die East African Breweries wurden von zwei Brüdern und einem Goldsucher gegründet und arbeiteten zunächst nach englischen Verfahren sowie mit englischer Ausrüstung und produzierten Ales und Stouts nach britischem Vorbild. Später benannten sie sich in Kenya Breweries um, seitdem werden dort Lager mit besonderem Gewicht auf die Tusker-Marke gebraut – benannt nach einem der Gründungs-Brüder, der von einem Elefanten getötet wurde. Das **Tusker Lager** ist ein goldenes, relativ körperreiches Lager Pilsner Art und deutlich hopfenbetonter als die übrigen afrikanischen Lager. Ähnliche Lager unterschiedlicher Stärke sind das **Tusker Premium Lager**, das für den Export gebraut wird, und das **Pilsner Lager**. Das fruchtige **White Cap Lager** rundet die Produktpalette ab.

Nigerian Breweries

Lagos, Nigeria — **Gegründet 1949**

Gegründet mit Unterstützung der niederländischen Heineken-Brauerei, die auch heute noch einen großen Anteil an ihnen hält, sind die Nigerian Breweries der größte Braubetrieb des Landes. Er unterhält vier Produktionsstätten. Sein bekanntestes Bier ist das **Gulder**, ein erfrischendes, helles Lager. Das **Star** ist ein tiefgoldenes Lager. Die Nigerian Breweries bieten ebenfalls ein **Legend Stout** an, ein typvolles Stout mit kräftiger Röstmalznote.

South African Breweries (SAB)

Johannesburg, Südafrika — **Gegründet 1895**

Um 1900 bildeten sich die SAB aus der Fusion von zwei südafrikanischen Brauereien. Ihre Stellung als führende nationale Brauerei verstärkte sich noch durch die Übernahme der ehemaligen Konkurrenzunternehmen Ohlsson's und Union Breweries. Heute umfaßt SAB sieben Brauereien. Hinzu kommen Geschäftsbeteiligungen in anderen Ländern. SAB führte 1890 mit ihrem **Castle Lager** untergäriges Bier in Afrika ein. Das **Lion Lager** ist dunkler und die etwas körperreichere Variante. Die Brauerei produziert auch das **Ohlsson's Lager** und das dunkle, volle **Castle Milk Stout**, das mit Lactose gebraut wird.

Mitchell's Brewery

Knysna, Südafrika Gegründet 1984

Ein ehemaliger Brauer der SAB-Brauerei eröffnete 1984 die erste Kleinbrauerei Afrikas. Seine im europäischen Stil gehaltenen Biere sind **Forester's Draught Lager, Bosun's Bitter** und das volle **Raven Stout.**

Namibian Breweries

Windhoek, Namibia Gegründet 1920

Die Namibian Breweries sind eine Gründung deutscher Kolonialbrauer. Den deutschen Einfluß zeigen Biere wie das **Windhoek** und das **Maibock Lager** noch deutlich.

Nesbitt Brewery

Chiredi, Zimbabwe Gegründet 1990

Die Privatbrauerei Nesbitt hält am deutschen Reinheitsgebot aus dem 16. Jahrhundert fest und produziert auf dieser Basis sein **Hunter's Lager.**

Nile Breweries

Jinja, Uganda Gegründet 1992

Nile Breweries entstanden aus einer alten Brauerei, die in den 1970er Jahren schließen mußte. Man braut dort heute das angeblich stärkste Lager Afrikas, das **Extra Strong Brew,** und das **Nile Special Lager.**

Solibra Abidjan

Abidjan, Elfenbeinküste Gegründet 1960

Das bekannteste Bier, das von dieser Brauerei im früheren Französisch Westafrika produziert wird, ist das **Mamba Lager,** ein malziges Lager. Ebenfalls im Sortiment: das **Mamba Bock.**

Weitere afrikanische Brauereien

Accra Brewery, Accra, Ghana

Arab Breweries Company, Amman, Jordanien

Bavaria Bräu, Johannesburg, Südafrika

Blue Nile Brewery, Khartoum, Sudan: Camel Lager

Brasserie de Brazzaville, Brazzaville, Kongo

Brasseries De Guinea, Conakry, Guinea

Brasseries De Logone, Moundou, Tschad

Brasseries De Tunisia, Tunis, Tunesien

Brasserie Dle Pellas, Douala, Kamerun

Brasseries du Benin, Lome, Togo: Ngoma Pilsner, Bière Bénin

Brasseries du Maroc, Casablanca: Flag Pilsner, Flag Export Lager

Brasseries Glacieres, Algiers, Algerien

Chibuku Brewery, Harare, Zimbabwe

International Brasserie, Yaounde, Kamerun

Kgalagadi Brewers, Gaberone, Botswana

Meta Brewery, Addis Ababa, Äthopien

Tanzania Breweries, Dar es Salaam, Tanzania

Tempo Beer Industries, Metanyai, Israel

Zambia Breweries, Lusaka, Zambia

USA

Noch bevor die ersten europäischen Siedler ihr Bier in die Kolonien der Neuen Welt brachten, stießen die spanischen Eroberer im Südwesten auf Indianerstämme, die aus Mais eine Art Bier brauten. Archäologische Funde belegen, daß die eingeborenen Völker Nordamerikas schon Jahrhunderte vor dem ersten Kontakt mit den Weißen das Brauen beherrschten.

Die europäischen Siedler begannen im 16. Jahrhundert mit dem Brauen. Die erste Brauerei eröffnete um 1630 in New Amsterdam. Sowohl die Puritaner in Neuengland, als auch die Holländer in New York, New Jersey und Pennsylvania bauten im 17. Jahrhundert Brauereien auf. Die Entscheidung der Pilgerväter, 1620 bei Plymouth Rock zu landen, könnte vom Bier beeinflußt worden sein: Einem Tagebuch von der Mayflower ist zu entnehmen, daß das Schiff nicht länger auf See bleiben konnte, weil „unsere Viktualien beinahe aufgebraucht sind, besonders das Bier“.

Protest gegen die Prohibition in den 1920er Jahren

Die favorisierten Biere in den Kolonien waren zunächst britische Ales, die zum größten Teil importiert wurden. In der Folge eines Boykotts britischen Biers und seiner Zutaten in den Jahren vor der Revolution griffen die Brauer auf Mais oder Weizen und auf pflanzliche Würze von Muskat, Melasse oder Ingwer bis hin zu Baumrinde und Kürbis zurück. Viele berühmte Gründerväter waren aktive Hausbrauer, unter ihnen George Washington, Thomas Jefferson und William Penn. Anfang des 19. Jahrhunderts arbeiteten bereits mehr als 120 Brauereien in den neu gebildeten Vereinigten Staaten mit ihren nur sieben Millionen Einwohnern. Zum Ende des Jahrhunderts gab es schon mehr als 1000 Brauereien, von denen alleine in Philadelphia über 100 und in New York City und Brooklyn weitere 110 standen. Zu dieser Zeit hatten die von den europäischen Einwanderern eingeführten Lagerbiere begonnen, die Tradition der Ale-Brauerei in den Vereinigten Staaten zu verdrängen.

Die Einführung der Prohibition im Jahr 1919 zwang die meisten Brauereien im Lande zur Schließung, und nur wenige konnten nach Abschaffung des Gesetzes mitten in der Großen Depression von 1933 wiedereröffnen. In der Nachkriegszeit beherrschte eine kleine Anzahl großer nationaler und regionaler Brauereien den Markt. Dies ließ nicht nur viele kleinere Brauereien eingehen, sondern festigte auch die Position des Lagerbiers als vorherrschenden amerikanischen Bierstil. Anheuser-Busch, Miller und schließlich auch Coors besaßen ein regelrechtes Monopol, insofern sie alle leichte, nahezu geschmacksneutrale Lager brauten. Eine Lockerung der Gesetze und Einflüsse durch die britische Campaign for Real Ale (CAMRA) führte in den 1980er und 1990er Jahren zu einer Revolution der Bierbrauerei. Zunächst in Kalifornien und dann im gesamten pazifischen Nordwesten begannen Klein- und Hausbrauereien mit der Produktion von aromareichen Bieren in europäischen Stilen – neben der Rückbesinnung auf typisch amerikanische Biere wie das Buffalo Bill's Pumpkin (Kürbis) Ale in Kalifornien. Die Brauerzunft in den Vereinigetn Staaten experimentierte auch mit Spezialitätenbieren, im allgemeinen sind ihre Biere hopfiger als ihre europäischen Vorläufer.

Die USA verfügen heute über mehr Brauereien als jede andere Nation und überholten 1997 sogar Deutschland. Anfang 1999 brauten hier mehr als 1300 Kleinbrauereien, Hausbrauereien und Kontraktbrauereien Bier (1992 waren es noch keine 300). Das kommerzielle Brauen ist heute ein Milliarden-Dollar-Geschäft, dessen Anteil am nationalen Markt weiterhin, wenn auch langsam, wächst.

USA – Nordosten

In den Städten wie Philadelphia und Boston hat das Bierbrauen eine lange Tradition. Eine Handvoll Brauereien überlebte die Prohibition und die Konsolidierung der Industrie in der zweiten Hälfte des 20. Jahrhunderts. Die New Yorker Brauereien Genesee und F.X. Matt produzieren trotz des vorherrschenden Lager-Stils weiterhin beliebte Ales.

Auch wenn die Braurevolution im Westen ihren Ausgang nahm, beherbergt die Ostküste bedeutende Kleinbrauereien. Heute führende Betriebe wie die Boston Beer Company und die Brooklyn Brewery begannen damit, die Biere größerer Firmen im Auftrag herzustellen. Bei ihren Rezepten und Techniken orientieren sie sich an den kolonialen Brautraditionen ebenso wie an aktuellen britischen Praktiken. Auch die unzähligen Biere Belgiens und Deutschlands werden von innovativen Brauereien im Nordosten adaptiert.

Boston Beer Company
Boston, Massachusetts
Gegründet 1985

Die Boston Beer Company wurde von einem Brauer gegründet, dessen erstes Bier auf einem alten Familienrezept aus den 1870er Jahren beruhte. Das ursprüngliche, an den Wiener Stil angelehnte **Samuel Adams Boston Lager** ist weiterhin der Bestseller der Brauerei. Das **Samuel Adams Boston Stock Ale** ist ein robustes und würziges Ale, und auch **Honey Porter, Scotch Ale** und **Cream Stout** sind weitere ganzjährige Angebote, die sich aus den vollmundigen Ales Englands herleiten. Zu den Bieren im belgischen Stil zählen das **White Ale**, das **Cherry Wheat** und das **Cranberry Lambic** (kein wirkliches Lambic). Dann gibt es noch das **Golden Pilsner.** Das Angebot an Saisonbieren ist ebenfalls abwechslungsreich: **OctoberFest, Winter Lager Weizenbock, Spring Ale,** dem deutschen Kölsch nahe, und **Summer Ale,** ein Witbier im belgischen Stil. Neben dem **Samuel Adams Doppel Bock** bietet die Brauerei auch ein sehr starkes (17 Vol.-%), dickflüssiges **Triple Bock** an, das an Sherry erinnert. Das kalorienarme **Boston Lightship** ist ein relativ vollmundiges und aromareiches Leichtbier.

The Brooklyn Brewery
Brooklyn, New York
Gegründet 1987

Im ehemals blühenden Zentrum Brooklyns gelegen, war die Brauerei die erste kommerzielle der Gegend seit mehr als zwei Jahrzehnten und dazu eine wegweisende Kleinbrauerei. Das auf einem Rezept aus dem 19. Jahrhundert basierende **Brooklyn Lager** war das erste Bier der Brauerei. Dieses preisgekrönte, bernsteinfarbene Produkt ähnelt einem Wiener Lager. Das Winterbier **Brooklyn Black Chocolate Stout** ist ein schweres, jedoch cremiges **Imperial Stout** mit reichem Schokoladen- und Malzaroma. Es gibt auch ein **Brooklyn Dry Stout.** Das **Brooklyn**

Brown Ale ist hopfiger und alkoholhaltiger als seine britischen Entsprechungen. Weitere englisch inspirierte Biere sind das **Brooklyn Pennant Pale Ale '55,** das als Tribut an das Baseballteam Brooklyn Dodgers gebraut wird, das hopfige **Brooklyn East India Pale Ale** und das Barley-Wine-artige **Brooklyn Monster Ale,** das nur vom Faß zu haben ist. Die Brooklyn Brewery bietet auch zwei belgisch beeinflußte Saisonbiere an: das **Blanche de Brooklyn,** ein würziges Witbier, und das **Breukelen Abbey Ale.** Das **Brooklyn Pilsner** ist ein goldgelbes Lager, das in der Tradition eines deutschen Pils gebraut ist, während das **Brooklyn Weisse** als ein hefetrübes Weizenbier im bayerischen Stil daherkommt.

Catamount Brewing Company

White River Junction, Vermont Gegründet 1985

Die Catamount Brewing Company war die erste Brauerei im Staat Vermont seit fast 100 Jahren und eine der ersten modernen Kleinbrauereien an der Ostküste. Nach dem hier heimischen Berglöwen benannt, ist Catamount beständig expandiert. Die Brauerei produziert zwei aromareiche Pale Ales: das malzige, kupferfarbene **Catamount Amber Ale** liefert eine amerikanische Interpretation dieses Stils, während das dunklere und trockenere **Catamount Pale Ale** eher der britischen Tradition folgt. Das **Catamount Porter** mit seinen vollen schokoladigen und röstwürzigen Aromen wird von vielen als das beste Porter im Nordosten angesehen. Das zum 10. Geburtstag eingeführte **Anniversary Ale** ist ein hopfiges und körperreiches **India Pale Ale.** Catamount bietet auch Saisonbiere an: das **Christmas Ale,** ein rötliches Indian Pale Ale, das cremige, kaffeeartige **Oatmeal Stout,** das **American Wheat,** ein erfrischendes Sommerbier, und das im Märzen-Stil gehaltene **Octoberfest Lager.**

Appalachian Brewing Company

Harrisburg, Pennsylvania Gegründet 1997

Die erste Brauerei in der Hauptstadt von Pennsylvania braut das **Purist Pale Ale,** das **Water Gap Wheat,** das **Jolly Scot Scottish Ale,** das **Susquehanna Stout** sowie saisonale Spezialitäten wie ein Hefeweizen und ein Oktoberfestbier.

Atlantic Coast Brewing

Boston, Massachusetts Gegründet 1994

Die hier produzierten Tremont Ales werden im klassischen britischen Stil gebraut. Das englisch inspirierte **Tremont Ale** und das **Tremont India Pale Ale** sind ganzjährige Angebote, während das **Tremont Porter,** das **Tremont Winter Ale** und das **Old Scratch Barley Wine** Saisonbiere sind.

Dock Street Brewing Company

Philadelphia, Pennsylvania Gegründet 1989

Diese Brauerei produziert das **Dock Street Bohemian Pilsner** (streng nach den Traditionen des tschechischen Originals gebraut), das

Dock Street Amber Ale und das **Dock Street Illuminator Double Bock.** Das starke und aromareiche **Dock Street Barley Wine** ist nur vom Zapfhahn erhältlich.

Elm City Brewing Company/New Haven Brewing

New Haven, Connecticut — Gegründet 1986

Elm Citys Connecticut Ale, das im Auftrag von F.X. Matt gebraut wird, ist das einzige **Elm City Bier,** das in Flaschen erhältlich ist. Zu den vom Hahn gezapften Spezialitäten zählen das **Blackwell Stout** und das extrabittere **Broken English Ale** sowie verschiedene Saisonbiere.

D. L. Geary Brewing Company

Portland, Maine — Gegründet 1986

Diese im englischen Stil gehaltene amerikanische Kleinbrauerei war die erste Brauerei in Maine seit dem 19. Jahrhundert. Zur Zeit beschränkt sich Geary auf drei Biere: das **Pale Ale,** das **London Style Porter** und das **Hampshire Special Ale.** Letzteres ist ein saisonales Starkbier, das nur erhältlich ist, wenn „das Wetter zum Kotzen ist".

Genesee Brewing Company

Rochester, New York — Gegründet 1878

Als größte Regionalbrauerei in den Vereinigten Staaten produzierte Genesee auch dann noch weiter Ales, als der Rest der Nation auf leichte Lager umgestiegen war. Heute braut sie das seltene **Cream Ale** sowie das **Twelve Horse Ale** und das **Genesee Bock.**

Massachusetts Bay Brewing Company

Boston, Massachusetts — Gegründet 1987

Massachusetts Bay Brewing produziert Ales und Lagers. Das **Harpoon Ale** und das **Harpoon India Pale Ale** basieren auf britischen Stilen, während das **Harpoon Pilsner** und **Harpoon Munich Dark** bayerische Einflüsse zeigen. Außerdem braut sie das **Harpoon Light** und die saisonalen **Spring Maibock, Summer ESB, Oktoberfest** und **Winter Warmer.**

F. X. Matt Brewing Company

Utica, New York — Gegründet 1888

Diese angesehene Brauerei wird noch immer von den Nachfahren des Gründers Francis Xavier Matt betrieben. Ihre 1985 eingeführte Saranac-Linie besteht aus dem **Adirondack Amber Ale, Pale Ale**, **Mountain Berry Ale, Golden Pilsner, Stout** und **Black & Tan** (Stout mit Lager gemischt). Saisonbiere sind das **Saranac Chocolate Amber,** ein Münchner Dunkel, das nußbraune Ale **Saranac Season's Best** und das **Saranac Wild Berry Wheat.** F. X. Matt braut als Vertragsbrauerei auch die Biere anderer bekannter Kleinbrauereien.

New England Brewing Company

Norwalk, Connecticut — Gegründet 1989

Die New England Brewing Company offeriert das **New England Atlantic Amber,** ein Dampfbier, das **California Common Beer,** das **New England Gold Stock Ale,** einem englischen Old Ale ähnlich, aber hopfiger, das **New England Oatmeal Stout,** das **New England Light Lager** sowie das **New England Holiday Ale.**

Nutfield Brewing Company

Derry, New Hampshire — Gegründet 1994

Nutfield Brewing bedient sich sowohl der irischen Traditionen ihres Gründers als auch jener der Stadt Derry. Die Brauerei produziert ganzjährig vier Ales – das **Auburn Ale**, das **Old Man Ale**, das **Black 47 Stout** und das **Nor'Easter** – und vier Saisonbiere: das **Hopfest**, das **Summer Wheat**, das **Harvest Ale** und das **Winter Frost**.

Otter Creek Brewing Company

Middlebury, Vermont — **Gegründet 1991**

Als führende Brauerei in Vermont produziert Otter Creek einige innovative Stile wie zum Beispiel das **Halles Alt Beer** und das saisonale **Hickory Switch Smoked Amber Ale**. Weitere beachtenswerte Biere sind das **Copper Ale** und die Saisonbiere **Mud Bock Spring Ale**, **Summer Wheat Ale**, **Stovepipe Porter** und **Oktoberfest**.

Pennsylvania Brewing Company

Pittsburgh, Pennsylvania — **Gegründet 1986**

Pennsylvanias erste moderne Kleinbrauerei wurde von Thomas Pastorius gegründet, einem Nachfahren des Gründers der ersten deutschen Siedlung in den Vereinigten Staaten. Pennsylvania Brewing produziert das **Penn Pilsner**, **Kaiser Pils**, **Helles Gold** und **Penn Dark**, die auf den Münchner Helles-, beziehungsweise Dunkel-Stilen basieren, sowie die Saisonbiere **Oktoberfest** und **St. Nikolaus Bock Beer**.

Sea Dog Brewing Company

Bangor, Maine — **Gegründet 1993**

Sowohl in der Hausbrauerei in Camden als auch in der Brauerei in Bangor braut Sea Dog Ales im englischen Stil wie das **Windjammer Blonde Ale**, das **Old Gollywobber Brown Ale** und das **Old East India Pale Ale**. Im eigenen Pub sind auch Lagerbiere im deutschen Stil wie das **Jubilator Doppelbock** und das **Sea Dog Maibock** erhältlich.

Shipyard Brewing Company

Portland, Maine — **Gegründet 1992**

Die Bierfamilie von Shipyard besteht aus dem **Shipyard Export Ale**, dem **Blue Fin Stout**, dem **Brown Ale**, dem **Fuggles IPA**, dem **Goat Island Light**, dem **Old Thumper Extra Special Ale** und einer Auswahl an Saisonbieren wie dem **Longfellow Winter Ale**, dem **Prelude Holiday Ale** und dem **Sirius Summer Wheat Ale**. Shipyard Brewing ging 1995 eine Allianz mit der Miller Brewing Company ein.

Smuttynose Brewing Company

Portsmouth, New Hampshire — **Gegründet 1994**

Die nach Smuttynose Island vor der Küste von New Hampshire benannte Brauerei produziert das ungefilterte **Shoals Pale Ale**, das **Old Brown Dog**, ein dunkles Ale im amerikanischen Stil, das **Smuttynose Portsmouth Lager**, das **Chuck Wheat Ale** sowie in limitierter Auflage: **Winter Porter**, **Imperial Stout**, **Maibock**, **Barley Wine**, **Scotch Ale** und **Oktoberfest**.

Spring Street Brewing Company

New York, New York — **Gegründet 1993**

Spring Street Brewing ist eine der wenigen amerikanischen Kleinbrauereien, die sich auf belgische Stile, insbesondere Weizenbiere, spezialisieren. Die Brauerei produziert das mit Orangenschale und Koriander gewürzte **Wit Wheat Ale**, das dunklere, mit einer Gewürzmischung versehene **Wit Amber Ale** und das mit dunkel gerösteten Malzen gebraute **Wit Black Ale**.

Stoudt Brewing Company

Adamstown, Pennsylvania — Gegründet 1987

Carol Stoudt, eine der wenigen weiblichen Braumeister und Pioniere in der Kleinbrauerei, produziert Biere nach dem bayerischen Reinheitsgebot. Die preisgekrönten Produkte im deutschen Stil sind unter anderem das **Stoudt's Pils**, das **Stoudt's Gold** (im Dortmunder Export-Stil), das **Stoudt's Honey Double Mai Bock** und das **Stoudt's Fest** (ein Lager im Märzen-Stil) sowie Ales und Lager.

D. G. Yuengling & Son Brewery

Pottsville, Pennsylvania — Gegründet 1829

Noch immer unter Leitung der Familie Yuengling ist die Yuengling Brewery die älteste aktive Brauerei in den Vereinigten Staaten. Zu ihren untergärigen Lagerbieren zählen **Yuengling Dark Brewed Porter**, **Lord Chesterfield Ale, Yuengling Traditional Lager, Yuengling Premium Beer, Yuengling Premium Light Beer** und **Black & Tan.**

Zip City Brewing Company

New York, New York — Gegründet 1991

Diese Manhattaner Hausbrauerei mit Sitz im alten Hauptquartier der nationalen Abstinenzgesellschaft produziert in ihrem österreichisch anmutenden Brauhaus Biere im deutschen und tschechischen Stil. Zu ihren Produkten zählen **Vienna Amber, Pilsner, Dunkel, Altbier, Rauchbier, Blond Doppelbock, Eisbock** und **Hefeweizen.**

USA Mittler Westen

Unter Führung von Anheuser-Busch in St. Louis, Miller in Milwaukee und Stroh in Detroit war der Mittelwesten lange Zeit das Brauzentrum der Vereinigten Staaten. Anheuser-Busch ist nach wie vor das größte Braukonglomerat der Welt, kontrolliert nahezu die Hälfte des amerikanischen Biermarktes und verkauft weltweit das meiste Bier. Pabst Brewing in Milwaukee und die Stroh Brewery Company haben ihre Wurzeln in der Mitte des 19. Jahrhunderts, auch wenn beide heute nur noch leichte amerikanische Lagerbiere produzieren. Als Teil der riesigen S & P Company braut Pabst das Pabst Blue Ribbon, das Olde English „800“, das Olympia, das Hamm's, das Pearl und das Falstaff, während Stroh unter anderem die Marken Augsburger, Old Milwaukee, Schaeffer und Schlitz sowie die unter der G. Heileman Brewing Company zusammengefaßten Old Style, Rheingold, Schmidt, Carling's, Colt.45, Lone Star, Rainier, Jet City und Oregon pflegt. Die Miller Brewing Company produziert das Löwenbräu, das Meister Bräu und das Milwaukee's Best, besitzt die große Regionalbrauerei Leinenkugel und kaufte Anfang 1999 die alte regionale Blitz-Weinhard Brewing Company in Oregon. Ein wesentlicher Teil der schwachen amerikanischen Lagerbiere wird also von einer Handvoll Unternehmen im Mittelwesten produziert.

Dabei waren ursprünglich die Biere des Mittelwestens niemals auf die leichten goldgelben Lager beschränkt. Als sich deutsche und skandinavische Immigranten Ende des 19. Jahrhunderts in dieser Region niederließen, brachten sie eine ganze Reihe traditioneller Stile mit sich – Bock, Dunkel, Weissbier und andere –, alleine in Milwaukee gab es nahezu einhundert Brauereien. Auch wenn die kleinen Brauereien gegen die großen nationalen und regionalen Marken ankämpfen müssen, kehren immer mehr Klein- und Hausbrauereien in den Regionen von Chicago, Cleveland, Minneapolis-St. Paul und Milwaukee zu den aroma- und abwechslungsreicheren Stilen deutscher Biersorten zurück.

Great Lakes Brewing Company

Cleveland, Ohio — **Gegründet 1988**

Clevelands erste moderne Kleinbrauerei und die erste Hausbrauerei nach der Prohibition residiert in einem historischen Gebäude, das schon im vorigen Jahrhundert Brauereien beherbergte. Das erste von Great Lakes Brewing produzierte Bier war das **Dortmunder Gold.** Dieses weiche, ausgewogene Lager hält sich streng an die Dortmunder Brautradition. Seitdem hat die Brauerei das malzige Lager im Wiener Stil **Eliot Ness,** das **Burning River Pale Ale** und das **Edmund Fitzgerald Porter** ins Programm aufgenommen. Das saisonale **Christmas Ale** wird mit gemälzter Gerste und Weizen gebraut und ist mit Honig, Zimt und Ingwer gewürzt. Das **Conway's Irish Ale** ist ein Irish Red Ale für Winter und zeitiges Frühjahr. Andere saisonale Biere sind das **Rockefeller Rock** und das **Commodore Perry India Pale Ale** (Frühjahr und Frühsommer), das fruchtige Sommer-Witbier **Holy Moses,** das **Moon Dog Ale,** ein Bitter Sommer-Ale, sowie das Herbstbier **Oktoberfest.**

August Schell Brewing Company

New Ulm, Minnesota — Gegründet 1858

August Schell immigrierte in den 1850er Jahren in die Vereinigten Staaten und gründete eine Brauerei in der vorwiegend deutschen Gemeinde New Ulm. Schell Brewing wurde rasch zu einer großen regionalen Brauerei, die Lagerbiere im deutschen Stil herstellte. Nach wie vor im Besitz der Schell-Nachfahren, residiert die Brauerei auf dem Familienanwesen aus dem 19. Jahrhundert, das auch ein Biermuseum und einen Wildpark beherbergt. Nachdem er die Dominanz der nationalen Braugiganten überlebt hat, produziert Schell traditionelle Lagerbiere, die im Zuge der Braurevolution immer größere Anerkennung (und Auszeichnungen) finden. Das hopfige **Schell Pils** wird in der deutschen Tradition der Pilsner Biere gebraut. Das **Schell Alt** ist zwar dunkler als sein Düsseldorfer Vorbild, besitzt aber einen vollen Malzgeschmack. Das im bayerischen Stil mit 60 % Weizen gebraute **Schell Weizen** weist einen fruchtigen, aber trockenen Charakter auf. Das **Schell Bock** und das **Oktoberfest** unterstreichen das lebendige deutsche Erbe der Brauerei.

Anheuser-Busch Brewing Company

St. Louis, Missouri — Gegründet 1860

Als Familienbrauerei von dem deutschen Immigranten Eberhard Anheuser gegründet, führte Anheuser-Busch sein goldgelbes **Budweiser Lager**, dessen von der tschechischen Stadt Budweis inspirierten Namen er zu einem Markenzeichen machte, in den 1870er Jahren ein. Die Marke befindet sich heute in Gesellschaft von mehr als 30 weiteren Bieren wie **Michelob**, **Busch**, **Red Wolf**, **O'Doul's**, **King Cobra** und anderen.

Sprecher Brewing Company

Glendale, Wisconsin — Gegründet 1985

Randal Sprecher, der aus dem Kleinbrauerei-Zentrum Oregon stammt und früher für Pabst braute, unternahm den mutigen Schritt, ein kleines eigenes Unternehmen in Milwaukee zu eröffnen. Die ersten produzierten Biere waren das **Sprecher Special Amber**, ein tief goldfarbenes Lager im deutschen Stil, und das **Sprecher Black Bavarian**, ein aromareiches und komplexes dunkles Lager. Im Laufe der Zeit kamen das gefilterte **Hefe Weiss**, das englische **Pub Brown Ale** und das leichtere **Milwaukee Pilsner** hinzu, das in der tschechisch beeinflußten Tradition der alten Brauereien Milwaukees gebraut ist. Zu den Saisonbieren zählen das im Altbier-Stil gehaltene **Fast Bier** für den Sommer, das Herbstbier **Oktoberfest**, das bockbierartige **Winter Brew**, das in einem Gang für den St. Patrick's Day gebraute **Irish Stout**, und schließlich das Frühlingsbier **Mai Bock**. Außerdem braut die Brauerei in limitierter Auflage **Doppel Bock**, **India Pale Ale**, **Belgian Ale**, **Imperial Stout** und das **Anniversary Ale**, ein flandrisches braunes Ale, das mit Himbeeren gewürzt ist.

Capital Brewing Company

Middleton, Wisconsin — **Gegründet 1986**

Diese Brauerei produziert Biere mit deutsch klingenden Namen und nach deutscher Tradition: das **Garten Bräu Special Pilsner**, das im Münchner Stil gebraute **Garten Bräu Dark**, das Märzen Lager **Garten Bräu Wisconsin Amber**, das im bayerischen Stil gehaltene Hefeweizen **Garten Bräu Weizen** und das **Garten Bräu Raspberry Wheat**. Das **Garten Bräu Brown Ale** weist eher auf einen englischen als einen deutschen Einfluß hin.

Frankenmuth Brewery

Frankenmuth, Michigan — **Gegründet 1987**

Nach einer vorübergehenden Schließung wegen eines Tornadoschadens braut die Frankenmuth Brewery heute wieder Qualitätsbiere im bayerischen Stil nach dem Reinheitsgebot aus dem 16. Jahrhundert. Führende Beispiele sind das **German-Style Pilsner**, das **German-Style Bock**, das **German-Style Dark**, das **Weisse Bier**, das **Extra Light** und das **Oktoberfest**.

Goose Island Brewing Company

Chicago, Illinois — **Gegründet 1988**

Nach einer Insel im Chicago River benannt, braut Goose Island Brewing sowohl Ales im englischen Stil als auch Lagerbiere im deutschen Stil, zum Beispiel das helle **Honker's Ale**, das **Hex Nut Brown Ale**, das **Oatmeal Stout**, das **Kilgubbin Red Ale** (Kilgubbin ist der gälische Name für „Goose Island"), das **India Pale Ale**, das **Summertime German-Style Kölsch Bier** sowie das **Christmas Ale**. Das **Bourbon Country Stout** ist ein kräftiges Imperial Stout, das in alten Bourbonfässern reift.

Jacob Leinenkugel Brewing Company

Chippewa Falls, Wisconsin — **Gegründet 1867**

Diese traditionelle Regionalbrauerei – liebevoll „Leinies" genannt – bietet auch heute noch viele Biere aus ihrer Zeit als unabhängiges Familienunternehmen an, einschließlich **Leinenkugel's Original**, **Red Lager**, **Northwoods Lager**, **Auburn Ale**, **Honey Weiss**, **Hefeweizen** und die Saisonbiere **Genuine Bock**, **Big Butt Doppelbock**, **Autumn Gold** und **Winter Lager**.

James Page Brewing Company

Minneapolis, Minnesota — **Gegründet 1987**

Als eine der ersten Kleinbrauereien in der Zwillingsstadt produziert James Page ganzjährig sechs Biere: das **Iron Range Amber Lager**, das **Boundary Waters Lager** (mit Wildreis aus Minnesota gebraut), das **Burly Brown Ale**, das **Portage Pilsner**, das **Voyager Pale Ale** und das **Klassik Alte Ale**. Typische Saisonbiere sind das **Northern Lights Bock**, das **Summer Pale Ale**, das **Oktoberfest** und das **Celebration**.

Kalamazoo Brewing Company

Kalamazoo, Michigan — **Gegründet 1985**

Kalamazoo Brewing braut ungefilterte, unpasteurisierte, flaschengereifte Ales, einschließlich **Bell's Amber Ale, Bell's Pale Ale, Bell's Porter, Bell's Kalamazoo Stout,** und das goldgelbe **Pale Ale Third Coast Beer.** Neben den üblichen Saisonbieren bietet Kalamazoo unregelmäßig Spezialitätenbiere wie den Barley Wine **Third Coast Old Ale** an.

Lakefront Brewery

Milwaukee, Wisconsin — **Gegründet 1987**

Diese innovative Brauerei produziert mehrere Spezialitätenbiere, vor allem die **Fuel Cafe Coffee-Flavoured Stout** und **Organic Extra Special Bitter.** Das mit Kirschen aus der Region gewürzte **Cherry Beer,** das **Pumpkin Beer** (mit Kürbis) und das **Holiday Spice** sind Saison-Lager, während **Klisch Pilsner** und **Eastside Dark** eher traditionelle Lagerbiere im deutschen Stil sind. **Lakefronts Riverwest Stein Bier** ist ein Lager im Wiener Stil und kein Steinbier!

Miller Brewing Company

Milwaukee, Wisconsin — **Gegründet 1855**

Die Miller Brewing Company hat ihren Ursprung in den 1850er Jahren, als Frederick Miller eine kleine Brauerei in Milwaukee kaufte. Die Einführung des ersten „Lite" Biers in den 1970er Jahren war der Schlüssel zum Erfolg des Unternehmens. Zur Palette zählen **Miller High Life, Miller Lite** und **Miller Genuine Draft.** Dieser Braugigant hat versucht, den Markt der kleinen handwerklichen Brauereien zu erobern, indem er die **Red Dog**-„Spezialitätenbiere" unter dem Plank Road Brewery-Etikett einführte.

New Glarus Brewing Company

New Glarus, Wisconsin — **Gegründet 1993**

Diese Kleinbrauerei gründete ein früherer Brauer von Anheuser-Busch. Zu den ganzjährigen Angeboten zählen das **Edel Pils,** das **Uff-Da Wisconsin Bock** und das auf Weizen beruhende **Apple Ale.** Zu den Saisonbieren gehören das **Coffee Stout,** das **Norski Maibock,** das **Solstice Weiss,** das **Snowshoe Ale** und das **Belgian Red,** ein Kriekbier im belgischen Stil.

Pavichevich Brewing Company

Elmhurst, Illinois — **Gegründet 1989**

Die Brauerei produziert Lagerbiere nach dem deutschen Reinheitsgebot. Dazu zählen Baderbräu **Vienna Style Lager, Baderbräu Bock Beer** und **Baderbräu Pilsner Beer,** das dem ursprünglichen böhmischen Pilsner ähnelt.

Summit Brewing Company

St. Paul, Minnesota — **Gegründet 1986**

Summit Brewing war ein Vorreiter des Traditionsbrauens, erfuhr aber nicht die gleiche Anerkennung wie seine Mitstreiter an der West- und Ostküste. Summit bietet regelmäßig das **Extra Pale Ale** und das **Great Northern Porter** an, das er jeweils saisonbedingt um **India Pale Ale, Winter Ale, Heimertingen Maibock, Hefe Weizen** und **Düsseldorfer Alt Bier** ergänzt.

Durch anhaltende Restriktionen gegen das Privatbrauen und strenge Anti-Alkoholgesetze verläuft die Renaissance der Kleinbrauereien im Süden der Vereinigten Staaten eher verhalten. Allerdings tut der Mangel an Brautraditionen in der Region der Vielfalt an Stilen keinen Abbruch – neben britischen Ales und deutschen Lagerbieren finden sich auch interessante Spezialitätenbiere. Die am Atlantik gelegenen Südstaaten wie Maryland und Virgina können auf die Traditionen der alten Brauereien der Kolonialära zurückblicken. Hier haben sich in den letzten zehn Jahren auch einige innovative neue Kleinbrauereien etabliert.

Abita Brewing Company

Abita Springs, Louisiana — Gegründet 1986

Die Ureinwohner von Abita Springs, gegenüber New Orleans am Lake Pontchartrain, glaubten daran, daß das Wasser des Sees Heilkräfte besitze, und Abita Brewing rühmt sich stolz der Reinheit des bei ihren reinmalzigen Ales und Lagers verwendeten Wassers. Das erste Bier der Brauerei war das **Abita Amber**, ein Lager im Münchner Stil, und sie ließ diesem erfolgreichen Produkt noch acht weitere folgen, drei ganzjährige und fünf Saisonangebote: das leichte Lager **Abita Golden**, das recht süße, dunkelbraune Ale **Turbodog**, das **Purple Haze**, ein Weizenbier amerikanischen Stils, das mit frischen Himbeeren hergestellt wird, das Frühjahrsbier **Abita Bock**, das einem deutschen Maibock ähnelt, das hopfige **Abita Red Ale**, das **Abita Wheat**, ein Weizenlager im bayerischen Stil für den Sommer, das Märzen **Abita Fallfest** sowie das **Abita Christmas Ale**, dessen Rezept sich jeden Winter ändert.

Celis Brewing Company

Austin, Texas — Gegründet 1991

Während sich viele amerikanische Kleinbrauereien rühmen, den Traditionen der großen belgischen Brauer zu folgen, hat die Celis Brewing Company sogar eine direkte Verbindung zu den Ursprüngen: Ihr Gründer, Pierre Celis, leitete die De Kluis Brauerei in Hoegaarden, bevor er seine belgische Brauerei in Texas eröffnete. Das nach Austin verfrachtete Brauhaus stammt aus einer aufgegebenen belgischen Brauerei, und Celis begann seine Arbeit mit dem **Celis White**, das, mit Orangenschalen und Koriander gewürzt, nach einem traditionellen belgischen Witbier-Rezept gebraut wird. Das **Celis Grand Cru** ist ein gut ge-

würztes Ale, das ebenfalls auf einem traditionellen Rezept beruht, während das **Celis Dubbel Ale** durch die belgischen Trappistenbiere inspiriert ist. Das mit gemälzter Gerste und ungemälztem Weizen gebraute **Celis Raspberry** wird mit Himbeersaft gewürzt. Neben den belgischen zeigen sich auch andere Einflüsse, beispielsweise im obergärigen **Celis Pale Bock** und dem im tschechischen Stil gebrauten Pilsner **Celis Golden Ale**. 1995 ging Celis Brewing eine Allianz mit einer Tochterfirma der Miller Brewing Company ein, die sich um das Marketing und den Vertrieb der Celis Biere kümmert.

Wild Goose Brewery
Cambridge, Maryland
Gegründet 1989

Als eine der ersten Brauereien in der mittelatlantischen Region bezieht sich die Wild Goose Brewery bei ihren aromareichen Ales auf die Brautraditionen Englands. Hier sind das **Wild Goose India Pale Ale** und das **Amber Ale** Klassiker der englischen Pale-Ale-Stile. Andere in dieser Tradition stehende Produkte sind das **Wild Goose Porter** und das **Wild Goose Oatmeal Stout.** Außerdem produziert die Brauerei das **Wild Goose Golden Ale** sowie die Saisonbiere **Spring Wheat Ale, Wild Goose Nut Brown Ale** und **Snow Goose Winter Ale,** ein aromareiches Bier, das dem englischen Old Ale ähnelt. Wild Goose ist heute ein Tochterunternehmen der Frederick Brewing Company in Baltimore (siehe unten).

Atlanta Brewing Company
Atlanta, Georgia — Gegründet 1994

Die Atlanta Brewing Company braut eine Reihe individualistischer Biere. Das **Red Brick Ale** entspricht einem englischen Brown Ale, das **Red Brick Golden Lager** und das **Laughing Skull Bohemian Pilsner** beruhen auf dem Pilsner-Stil, das **Red Brick American Wheat** ist dagegen ein ungefiltertes Weizenbier im bayerischen Stil.

Birmingham Brewing Company
Birmingham, Alabama — Gegründet 1992

Birmingham Brewing ist die moderne Inkarnation einer Brauerei aus der Zeit vor der Prohibition, deren Original schon lange die Pforten schloß. Die heutige Brauerei produziert das **Red Mountain Red Ale,** das einer englischen Brown-Ale-Varietät entspricht, das **Red Mountain Golden Ale** und das saisonale **Red Mountain Wheat Beer.**

Black Bear Brewing Company

Atlanta, Georgia — **Gegründet 1996**

Black Bear Brewing bietet Ales im englischen Stil: das **Black Bear Amber**, ein körperreiches Ale, das hopfige **Black Bear Pale Ale**, das **Black Bear Grizzly Stout** und das erfrischende Sommerbier **Black Bear Golden Honey**.

Brimstone Brewing Company

Baltimore, Maryland — **Gegründet 1993**

Die im „Brewery Hill"-Viertel von Baltimore (einst Heimat vieler Brauereien) gebrauten Spezialitäten-Ales von Brimstone sind unter anderem das **Brimstone Stone Beer**, eine Seltenheit bei amerikanischen Brauereien, sowie das **Honey Red**, das **Raspberry Porter**, das **Barley Wine Big Strong Ale**, das **Amber Ale**, das **Blueberry Wheat** und viele weitere gewürzte und Saisonbiere.

Clipper City Brewing Company

Baltimore, Maryland — **Gegründet 1995**

In dieser früheren Kleinbrauerei werden Biere sowohl im englischen als auch im deutschen Stil gebraut. Das **Clipper City Pale Ale** und das **India Pale Ale** stehen klar in der englischen Tradition, während das **Clipper City Premium Lager** ein Klassiker des deutschen Stils ist. **Clipper City** produziert außerdem das **Märzen** und das **Honey Wheat**.

Dixie Brewing Company

New Orleans, Louisiana — **Gegründet 1907**

Eine der wenigen kleinen Brauereien, die zwei Weltkriege, die Prohibition, die Depression und die Dominanz der großen Brauereien überlebt haben. Dixie Brewing produziert ursprüngliche Biere, die in Holzfässern reifen. Das **Blackened Voodoo**, ein dunkles Lager, ist das bekannteste, aber die Brauerei stellt unter anderem auch noch das **Dixie Beer**, ein Lager im amerikanischen Stil, und ein relativ geschmackvolles Leichtbier, das **Jazz Amber Light**, her.

Frederick Brewing Company

Frederick, Maryland — **Gegründet 1993**

Zur Blue-Ridge-Linie von Frederick Brewing gehören das **Golden Ale**, das **Amber Lager** im Wiener Stil, das **Porter**, das **ESB Red Ale**, das **Subliminator Doppelbock**, das mit Honig gegärte **SunRage**, das **Hop-Fest**, ein ungefiltertes, trocken gehopftes **Brown Ale**, sowie das **Winter Ale Snowball's Chance**. Zusätzlich zu verschiedenen Spezialitätenbieren braut Frederick Brewing auch das **Hempen Ale**, das Hanfsamen und gemälzte Gerste in der Maische enthält, die ihm eine Kräuternote verleihen (allerdings kein THC).

Oldenberg Brewing Company

Fort Mitchell, Kentucky — **Gegründet 1987**

Neben einer Restaurantkette und einer Hausbrauerei betreibt Oldenberg Brewing zweimal jährlich ein dreitägiges „Beer Camp". Zu seinen Bieren zählen das Oldenberg Premium Verum, ein traditionelles deutsches Lager, das **Oldenberg Blonde**, ein leichteres Lager im Pilsner-Stil, das **Raspberry Wheat**, das **Pious Pale Ale**, das **Holy Grail Nut Brown Ale**, das **Oldenberg Devil's Back Black Oatmeal Stout** sowie mehrere Saisonbiere wie das **Oldenberg Outrageous Bock**, das **Crosley's Red Ale**, das **Oldenberg Oktoberfest Lager** und das **Oldenberg Winter Ale**.

Oxford Brewing Company

Baltimore, Maryland Gegründet 1992

Oxford Brewing bietet britisch und belgisch inspirierte Ales an. Das helle **Oxford Class Ale**, das **Oxford IPA**, das **Oxford S.O.B.** (Special Old Bitter), das ungefilterte **Oxford Real Ale**, das **Oxford Piccadilly Porter** und das saisonale **Oxford Santa Class** fallen in die erste Kategorie, während das **Oxford Raspberry Wheat** und das **White Ox Ale** Weizenbiere belgischer Art sind.

Rock Creek Brewing Company

Richmond, Virginia Gegründet 1995

An einem Abschnitt des James River errichtet, der früher Devil's Elbow hieß, braut Rock Creek das **Devil's Elbow IPA** und weitere Biere im britischen Stil, z. B. das **Rock Creek Red Ale**, das **Rock Creek Gold**, das **River City ESb**, das **Black Raven Porter** und das **Nuttrageous Brown Ale** sowie verschiedene innovative Saisonbiere: **Pumpkinhead Ale**, **Winter Passion Spiced Ale**, **Irish Honey Cream Ale** und **Wild Summer Passion Wheat Ale**.

Saint Arnold Brewing Company

Houston, Texas Gegründet 1993

Benannt nach dem Schutzheiligen der Brauer, war Saint Arnold Brewing die erste Kleinbrauerei in Houston. Ihre ganzjährigen Biere sind die **Saint Arnold Amber Ale** und **Saint Arnold Kristall Weizen**. Als Saisonbiere kommen **Spring Bock**, **Summerfest**, **Oktoberfest**, **Christmas Ale** und **Winter Stout** hinzu.

Spoetzl Brewery

Shiner, Texas Gegründet 1915

Diese alte Regionalbrauerei in der deutsch-tschechischen Immigrantenstadt Shiner braut nach den Originalrezepten ihres Gründers Kosmos Spoetzl. Zu den Produkten gehören das Lager **Shiner Blonde**, das **Shiner Bock**, das zitruswürzige **Shiner Honey Wheat**, das Lager **Shiner Kosmos Reserve** und das Dunkelweizen **Shiner Winter Ale**.

Weeping Radish Brewery

Manteo, North Carolina Gegründet 1986

Die traditionellen Lager und Ales von Weeping Radish halten sich an das alte deutsche Reinheitsgebot. Die Brauerei produziert zur Zeit das **Corolla Gold**, ein Münchner Helles Lager, das **Fest**, ein Lager im Märzen-Stil, und das dunkle Lager **Black Radish**. Die Saisonbiere sind **Winter Wheat**, **Spring Bock** und **Christmas Double Bock**.

Williamsville Brewery

Ashland, North Carolina und
Fernandina Beach, Florida Gegründet 1995

Durch den Erfolg der Hauptbrauerei in North Carolina ermutigt, wählte Williamsville einen zweiten Standort in Florida und kaufte Wilmington Brewing aus North Carolina sowie die karibische St. Maarten Breweries auf. Die Brauereien produzieren das **Amelia Ale**, das **Cabo Pale Ale**, das **Endangered Ale**, das **Studley Ale**, das **Border Porter** und das fruchtige **Apple and Ale**.

Im Jahr 1977 begann die New Albion Brewery im kalifornischen Sonoma damit, traditionelle, von Hand hergestellte Biere zu brauen. Auch wenn diese Kleinbrauerei nicht lange überlebte, initiierte sie eine Gründungswelle neuer kleiner Brauereien entlang der Pazifikküste. Nordkalifornien führte die amerikanische Revolution der Kleinbrauerei an, und heute findet man zahlreiche hochwertige Brauereien im ganzen Staat. Aber auch Oregon und Washington weisen eine große Anzahl von Braubetrieben auf, die eine erstaunliche Bandbreite traditioneller Bierstile anbieten. Viele Spezialitätenbiere, die lange Zeit vom Markt verschwunden waren, wurden von den innovativen Brauern der Region wiederentdeckt.

Der pazifische Nordwesten ist das Zentrum des Hopfenanbaus in den Vereinigten Staaten, und die hier angebauten hochwertigen Sorten werden nicht nur in den lokalen Bieren verwendet, sondern zunehmend auch in Europa und anderswo. Die amerikanische Interpretation des englischen Pale-Ale-Stils wurde durch die Hopfenarten Cascade, Columbus und Cluster beeinflußt. Die in Kalifornien ansässigen Anchor Brewery und Sierra Nevada spielten eine Schlüsselrolle bei der Perfektionierung des amerikanischen Stils. In den Rocky-Mountain-Staaten mag Coors zwar ein etablierter Industriegigant sein, doch in verschiedenen Städten von Colorado haben sich viele neue und kreative Kleinbrauereien angesiedelt. Dieser Trend ist selbst in den dünn besiedelten Staaten Wyoming und Montana zu beobachten.

Heute gibt es in Kalifornien mehr Klein- und Hausbrauereien als in jedem anderen US-Bundesstaat, dabei rangieren Colorado, Washington und Oregon dicht an der Spitze. So besitzt Portland in Oregon mehr Klein- und Hausbrauereien als jede andere Stadt im Land und hat sich den ehenvollen Titel „America's Microbrew Capital" (Amerikas Hauptstadt der Kleinbrauereien) oder salopper „Beervana" verdient.

ANCHOR BREWING COMPANY

SAN FRANCISCO, KALIFORNIEN GEGRÜNDET 1896

Anchor Brewing gilt als Patin der modernen amerikanischen Kleinbrauerei und war lange Zeit in der Region erfolgreich. 1965 jedoch stand die Brauerei kurz vor dem Ende, als Fritz Maytag, Erbe des Maytag Waschmaschinenherstellers, das notleidende Unternehmen kaufte. Seither ist Anchor ein Wegbereiter für das handwerkliche Brauen. Sein bekanntestes Bier ist das **Anchor Steam Beer**, das dem California-Common-Stil folgt, der während des Goldrauschs im 19. Jahrhundert entwickelt wurde – „Steam Beer" ist heute ein Markenzeichen von Anchor.

Als Hybride aus Ale und Lager wird das Anchor Steam auf traditionelle Weise mit untergäriger Hefe in flachen Gärbottichen gebraut, allerdings bei obergärigen Temperaturen. Das Resultat ist ein kupferfarbenes Bier mit einem Gleichgewicht aus Malzaromen und Hopfentrockenheit. Anchor vervollständigt sein Sortiment durch das trockengehopfte **Liberty Ale**, ein klassisch hopfiges amerikanisches Pale Ale. Das **Anchor Porter** besitzt volle Röstmalzaromen, und das **Old Foghorn** ist ein hervorragender Barley Wine, der sich gut zur Lagerung eignet. Das leicht fruchtige **Wheat Beer** und das Jahrgangsbier **Our Special Ale**, das speziell für die Weihnachtsfeiertage gebraut wird, sind weitere bemerkenswerte Anchor-Produkte.

Pyramid Breweries

Seattle, Washington — Gegründet 1984

Die Pyramid Ales wurden erstmals zur Zeit der Kleinbrauerei-Revolution in der kleinen Holzfällerstadt Kalama im Bundesstaat Washington gebraut. Ursprünglich als Hart Brewing Company bekannt, fusionierte das Unternehmen 1992 mit der Thomas Kemper Brewery und zog nach Seattle um. Das **Pyramid Pale Ale** ist kupferfarben mit einem nussig-malzigen Geschmack und prominentem Hopfen. Die drei Weizenbiere der Brauerei sind das leichte, trockene **Wheaten Ale**, das ungefilterte **Hefeweizen**, das mit 60 % Weizenmalz gebraut wird, und das fruchtige **Apricot Ale.** Zu den dunkleren, röstwürzigen Sorten zählen das **Pyramid Best Brown**, das mit dunklen Malzen und gerösteter Gerste gebraut wird, sowie das **Pyramid Espresso Stout** (früher Hart Espresso Stout), das zwar Kaffeearomen bietet, aber keine Kaffeebohnen enthält. Das **Snow Cap Ale** ist ein aromareiches Winterbier, während das **Sun Fest** ein frisches Sommerbier ist. **Scotch Ale, Porter** und **India Pale Ale** sind weitere Saisonbiere von Pyramid.

Die 1985 auf der anderen Seite des Puget Sound auf Bainbridge Island gegründete Thomas Kemper Brewery konzentriert sich ausschließlich auf Lagerbiere im deutschen Stil. Die Weizenlager sind das **Weizen Berry**, ein mit Himbeeren gewürztes Weizenbier im bayerischen Stil, und das weizenstarke **Hefeweizen.** Das **Thomas Kemper Amber** ist ein würziges Lager im Wiener Stil, während das **Geyser Golden** eher als Pilsner durchginge. Zu den saisonalen Bieren zählen das **Oktoberfest**, das **Bock**, das **Porter** und das **Winter Bräu.**

Rogue Ales Brewery

Newport, Oregon

Gegründet 1989

Die an der zerklüfteten Küste von Oregon gelegene Rogue Ales Brewery ist ein führender amerikanischer Handwerksbrauer, der eine breite Palette preisgekrönter Biere herstellt. Das **Rogue Ale** ist ein bernsteinfarbenes Special Bitter im englischen Stil. Das sehr hoch geschätzte **Shakespeare Stout** ist ein aromareiches, cremiges Haferstout und das **Imperial Stout** ein geradezu klassischer Vertreter dieses Stils. Das **Mocha Porter** besitzt deutlich zu schmeckende Schokoladennoten, das **HazelNut Brown Nectar** ist mit Haselnußextrakt gewürzt, das **Rogue-N-Berry** enthält Marionbeeren aus der Region, die dem Bier eine violette Tönung verleihen. **Saint Rogue Red, American Amber** und **Oregon Golden Ale** sind weitere britisch inspirierte Ales. Eine Reihe von Saison- und Spezialitätenbieren in limitierten Auflagen ergänzen das Angebot: Das **Mogul Ale** (oder Mogul Madness) ist ein dunkles, starkes Ale für den Winter. Das Herbst- und Winter-Fruchtale **Cran-N-Cherry** enthält tatsächlich Kirschen und Moosbeeren. Die Bockbiere sind **Maierbock, Dead Guy Ale, Whale Ale** und **Wolf Eel Ale.** Das **Mo Ale** ist ein Weizenbier im belgischen Stil, das **Smoke,** das am Zapfhahn Welkommen heißt, ein klassisches obergäriges Rauchbier. Das vor dem Abfüllen über Monate gereifte **Old Crustacean Barleywine** reift in der Flasche nach. Das **McRogue Scotch Ale** und das mit Chilischoten gewürzte **Mexicali Rogue** runden die innovative Palette der Brauerei ab.

Alaskan Brewing Company

Juneau, Alaska — Gegründet 1986

Als erste Brauerei des entlegenen Staates erntete Alaskan Brewing Lob für ihr preisgekröntes **Alaskan Amber**, ein Altbier auf Basis eines Rezepts aus dem 19. Jahrhundert. Das **Alaskan Pale Ale** und das kupferfarbene **Alaskan Frontier** sind aromareiche Ales, denen die Brauerei kürzlich das **Alaskan Stout** zur Seite gestellt hat. Das hervorragende **Alaskan Smoked Porter** wird über Erlenholzfeuer geräuchert.

Anderson Valley Brewing Company

Boonville, Kalifornien — Gegründet 1987

Die Palette dieser nordkalifornischen Brauerei umfaßt Sorten wie **Boont Amber, Poleeko Gold Pale Ale, Belk's Extra Special Bitter, Hop Otten India Pale Ale, Barney Flats Oatmeal Stout, Deependers Dark Porter** und **High Rollers Wheat Beer.** Zu den Spezialitätenbieren zählen **Wee Heavy Scotch Ale** und **Horn of the Beer Barley Wine.**

BridgePort Brewing Company

Portland, Oregon — Gegründet 1984

Diese Pionierbrauerei in Portland wurde nach dem Vorbild der Regionalbrauereien in England entworfen. Neben ihrem führenden Blue

Heron Pale Ale (auch BridgePort Pale Ale), nach dem Wappenvogel von Portland benannt, braut BridgePort das melassegewürzte **Black Strap Stout**, das **BridgePort Amber**, das **ESB** und das **Old Knucklehead Barley Wine.** Zu den natürlich gereiften Bieren zählen das **India Pale Ale** und das **Porter.**

Buffalo Bill's Brewing Company

Hayward, Kalifornien — **Gegründet 1983**

Als eine der frühen kalifornischen Kleinbrauereien ist Buffalo Bill's am ehesten für ihr saisonales **Pumpkin Ale** bekannt, das mit echtem Kürbis hergestellt wird. Darüber hinaus bietet sie **White Buffalo Ale, Tasmanian Devil Ale, Belle Hop Porter** und die saisonalen **Alimony Ale** und **Hearty Ale** an.

Adolph Coors Company

Golden, Colorado — **Gegründet 1873**

Coors war lange Zeit eine Regionalbrauerei, bevor sie in die Reihen der nationalen Giganten aufstieg. Neben ihren leichten Lagerbieren im amerikanischen Stil produziert sie eine Reihe von Spezialitätenbieren unter dem Blue-Moon-Etikett. Außerdem braut sie das **George Killian's Irish Red Lager,** das Märzen **Winterfest** und das klare Malzgetränk **Zima.**

Deschutes Brewing Company

Bend, Oregon — **Gegründet 1988**

Deschutes begann als Hausbrauerei und ist zielstrebig zu einer der größten Kleinbrauereien im Nordwesten herangewachsen, die hauptsächlich Ales in der englischen Tradition braut. Das cremige **Black Butte Porter** ist das bekannteste Bier der Brauerei (und das Lieblingsbier des Autors), aber Deschutes bietet ganzjährig noch vier weitere hochwertige Ales an: **Cascade Golden Ale, Mirror Pond Pale Ale, Bachelor Bitter** und **Obsidian Stout.** Das **Jubelale** ist ein aromareiches Saisonbier für den Winter.

Full Sail Brewing Company

Hood River, Oregon — **Gegründet 1987**

Am Columbia River gelegen, ist Full Sail der größte Abfüller für handwerklich hergestelltes Bier in Oregon. Insgesamt werden zwölf Biere gebraut, einschließlich des aromareichen obergärigen **Golden Ale,** des **Amber Ale,** des **Nut Brown Ale** und des **India Pale Ale.** In Flaschen erhältliche Saisonbiere sind **Oktoberfest, WasSail, Imperial Porter, Equinox ESB** und das in limitierter Auflage gebraute **Old Boardhead Barleywine Ale.**

Hair of the Dog Brewing Company

Portland, Oregon — **Gegründet 1994**

Hair of the Dog's flaschengereifte Ales werden in kleinen Mengen produziert und reifen über mehrere Jahre zur Vollendung. Das starke, aber weiche **Adambier** besitzt eine deutliche granatrote Färbung, die von der gerösteten Gerste herrührt. **Fred** ist ein starkes goldgelbes Ale, das zehn Hopfenvarietäten und eine Dosis Roggenmalz enthält. Das fruchtige **Golden Rose** ist durch den belgischen Tripel-Stil inspiriert.

Lost Coast Brewery

Eureka, Kalifornien — **Gegründet 1986**

Die von zwei Brauerinnen gegründete Lost Coast braut obergärige Ales im englischen Stil, zum Beispiel das **Lost Coast Pale Ale,** das **Alley**

Cat Amber Ale, das **Downtown Brown**, das **Eight Ball Stout**, das Frühjahrsbier **Raspberry Brown Ale** und das **Winterbräu Holiday Ale.** Außerdem bietet sie das belgisch inspirierte **White Beer** an.

McMenamins Brothers Breweries

Verschiedene Standorte in Oregon und Washington
Gegründet 1990

Die innovative McMenamins-Kette betreibt mehr als 30 Hausbrauereien im pazifischen Nordwesten. Jede Brauerei produziert ihre eigenen individuellen Biere neben den folgenden Standards: **Bagdad Ale, Black Rabbit Porter, Cascade Head, Crystal Ale, Edgefield Wheat, Hammerhead Ale, Nebraska Bitter, Ruby, Terminator Stout** und **Transformer Ale.**

Mendocino Brewing Company

Hopland, Kalifornien — Gegründet 1983

Mendocino Brewing wurde von ehemaligen Brauern der ersten modernen Kleinbrauerei Nordamerikas, der New Albion Brewing, gegründet. Das Flaggschiff **Red Tail Ale** ist ein komplexes, leicht fruchtiges, bernsteinfarbenes Ale, während das **Blue Heron Pale Ale** ein hopfigeres, goldgelbes Ale ist. Das röstwürzige **Black Hawk Stout** ist eher irisch trocken.

Mt. Hood Brewing Company

Government Camp, Oregon — Gegründet 1992

Für diese Kleinbrauerei spricht schon ihr Standort: die hinreißende Landschaft Oregons – sie residiert in einer Höhe von 1219 Metern auf dem Mount Hood. Sechs Ales im englischen Stil gehören zu ihrem Programm: **Ice Axe India Pale Ale, Pinnacle Extra Special Bitter, Cloud Cap Amber Ale, Hogsback Oatmeal Stout**, das Winterbier **Pittock Wee Heavy** und das Sommerweizen **Southside Light Session Ale.**

New Belgium Brewing Company

Fort Collins, Colorado — Gegründet 1991

Unter den aromareichen Bieren im belgischen Stil, die diese Brauerei herstellt, finden sich auch ein traditionelles Witbier namens Sunshine und drei Ales in Klosterart: **Abbey Dubbel, Trippel** und **Porch Swing Single Ale.** Zur Spezialitätenpalette zählen das **Old Cherry Ale** und das **Frambozen Raspberry Brown Ale.** New Belgiums eher amerikanische Sorten sind **Fat Tire Amber Ale** und **Blue Paddle Pilsener.**

North Coast Brewing Company

Fort Bragg, Kalifornien — Gegründet 1988

Im reichen Brauland von Mendocino ansässig, bietet North Coast Brewing eine Vielzahl preisgekrönter Biere an, zum Beispiel **Ruedrich's Red Seal Ale, Scrimshaw Pilsner Beer, Pranqster Belgian-Style Golden Ale** und das ungefilterte **Blue Star Wheat Beer.** Zu den Stouts zählen das **Old Rasputin Russian Imperial Stout** und das hoch gelobte trockene **Old No. 38 Stout.**

Nor'Wester Brewery

Portland, Oregon — Gegründet 1995

Die staatliche Nor'Wester produziert Ales und Lager. Dazu gehören auch drei Weizenales im bayerischen Stil – **Hefeweizen, Dunkel Weizen** und **Raspberry Weizen** –, ferner das **Oregon Pale Ale**, das **Oregon Amber** und das **Nor'Wester Best Bitter.** Zu den Saisonbieren zählen unter anderem das **White Forest Scotch Ale**, das **Smith Rock Bock** und das **Mt. Angel Oktoberfest.**

Oregon Trail Brewery

Corvallis, Oregon — **Gegründet 1987**

Oregon Trail bedient sich eines schwerkraftgetriebenen Brausystems und beginnt den Prozeß im obersten Stockwerk eines dreigeschossigen Brauhauses. Das **Oregon Trail White Ale** ist ein traditionelles Weizenbier im belgischen Stil, während das **Oregon Trail Ale** einem deutschen Kölsch ähnelt. Außerdem gibt es noch das irisch inspirierte **Oregon Ale Stout** und das **Oregon Trail Brown Ale.**

Pete's Brewing Company

Palo Alto, Kalifornien — **Gegründet 1986**

Dieser führende Vertragsbrauer braut eine Reihe von Haus-Ales und Lager. Sein erstes Bier war **Pete's Wicked Ale**, ein braunes Ale im amerikanischen Stil, und Pete's hat seine Palette mit **ESP Lager, Honey Wheat, Signature Pilsner, Strawberry Blonde, Summer Brew, Oktoberfest** und **Winter Brew** vervollständigt.

The Pike Brewery

Seattle, Washington — **Gegründet 1989**

Die Pike Brewery wurde vom angesehenen Bierimporteur Charles Finkle von Merchant du Vin im Zentrum des geschäftigen Pike Place Market gegründet, und ihre Qualitätsbiere zeigen deutliche europäische Einflüsse. Das **Pike Pale Ale** ist ebenso ein klassisches Pike-Produkt wie das **XXXXX Stout** und das **Old Bawdy Barley Wine.**

Portland Brewing Company

Portland, Oregon — **Gegründet 1986**

Portland Brewing ist zu einer bedeutenden Regionalbrauerei herangewachsen. Ihr Hauptprodukt ist das im schottischen Stil gehaltene **MacTarnahan's Amber Ale**, aber sie bietet neben weiteren Bieren auch das **Zig-Zag River Lager**, das **Haystack Black Porter**, das **Oregon Honey Beer**, das **Bavarian-Style Weizen** und das **Wheat Berry Beer** an.

Redhook Ale Brewery

Seattle, Washington — **Gegründet 1981**

Redhook war ein Pionier der Kleinbrauerei-Bewegung und ist heute eine der größten Handwerks-Brauereien; mittlerweile gehört er anteilmäßig zu Anheuser-Busch. Er braut eine breite Bier-Palette, zu der das **Redhook Extra Special Bitter**, das **Redhook India Pale Ale** (ursprünglich Ballard Bitter), das **Redhook Rye Beer**, das **Blackhook Porter** und das **Doubleblack Stout** zählen, das mit Starbucks-Kaffee gebraut wird. Saisonal werden **Winterhook Winter Ale, Blonde Ale** und **Brown Ale** gebraut.

Rockies Brewing Company

Boulder, Colorado — **Gegründet 1979**

Ursprünglich unter dem Namen Boulder Brewing Company bekannt, ist Rockies die älteste Kleinbrauerei in den Vereinigten Staaten, wenn auch unter wechselnden Besitzern. Das Boulder **Extra Pale Ale**, das **Boulder Amber Ale**, das **Boulder Porter** und das **Boulder Stout** zählen neben etwa einem halben Dutzend Saisonbieren zu den regelmäßigen Angeboten.

St. Stan's Brewery

Modesto, Kalifornien — **Gegründet 1981**

St. Stan's braut mehrere Biere im traditionellen Düsseldorfer Altbier-Stil: das klassische **St. Stan's Amber Ale**, das dunkle und malzige **St. Stan's Dark**, die ungefilterten **Virgin Amber** und **Virgin Dark**, sowie das saisonale **St. Stan's Fest**. Darüber hinaus produziert er **Whistlestop Ale, Red Sky Ale** und **St. Stan's Barley Wine**.

Saxer Brewing Company

Lake Oswego, Oregon — **Gegründet 1993**

Henry Saxer gründete 1852 mit der Liberty Brewing die erste Brauerei in Oregon. Saxer Brewing ist heute eine der wenigen Brauereien des Staates, die ausschließlich Lagerbiere braut. Zu ihren preisgekrönten Sorten zählen **Three-Finger Jack Roasted Red Hefedunkel**, das im Märzen-Stil gebraute **Three-Finger Jack Amber** und das **Three-Finger JackFrost Winter Doppelbock**. Weitere Biere von Saxer Brewing sind das **Three-Finger Jack Summer Lager**, das **Saxer's Lemon Lager** und das **Three-Finger Jack Stout**.

Sierra Nevada Brewing Company

Chico, Kalifornien — **Gegründet 1981**

Von zwei Hausbrauern gegründet, hat sich Sierra Nevada zu einer ausgesprochen erfolg- und einflußreichen Kleinbrauerei entwickelt, die mit einer Reihe preisgekrönter Biere schöne Beispiele für das handwerkliche Brauen in den USA liefert. Das tief bernsteinfarbene **Sierra Nevada Pale Ale** ist ein herausragendes helles Ale, das **Sierra Nevada Porter** wie das **Sierra Nevada Stout** sind weitere Klassiker. Zu den gefeiertsten Bieren der Brauerei zählt das Winterbier **Bigfoot Barleywine-Style Ale**. Mit einem Alkoholgehalt von 11 Vol.-% ist es eines der stärksten amerikanischen Biere und reift gut in der Flasche. Das ungefilterte **Wheat**, das **Summerfest Lager** und das **Pale Bock** sowie das hochgeschätzte **Celebration Ale** sind weitere Produkte von Sierra Nevada.

Tabernash Brewing Company

Denver, Colorado — **Gegründet 1993**

Tabernash braut Lager- und Weizenbiere im deutschen Stil. Dazu zählen das ungefilterte **Tabernash Weiss**, das Pilsner **Tabernash Golden**, das **Tabernash Amber** und das **Tabernash Munich**, das auf einem Münchner Dunkel beruht. Die Saisonbiere sind **Doppelbock, Dunkel Weiss, Oktoberfest** und **Frostbite Alt**.

Widmer Brothers Brewing Company

Portland, Oregon — **Gegründet 1984**

Diese führende Hausbrauerei produzierte einst das erste Hefeweizen in den Vereinigten Staaten, das **America's Original Hefeweizen**. Weitere populäre Erzeugnisse sind das **Hop Jack Pale Ale**, das im Wiener Stil gebraute **Ray's Amber Lager**, das mit Süßholz und Melasse gewürzte **Big Ben Porter**, das **Wildberry Weizen** und die Saisonbiere **Winternacht, Doppelbock, Golden Bock, Sommerbräu** und **Oktoberfest**. Im Frühjahr 1997 tat sich Widmer mit Anheuser-Busch zusammen, um den nationalen Vertrieb zu verbessern.

KANADA

Die älteste noch betriebene Brauerei Nordamerikas, Molson, ist zwar in Kanada beheimatet, aber Kanadas Brauerei-Industrie hat unter den 15 Prohibitionsjahren von 1918 bis 1932 sehr leiden müssen – gefolgt von Jahrzehnten gesetzlicher Beschränkungen lokaler Couleur, die zum Teil noch heute gelten, sowie einer hohen Besteuerung. Molson, Labatt und Carling bestimmten lange den kanadischen Bierhandel, und erst in letzter Zeit stießen neue Unternehmen hinzu. Letztere entstanden aus der Vereinigung einiger kleinerer, handwerklich organisierter Brauereien, insbesondere in British Colombia, Ontario und Quebec. Mit steigender Beliebtheit dieser Klein- und Gasthausbrauereien haben nun auch die großen Betriebe damit begonnen, vermehrt handwerklich hergestellte Biere zu brauen, so zum Beispiel Labatt's Old Mick's Red und Molson's Rickard's Red.

Ursprünglich wurden die kanadischen Brauereien stark von der britischen Braukultur beeinflußt. Ende des 19. Jahrhunderts richtete Kanada, wie sein südlicher Nachbar, sein Hauptaugenmerk dann vermehrt auf die Lagerbier-Sorten. Mit Ende der Konsolidierungsphase der Brauereibetriebe im 20. Jahrhundert ging man dazu über, die Lagerbiere etwas heller und milder zu brauen. Die heutigen Kleinbrauereien kehren hingegen zu den traditionellen Ales zurück – eingeschlossen einige Spezialitäten nach belgischen Vorbildern. In Westkanada besteht eine deutliche Tendenz zu Bieren mit einem malzigeren, zarteren Charakter, verglichen mit denen im Osten des Landes. Kanada kann sich auf einen ganz eigenen, wenn auch selten gebrauten Bierstil berufen: Kanadische Ales – auch als Cream Ales bekannt – sind sehr mild und intensiv goldfarben. Das „ice beer“ wurde ebenfalls erst Anfang der 1990er Jahre von der kanadischen Brauerei Labatt eingeführt.

BRASSERIE MCAUSLAN

MONTREAL, QUEBEC **GEGRÜNDET 1989**

Wie viele nordamerikanische Kleinbrauereibetriebe entstand die McAuslan Brewing aus einer kleinen privaten Hausbrauerei. Paul McAuslan brachte sein erstes Bier 1989 auf den Markt, und McAuslans Alesorten erfreuen sich seitdem internationaler Beachtung. Das **St. Ambroise Pale Ale** – benannt nach der Heimatadresse der Brasserie – ist ein etwas hopfiges, aber sehr ausgewogenes, rötlich-goldenes Ale. Für das **St. Ambroise Oatmeal Stout** wird Hafermehl für die Maische verwendet, während dunkles Malz und geröstete Gerste einen röstkaffee- und schokoladigen Geschmack beisteuern. Zu McAuslans Griffon-Produkten gehören das **Griffon Brown Ale,** ein komplexes mahagonibraunes Ale, nach englischer Tradition gebraut, und das hell-goldfarbene **Griffon Extra Pale Ale.** Das **St. Ambroise Framboise**, ein belgisches Himbeerfruchtbier, das **McAuslan Strong Ale** sowie das **McAuslan Apricot Wheat Ale** sind Saisonbiere.Ein kürzlich erst herausgebrachtes Zapfbier wird unter dem Namen **Cream Ale** in Quebec und **Smooth Ale** in den Staaten angeboten.

Granville Island Brewing Company

Vancouver, Britisch Columbia   Gegründet 1984

Granville Island ist eine malerische Insel im Herzen Vancouvers, und die Brauerei gleichen Namens liegt an der Meeresküste. Sie war Kanadas erste moderne Kleinbrauerei, wurde allerdings später von einer größeren Gesellschaft übernommen. Die Granville Island Brewery stellt jedoch weiterhin qualitativ sehr hochstehende Biere (hausgebrauter Art) nach altem Reinheitsgebot her. Ihr „Eröffnungsbier“ war das **Island Lager,** ein helles Münchner Pilsner. Als nächstes kam das leicht fruchtige kupfrigrötliche **Lord Granville Pale Ale.** Die Brauerei feierte ihren zehnten Geburtstag mit dem **Anniversary Amber Ale,** ein körperreiches Ale, gebraut nach dem Vorbild irischer Rotbiere. Zu den bemerkenswertesten Produkten zählt das **Island Bock,** voll und dennoch geschmeidig-süffig, die Süße seines dunklen Malzes gut ausgeglichen durch den Einsatz mehrerer Hopfenarten. **Island Light** ist ein weiteres Produkt der Brauerei.

Molson Breweries

Toronto, Ontario   Gegründet 1786

Die älteste Brauerei Nordamerikas, Molson, gab es schon, bevor Kanada eine Nation wurde, gegründet von dem englischen Einwanderer John Molson am St. Lawrence River. Als sie 1989 mit der Carling O'Keefe Brewery fusionierte, festigte sie endgültig ihre Führungsposition unter Kanadas Brauereien. Heute produziert sie Dutzende verschiedener Biere in acht Produktionsstätten und sieben Provinzen. Molson Breweries zeichnen für etwa die Hälfte des nationalen Biermarktes. 1993 gingen die Molson Breweries eine Allianz mit der Miller Brewing ein. Die Molson-Linie besteht zum größten Teil aus leichten Lagerbieren, wie **Molson Canadian Lager, Molson Export, Molson Special Dry, Molson Light** und **Molson Ice. Molson Golden** und **Molson Red Jack** sind etwas kräftiger im Aroma. Dazu wird auch noch **Carling** gebraut, andere Molson-Produkte wären **Rickard's Red, Calgary Amber**, **Extra Old Stock Ale**, **O'Keefe Ale, Old Vienna** und das alkoholfreie **Exel NA.**

Wellington County Brewery

Guelph, Ontario — Gegründet 1985

Wellington County ist die Gründung einer Gruppe enthusiastischer Bierliebhaber, die versuchten, den traditionellen faßgereiften Ale-Stil nach englischem Vorbild in Kanada einzuführen. Faßgereiftes Bier anzubieten, erfordert einen relativ großen Aufwand, von daher war/ist seine Verbreitung von vornherein eingeschränkt. Nichtsdestotrotz bietet die Brauerei Wellington County heute neben normal gebrauten Alebieren auch eine Reihe faßgereifter Alesorten an. **Iron Duke** ist ein robustes, sehr ausgewogenes englisches Old-Ale – seine erfolgreiche Vermarktung hatte zu dem bezeichnenden Namen „the Iron Duke" geführt. Die beiden original faßgereiften Ale-Typen sind die hopfigen kupferfarbenen **Arkell Best Bitter** und das geschmacksintensive **County Ale. Special Pale Ale** oder **SPA** ist leicht fruchtiger als das Best Bitter, jedoch bitterer als das County Ale. Weitere erwähnenswerte Biere sind **Porter, Imperial Stout** und **Black Knight ESB** sowie zwei Lager: das im Wiener Stil gebraute **Premium Lager** und das **Honey Lager.**

Big Rock Brewery

Calgary, Alberta — Gegründet 1985

Die Big Rock-Brauerei hält bei ihrer Ale-Produktion am bayerischen Reinheitsgebot fest. Das Sortiment umfaßt das dunkel-kupferfarbene **Traditional Ale,** das **Warthog Ale,** das leichtere **Buzzard's Breath Ale,** das **Grasshöpper** Kristallweizen sowie das **McNally's Extra Irish-Style Ale**, **Magpie Rye Ale, Cold Cock Porter**, **Black Amber Ale Stout** und **Big Rock Light.** Der Erlös aus dem Verkauf von **Chinook Pale Ale** und **Canvasback Golden Ale** wird dem Umweltschutz zur Verfügung gestellt.

Bowen Island Brewing Company

Bowen Island, Britisch Columbia — Gegründet 1994

Auf einer abgeschiedenen Insel in Vancouver zu Hause, produziert Bowen Island gefilterte Ales nach englischer Art wie das **Bowen Island Blonde Ale,** das mit einem Weizenmalzanteil gebraut wird, sowie das helle **Ale Bowen Ale** und das **Bowen Island Special Bitter.** Saisonale Biere sind das **Winter Ale** mit leichtem Kirschgeschmack und das **Harvest Ale.**

Brasserie Brasal

LaSalle, Quebec — Gegründet 1989

Die größte Brauerei des Bundesstaates Quebec, die Brasserie Brasal, braut Lager nach deutschem Verfahren in Übereinstimmung mit dem deutschen Reinheitsgebot. Sie produziert auch **Hopps Bräu,** das komplexe und volle **Brasal Special Amber Lager** und das sehr geschmacksintensive **Brasal Bock** sowie das **Brasal Légère,** ein recht leichtes Bier.

Brick Brewing Company

Waterloo, Ontario — Gegründet 1984

In einer Region mit hohem deutschen Bevölkerungsanteil und einem der größten Oktoberfeste außerhalb Deutschlands produziert Brick europäische Lager und Ales nach dem Reinheitsgebot von 1516. Als eine der führenden Kleinbrauereien Kanadas bietet sie **Amber Dry, Anniversary Bock, Brick Premium Lager** und **Brick Red Baron Ale** an.

Creemore Springs Brewery

Creemore, Ontario — Gegründet 1987

Obwohl Creemore Springs seit einiger Zeit nur noch zwei Biere produziert, konnte sie beachtliche Erfolge auf den Bierfestivals und Bierwettbewerben der Region erzielen. **Creemore Springs Premium Lager** im Pilsnerstil war ihr erstes Bier; nahezu zehn Jahre später kam die limitierte Ausgabe von **Creemore urBock** hinzu.

Hart Brewing Company

Carleton Place, Ontario — **Gegründet 1991**

Die Hart Brewing startete ihren Betrieb mit dem Ausschank eines englischen **Amber Ale**, entwickelt vom „Guru" der Kleinbrauer, Alan Pugsley. Das **Hart Cream Ale** ist ein typisch kanadisches Bier, ein leichtes, blondes Ale. Hart bietet auch **Hardy Stout**, **Finnigan's Red**, ein irisches Ale, und das **Hart Festive Brown** sowie das **Valley Gold Ale** an.

Labatt Brewing Company

Toronto, Ontario — **Gegründet 1847**

Von dem irischen Emigranten John Labatt gegründet, wuchs die Labatt Brewing Company sehr schnell und wurde eine der führenden des Landes. Selbst die Phase der Prohibition überstand sie mit Bravour. Heute ist **Labatt Blue** das erfolgreichste Bier Kanadas. **Labatt Genuine Draft, Labatt Ice, Labatt „50" Ale, Labatt Select, John Labatt Classic** und **Labatt Extra Dry** sowie viele andere regionale Biere vervollständigen Labatts Produktpalette.

Moosehead Breweries

St. John, New Brunswick — **Gegründet 1867**

Die größte unabhängige Brauerei Kanadas, die Moosehead Breweries, braut das weiche **Moosehead Lager Beer**, die trockeneren und dunkleren **Moosehead Pale Ale** und **Moosehead Light**. Letztere sind nur in den Küstenprovinzen New Brunswick, Nova Scotia und Prince Edwards-Insel erhältlich, wo die Brauerei unter anderem auch das **Alpine Lager** und das **Alpine Light** anbietet.

Niagara Falls Brewing Company

Niagara Falls, Ontario — **Gegründet 1989**

Diese innovative Kleinbrauerei produzierte Nordamerikas erstes Eisbockbier. Das starke, malzige **Niagara Eisbock** wurde von dem dort üblichen Eiswein inspiriert. Zusätzlich braut Niagara Falls **Trapper Premium Lager, Gritstone Premium Ale, Old Jack Bitter Strong Ale, Brock's Extra Stout, Maple Wheat** sowie einige Früchtebiere wie das **Cherry Kriek** und das **Apple Ale.**

Okanagan Spring Brewery

Vernon, Britisch Columbia — **Gegründet 1985**

Die größte handwerklich betriebene Brauerei in British Columbia wurde von zwei deutschen Einwanderern gegründet. Okanagan Springs erste Produktion war das goldene **Premium Lager.** Heute werden jedoch auch mehrere Ale-Sorten gebraut, wie das volle **Olde English Porter, Pale Ale, Classic Brown Ale, Spring Wheat** und **St. Patrick's Stout.**

Sleeman Brewing and Malting Company

Guelph, Ontario — **Gegründet 1988**

Dieser Familienbetrieb wurde um 1830 gegründet, aber ein Jahrhundert später wieder geschlossen. Mit wachsender Beliebtheit der handwerklich hergestellten Biere nahm die Familie in den späten 1980er Jahren den Betrieb der Brauerei wieder auf. Heute umfassen ihre Biere **Silver Creek Lager, Sleeman Cream Ale** und **Sleeman Original Dark.**

Unibroue

Chambly, Quebec — Gegründet 1990

Unibroue braut flaschengereifte Ales nach belgischem Vorbild. **Blanche de Chambly** ist ein gewürztes Witbier; **Eau Bénite** ein goldenes Ale; **La Fin du Monde** (das Ende der Welt) ähnelt dem belgischen Starkbier; das Abbey-Bier **La Gaillarde** basiert auf einem mittelalterlichen Rezept. Das **La Maudite** (die Verdammte) wiederum ist ein belgisches Rotbier, und das saisonale Winterbier **La Quelque Chose** weist ein typisches Kirscharoma auf. Das **Raftman** ist ein rauchiges Bier, mit Whisky-Malz bereitet, während das **Trois Pistoles** an die dunklen belgischen Starkbiere erinnert.

Upper Canada Brewing Company

Toronto, Ontario — Gegründet 1985

Eher zu groß als zu alt für eine Kleinbrauerei, hat Upper Canada Brewing Company eine große Bandbreite von vollmalzigen Ales und Lagerbieren im Sortiment: **Colonial Stout** (eigentlich mehr ein Porter als ein Stout), **Upper Canada Pale Ale, Upper Canada Dark Ale, Publican's Special Bitter Ale, Point Nine Lager, Upper Canada Lager, Upper Canada Rebellion Lager, Upper Canada True Bock** und das gefilterte **Upper Canada** Wheat.

Weitere kanadische Brauereien

Alley Kat Brewing, Edmonton, Alberta

Arctic Brewing Company, Yellowknife, Norwestterritorium

Bear Brewing Company, Kamloops, Britisch Columbia: Black Bear Ale, Brown Bear Ale, Polar Bear Lager

Bow Valley Brewing Company, Calgary, Alberta: Bow Valley Premium Lager, Mountain Bock

Brasseurs du Nord, St. Jerome, Quebec: Blonde, Rousse, Noire

Brasseurs GMT, Montreal, Quebec: Belle Guele

Brew Brothers Brewing Company, Calgary, Alberta: English Style Amber Ale, Prairie Steam Ale, Black Pilsner

Flanagan & Sons Brewing Company, Edmonton, Alberta

Fort Garry Brewing Company, Winnipeg, Manitoba

Granite Brewery, Halifax, Nova Scotia (Gasthaus): Best Bitter, Best Bitter Special, Winter IPA, Peculiar Strong Ale, Ringwood Ale, Keefe's Irish Stout, Summer Ale

Great Lakes Brewing Company, Toronto, Ontario: Great Lakes Lager

Great Western Brewing Company, Saskatoon, Saskatchewan

Horseshoe Bay Brewing Company, Vancouver, British Columbia: Horseshoe Bay Ale, Marathon Pale Ale, Nut Brown Ale, Triple Frambozen

Kawartha Lakes Brewing Company, Peterborough, Ontario: Raspberry Wheat, Premium Pale Ale

Keith's Brewery, Halifax, Nova Scotia

Lakeport Brewing Company, Hamilton, Ontario: Around Ontario Lager, Laker Lager, Premium Lager

Northern Breweries, Sault Ste. Marie, Ontario: Thunder Bay Lager, Thunder Bay Light, Brew 55, Edelbrau, Northern Ale

Picaroons Brewing Company, Fredericton, New Brunswick: Timber Hog Stout, Irish Red Ale

Shaftebury Brewing Company, Vancouver, British Columbia: Rainforest Amber Ale, Cream Ale, Honey Pale Ale

Storm Brewing Company, Vancouver, British Columbia: Red Sky Alt Bier, Midnight Porter, Hurricane India Pale Ale

Tall Ship Ale Company, Squamish, British Columbia: Tall Ship Ale, Black Ship Ale, Tall Ship Raspberry Ale, Smoked Porter

Thames Valley Brewing Company, London, Ontario: Thames Valley Lager

Tin Whistle Brewing Company, Penticton, British Columbia: Coyote Ale, Black Widow Dark, Rattlesnake ESB

Vancouver Island Brewing Company, Victoria, British Columbia: Victoria Lager, Piper's Pale Ale, Hermann's Bavarian Dark Lager

Whistler Brewing Company, Whistler, British Columbia: Whistler's Mother Pale Ale, Whistler Premium Lager, Black Tusk Ale

Lateinamerika und Karibik

Bevor im 16. Jahrhundert die Europäer kamen und ihre Brauereien gründeten, brauten die eingeborenen Völker Mittel- und Südamerikas schon seit Urzeiten die unterschiedlichsten Bierarten. Die Azteken Mexikos fertigten ein dickflüssiges Bier auf der Grundlage von Mais und verschiedener Baumsäfte oder anderer Naturstoffe als Geschmacksgeber. Die Eingeborenen Brasiliens stellten aus über Holzfeuer gerösteten Wurzeln und Getreidearten dunkle Biere her, und noch heute werden moderne Varianten davon unter dem Namen „Xingu" von der Cervejaria Cacador vermarktet. Ein weiterer typisch südamerikanischer Brau wurde aus Maiskörnern gemacht, die, zu Brei gekaut, in Brautöpfe gespien wurden, um sie dann, mit Wasser vermischt, zu vergären.

Die spanischen Eroberer gründeten in Lateinamerika zwar zahlreiche Brauereien, die Bierproduktion blieb allerdings hinter der Destillierung von hochprozentigen Alkoholika, wie Tequila, auf dem zweiten Platz zurück. Dies änderte sich erst im 19. Jahrhundert, als Mexiko kurzfristig Teil des österreichischen Kaiserreiches wurde. Während dieser Zeit brachten österreichische und zentraleuropäische Brauer verschiedenste Lagerbiere aus ihrer Heimat dorthin. Das bernsteinfarbene Wiener Lager besaß die größte Durchsetzungskraft, und Mexiko ist heute einer der führenden Hersteller von Bieren, die auf diesem dunklen malzigen Stil basieren – jedoch durchweg etwas leichter und heller als das Original sind. Mexiko ist auch für sehr leichte Pilsner Biere bekannt, beispielsweise für das Corona und das Sol, die eiskalt und oft mit einem Schuß Zitrone serviert werden. Diese hellgoldenen, süßlichen Lager wurden als Erfrischungsgetränk und Durstlöscher für Landarbeiter gebraut und enthielten einen Anteil Reis und Mais, um erschwinglicher zu sein.

Die mexikanische Brauerei-Industrie wird heute von zwei Gruppen dominiert: die in Mexico City ansässige Cerveceria Modelo und die aus Monterrey stammenden Moctezuma und Cuauhtémoc. In Mittelamerika gibt es weitere Brauereien, die auch leichte Pilsner Biere produzieren, während in Südamerika eher traditionelle Biere gebraut werden, so das brasilianische Schwarzbier und auf deutschen Traditionen basierende dunkle Biere.

In der Karibik dominieren die Golden-Lagerbiere, wobei sich an der traditionsreichen Stout-Bierproduktion der Einfluß des britischen Empires auf diese Region deutlich zeigt. Guinness Stout wurde in den westindischen Staaten seit Mitte des 19. Jahrhunderts gebraut. Die einheimischen Stout-Varianten, oftmals tropische Stouts genannt, fallen süßlicher und weniger bitter aus als das irische Dry Stout. Außerdem weisen sie einen höheren Alkoholgehalt auf, weshalb diesen Tropical Stouts eine potenzsteigernde Wirkung nachgesagt wird.

Karibik

Desnoes & Geddes

Kingston, Jamaica

Desnoes & Geddes brauen ein klassisches Beispiel des tropischen Stout-Biertyps, der sich in den tropischen Gebieten des britischen Empire, in der Karibik wie in Südostasien, entwickelt hat. **Dragon Stout** ist ein starkes und leicht süßes Bier mit zarten schokoladig-malzigen Aromen. Das goldene **Red Stripe** ist ein geschmacksintensives, hopfiges Lager mit einer leicht fruchtigen Note. Letzteres wird als Lizenz auch in England gebraut.

Banks Breweries

St. Michael, Barbados

Diese führende Brauerei in der Karibik produziert das malzige, etwas hopfige und helle **Banks Lager Beer** sowie das leichte **Bajan Lager**.

Weitere karibische Brauereien

Brasseries Nationales d'Haiti, Port-au-Prince, Haiti

Caribe Development Company, Port-of-Spain, Trinidad: Caribe Lager, Royal Extra Stout

Cerveceria Bohemia, Santo Domingo, Dominikanische Republik

Cerveceria Modelo, Havana, Cuba

Cerveceria Nacional Dominicana, Santo Domingo, Dominikanische Republik

Commonwealth Brewery, Nassau, Bahamas: Kalik, Kalik Gold

Compania Cerveceria International, Havana, Kuba

Grenada Breweries, St. George's, Grenada

St. Vincent Brewery, Kingston, St. Vincent

Mexiko und Mittelamerika

Cerveceria Modelo

Mexico City, Mexiko

Als einer von zwei mexikanischen Brauereigiganten braut Modelo Lagerbiere, die sich zum einen an das bernsteinfarbene Wiener Lager und zum anderen am Münchner Dunkel orientieren, dazu produziert man noch leichte, amerikanisch geprägte Biere. Modelos wichtigstes Exportbier ist das **Negra Modelo**, ein dunkles Lager, das eher braunrot als schwarz ist, wie sein Name eigentlich glauben läßt. Weich mit zartem Schokogeschmack, liegt das Modelo zwischen der Würzigkeit eines Wiener Lager und der Fülle des Münchner Dunkel. Das **Negra Leon** wird in Yucatan von Modelo Yucatan gebraut und ist ein regionales Angebot, das dem Negra Modelo ähnelt, aber leicht hopfiger ist. Modelo stellt auch das **Corona Extra** her, ein leichtes, goldenes Lager, das mit einer Mischung von Mais, Reis und wenig Hopfen zubereitet wird. Corona wird weltweit exportiert und ist besonders in den USA beliebt.

Cerveceria Moctezuma-Cuauhtémoc

Monterrey, Mexiko

Die Moctezuma- und Cuauhtémoc-Brauereien vereinigten sich zu Mexikos größter Brauereigruppe. Das beliebte **Bohemia** ähnelt nicht von ungefähr dem Original Pilsner, denn es enthält Saazhopfen aus Böhmen. **Tecate** ist ein leichtes Lagerbier von Cuauhtémoc. Der Moctezuma-Brauerei bekanntestes Lager ist das **Dos Equis**, welches das rötlich-bernsteinfarbene, zartmalzige Flair des legendären Wiener Lagerbieres bestens widerspiegelt. Auch das Lager **Carta Blanca** stammt von Moctezuma, ebenso die leichten **Sol** und **Superior**, wobei das letztere etwas geschmacksintensiver ausfällt. **Noche Buena** ist ein malziges, rötlich-braunes Weihnachtsbier.

Cerveceria la Constancia

San Salvador, El Salvador

Zu den im europäischen Lagerstil produzierten Bieren dieser Brauerei zählen das goldene **Pilsner of El Salvador Export Beer**, das hopfige **Suprema Special Beer** und das dunkel-bernsteinfarbene, malzige **Noche Buena Special Dark Lager**.

Weitere mittelamerikanische Brauereien

Belize Brewing Company, Belize City, Belize
Cerveceria Centroamericana, Guatemala City, Guatemala
Cerveceria Costa Rica, San Jose, Costa Rica: Bavaria Gold
Cerveceria del Baru, David, Panama
Cerveceria Hondureña, San Pedro Sula, Honduras
Cerveceria Nacional de Panama, Panama City, Panama
Cerveceria Pacifico, Mazatlan, Mexiko: Pacifico
Compania Cerveceria de Nicaragua, Managua, Nicaragua

Südamerika

Cervejaria Cacador

Cacador, Brasilien

Cacador bietet nur eine einzige Biersorte an, aber diese ist die meistgekaufte und interessanteste Lateinamerikas. Das **Xingu Black Beer**, ein schwarzes Lager, beruht auf einem alten Rezept der Amazonas-Indianer, obgleich es in gewisser Weise auch den dunklen Lagerbieren aus Kulmbach in Deutschland verwandt zu sein scheint. Xingu bietet komplexe, malzige Geschmacksrichtungen, die von süß zu kaffeebitter und schließlich lakritzähnlich reichen. Zartes Hopfenaroma ist ebenfalls wahrnehmbar.

Cerveceria Bieckert
Buenos Aires, Argentinien

Die in Buenos Aires beheimatete Brauerei stellt Lagerbiere her, die sehr starke böhmische und deutsche Einflüsse aufweisen. Das **Bieckert Pilsner Beer** und **Bieckert Especial** sind malzige Lager.

Cerveceria Polar
Caracas, Venezuela

Das führende Bier Venezuelas wird von dieser Brauerei hergestellt. Das **Polar-Lager Beer** ist ein ziemlich leichtes goldenes Lager, das einen sehr ausgewogenen Hopfen- und Malzgeschmack aufweist.

Companhia Cervejaria Brahma
Rio de Janeiro, Brasilien

Die Brahma-Brauerei, die in ganz Brasilien mehrere Betriebe unterhält, produziert das hopfige **Brahma Pilsner** und ein malziges Lager **Brahma Chopp Export.** Ein starkes **Porter** wird ebenfalls gebraut.

Weitere südamerikanische Brauereien

Banks Brewing Company, Georgetown, Guyana

Bavaria, Bogota, Kolumbien

Cerveceria Aguila, Barranquilla, Kolumbien

Cerveceria Backus & Johnston, Lima, Peru

Cerveceria Boliviana Nacional, La Paz, Bolivien

Cerveceria Cordoba, Cordoba, Argentinien

Cerveceria del Sur del Peru, Arequipa, Peru: Cuzco

Cerveceria Nacional, Caracas, Venezuela: Andes, Cardenal

Cerveceria Paraguay, Asuncion, Paraguay

Cerveceria Taquina, Cochabamba, Bolivien

Cerveceria y Embotelladora Austral, Punta Arenas, Chile

Cerveceria y Malteria Quilmes, Buenos Aires, Argentinien

Cervejaria Astro, Fortaleza, Brasilien: Astro Lager, Astro Draught

Cervejaria Kaiser, Sao Paulo, Brasilien: Kaiser Gold

Cervejarias Reunidas Skol Caracu, Rio de Janeiro, Brasilien

Companhia Antarctica Paulista, São Paulo, Brasilien

Compañia Cervecerias Unidas, Santiago, Chile

Compañia de Cervejas Nacionales, Guayaquil, Ecuador

Fabrica Nacionales de Cerveza, Montevideo, Uruguay

Register

C

D

I

J

K

N

O

P

W

X

Y

Z

Fotonachweise:
S. 11, 13 (3), 14 (3), 20 (2), 22, 26, 28 (Mitte, u.), 29, 31, 32, 68 (2), 83 (o.), 100, 102, 139 mit frdl. Genehm. der Hulton/Getty/Liaison Agency.
S. 24 mit frdl. Genehm. von Alan Hicks und der Deschutes Brewery.
S. 27 (o.), 28 (o.) mit frdl. Genehm. der Celis Brewing Co.
S. 25, 27 (u.) mit frdl. Genehm. der Bitburger Brauerei.
S. 95 mit frdl. Genehm. der Brauerei Palm, Belgien
S. 175 (r.)mit frdl. Genehm. von Food-Foto, Köln